Claus Fischer

Die Ressourcen

drei Mädchen

die Gewalt

und die Geschichte

einer ungewöhnlichen Aufklärung

Umschlaggestaltung: C. Fischer
Illustration: M. Azhar
Textlayout: O. Bruysten
Printed in Germany
Herstellung: Books on Demand GmbH
ISBN:3-8311-1455-2

INHALT

Erster Teil

WOHER KOMMEN UNSERE ZUKÜNFTIGEN ENERGIEN?
(NOCH GIBT ES KEINE ALTERNATIVEN!)

Der elementarste Fehler der Menschheitsgeschichte
besteht darin, daß diese glaubt, sich nur durch
ständiges Wachstum ein Überleben auf diesem
Planeten zu sichern!
Muß diese fatale Fehleinschätzung nicht überdacht
und korrigiert werden?

Muß sich nicht etwas ändern?

VORAUSSETZUNGEN DURCH UMSTRUKTURIERUNGEN WERDEN GESCHAFFEN

Es gehört zu unseren Selbstverständlichkeiten, daß sich die Ansprüche der Alltagsgewohnheiten und Alltagsbedürfnisse in immer kürzer werdenden Zeitabständen ändern. Schuld daran ist die Konsumgüterindustrie, die mit ständig neuen Produkten unsere Lebensqualität verbessern möchte. Quer durch die volkswirtschaftliche Konsumgüterindustrie läuft die aggressivste Werbung, die unsere angeblichen Bedürfnisdefizite aufzeigt!
War zum Beispiel der Fernsehkonsument bis vor wenigen Jahren noch mit sechs Fernsehprogrammen zufrieden, zappt selbiger heute via Satellit durch über einhundert Programme!
In der politischen Szene ist ständig von Aufschwung und Wachstumsraten die Rede, jedoch die Arbeitslosenzahlen wachsen in noch nie dagewesene Höhen !
Der industrielle Fortschritt ermöglicht durch aufwendige und ausgeklügelte Rationalisierungsmaßnahmen den Wegfall von ständig mehr Arbeitsplätzen. Wir wissen aber auch: Verlieren wir unsere Spitzenposition in der Herstellung der verschiedensten Verbrauchsgüter in der Welt, wachsen gleichermaßen die Arbeitslosenzahlen. Ergo muß Wachstum sein, Stillstand bedeutet Rückschritt. Der Rest der Welt wartet nur darauf in unsere Märkte einzudringen! Welch eine Zwickmühle aus der Sicht der langsam schwindenden Rohstoffreserven! Wer dem Menschen also am Höhepunkt der Industrialisierung durch Reklame, Werbung und
Marktforschung immer neue Bedürfnisse einreden kann, bestimmt auch die Beweggründe seines Handelns!
Die unglaubliche Verschwendung der Rohstoffreserven dieser Zeitepoche hat langsam sein Finale erreicht!
Jedoch kein politisch Verantwortlicher hat zum Beispiel den Mut, den dringend notwendigen Wachstumsstillstand mit allen damit verbundenen Konsequenzen zu proklamieren! Zu hoch sind die Arbeitslosenzahlen! Die politischen Führungen aller Parteien sind permanent in dem Dilemma, ihre Glaubwürdigkeit, ihr Ansehen (vielleicht sogar ihren Job), verteidigen zu müssen. Sie stehen unter dem ständigen Druck, die landesweiten Arbeitslosenzahlen zu bekämpfen, in dem sie alle Industriezweige zur Schaffung neuer Arbeitsplätze auffordern. So leben wir in einer Zeit des gigantischen Selbstbetruges!

Der intelligente Mensch ist dabei, seine Lebensgrundlage zu zerstören, und es gibt (noch)
keine Mittel ihn zu bremsen!
So ist es!

Muß sich nicht etwas ändern?

Oder wird eines Tages unser Herr Bundeskanzler in einer Rede an die Nation folgendes sagen :
" ... müssen wir, die gesamte Nation, ab sofort aus Gründen der Sparsamkeit mit nur noch sechs
Fernsehprogrammen vorlieb nehmen...!"
So geht es natürlich nicht. Aber wo um alles in der Welt, fängt r i c h t i g e s Energiesparen an
? Diese Frage wird noch lange offen bleiben..!
Eine weitere Frage, die völlig konträr zur vorigen Frage steht : "Wie können die ständig stei-
genden Zahlen der Jugendkriminalität gestoppt werden?"
Vielleicht so:
Im Grunde fing alles damit an , dass der Truppenübungsplatz in Hamburg Höltigbaum nicht
mehr von der Bundeswehr genutzt, und der Öffentlichkeit als Naherholungsgebiet zur Verfü-
gung gestellt wurde.
Für mich als Marathonläufer ein ideales Trainingsgelände.
Meine Trainingsläufe führten mich vorbei an den riesigen Panzerhallen , den Verwaltungsge-
bäuden, einem Heizungshaus und der Sportanlage mit einer vierhundert Meter roten Aschenbahn.
Hier war ich schon 1961 bei Bundeswehrvergleichswettkämpfen um gute Zeiten gelaufen! Daß
ich hier fast sechsunddreißig Jahre später meine Tempoläufe absolvieren würde, hätte ich mir
damals nicht träumen lassen!
Inzwischen ist dieser Sportplatz jedoch kaum noch zu benutzen! Wildkräuter wachsen auf der
Aschenbahn, die Fußballtore sind herausgerissen - Vandalismus, wohin man schaut! Aber nicht
nur hier, sondern auch an allen anderen Gebäuden! Überall sind Türen und Fenster zerstört....!
Aber beim betrachten der gesamten Anlage kam mir plötzlich eine Idee.......! Könnten hier nicht
vom Staat finanzierte großzügige Begegnungsstätten für Jugendliche entstehen? Die Panzerhallen könnten zum Beispiel unterteilt und ausgebaut werden. Kleine Werkstätten der verschiedensten Berufssparten würden entstehen, entsprechend eingerichtet werden und den Jugendlichen Einblicke in ihre zukünftigen Berufe gewähren!
Fußball, Handball, Volleyball - viele Sportarten bieten sich nahezu an, betrieben zu werden,
um im fairen Wettkampf als Vereinsmannschaft gegen das Hamburger Umland Lorbeeren zu
erkämpfen!
Jugendliche hätten für alle Probleme (gesellschaftliche, soziale, berufliche, sexuelle, Drogen
und so weiter) die entsprechenden Ansprechpartner. Kurz und gut, hier könnte alles, aber auch
wirklich alles entstehen, was den Gewalttätigkeiten, der Orientierungslosigkeit und der Gewaltbereitschaft entgegenwirken könnte!
Und überhaupt: Investitionen für unsere Jugend müßten vom Bundesverfassungsgericht als
Gemeinschaftsinteresse höchstens Ranges angesehen werden!

Was aber geschieht mit den Gebäuden? Noch wären sie reparabel! Sicherlich werden sie aber so lange stehen bleiben, bis unabhängige und natürlich sehr kostspielige Gutachten zu der Feststellung kommen, daß eine Instandsetzung zu teuer werden würde!

Wenn aber Investitionen bereit gestellt würden, könnten diese nur aus Steuergeldern finanziert werden. Ist das aber angesichts der leeren Staatshaushaltskassen überhaupt finanzierbar? Ich weiß es nicht.

Wie aber sonst Steuergelder Verwendung finden, soll an einem Beispiel verdeutlicht werden: Wie Jedermann weiß, ist die Hamburger Kunsthalle für einen Betrag von einhundert Millionen erweitert worden, was auch nicht kritisiert werden soll. Ein kulturreiches Leben ist für eine Weltstadt wie Hamburg nicht nur eine Selbstverständlichkeit, sondern auch eine Herausforderung!

Aber Einhundert Millionen - welch eine Summe!

Es erhebt sich die Frage: muß eine so reiche Gesellschaft wie die unsrige nicht auch in seine Jugend in einem Umfang investieren, wie es die Kunst für sich in Anspruch nimmt ? Muß die Jugend ihr das nicht wert sein ?

Ja, und wenn die geplanten Umbaukosten des Krankenhauses Barmbek mit Hamburg mit einer Summe von ca. dreihundertfünfzig Millionen zu Buche schlagen soll, ist dieses Ausgabevolumen durch unsere Politiker zwingend gedeckt.

Staunend muß der Steuerzahler erfahren, daß dieses Krankenhaus Spitzenreiter 1996 der Minusmacher im Landesbetrieb (LBK) ist!

Auch dieses Beispiel riesiger Entnahmen aus dem Steuersäckel soll dem geschätztem Leser nur als eine Feststellung in Erinnerung gerufen werden! So wird wohl die genannte Summe nach einem Senats- oder Bürgerschaftsbeschluß, teilweise vom Bund, teilweise von der Stadt Hamburg, getragen.

Machen wir uns jetzt einmal Gedanken über ein x-beliebiges Krankenhaus. Es ist vollgestopft mit modernsten Geräten, um auch mit den kompliziertesten Krankheiten der Patienten fertig zu werden. Ich sage dies einfach mal so ganz laienhaft ! Wieviele Krankheiten bräuchten gar nicht behandelt zu werden, wenn wir Menschen gesünder leben würden ?

Ich picke aus den vermeidbaren Krankheiten nur einmal die Herz und Kreislauferkrankungen, die Lungenempysemen, das Raucherbein und den Lungenkrebs heraus. Krankheiten also, wie sie typischerweise durch das Rauchen entstehen. Nachgewiesenermaßen ist der durch den Tabakkonsum verursachte, volkswirtschaftliche Schaden höher, als die Tabaksteuer die dem Fiskus dabei zu Gute kommt! Es gäbe an dieser Stelle von noch viel mehr vermeidbaren Krankheiten zu berichten, wie zum Beispiel der Bewegungsmangel, die falsche Ernährung und so weiter, aber bleiben wir bei diesen aufgezählten Beispielen.

DAS GRUNDGESETZ, UND DAS GESUNDHEITLICHE LEBEN

In unserem Grundgesetz der Bundesrepublik Deutschland, steht im Artikel zwei (Freiheitsrechte): Jeder hat das Recht, auf freie Entfaltung seiner Persönlichkeit.

Einen Zusatz würde ich mir wünschen, der dann heißen würde: Jeder Bundesbürger ist verpflichtet, seine körperliche Gesundheit zu erhalten!

Die Freiheit zu entscheiden, ob man nun gesund oder nicht so gesund leben möchte, liegt heute in der Hand eines jeden Einzelnen. Das fand ich bisher auch gut so; nur sollten wir es langsam lernen zukunftsorientierter zu denken! Gesundheitserhaltende Maßnahmen werden nämlich teurer und teurer...! Die Freiheit fordert ihren Preis!

Viele Menschen entscheiden sich aus Bequemlichkeitsgründen, nicht an einem volksgesundheitlichem Leben teilzunehmen. Auf lange Sicht geschieht nun folgendes: Bequemlichkeit, dazu vielleicht noch die falsche Ernährung, und schon führt dieses im Laufe der Jahrzehnte zu den vermeidbaren Krankheiten von denen ich schon sprach. Für die Wiederherstellung der Gesundheit müssen daher riesige Summen aufgebracht werden, und aus den Medien erfahren wir täglich, wie teuer uns unsere Krankheiten geworden sind!

Die Eigenlasten bei verschiedenen, nichtstationären Krankheiten steigen; der Zahnersatz muss zu einem immer größer werdenden Anteil aus der eigenen Tasche finanziert werden, und auch der finanzielle Rezeptanteil steigt...

Jedoch, was wir aus unserem (gesundheitlichem) Leben machen, liegt in unserer eigenen Hand Könnte die Freiheit, die ein unverzichtbarer Bestandteil unseres Lebens ist, und auch bleiben muss, nicht mit dem Zusatz: gelenkte, eine völlig neue Bedeutung bekommen?

Gelenkte Freiheit! Was hätten wir uns darunter vorzustellen. Könnten jetzt allgemein gültige Richtlinien geschaffen werden, die den Bundesbürger zur Pflicht aufrufen, an einem volksgesundheitlichem Leben teilzunehmen? Wenn es auch autoritär klingen mag, und einen gewissen Einfluß auf die persönlich garantierte Freiheit darstellt, sollte uns deutlich bewußt werden, daß, wenn der Mensch nicht ein bißchen angeschoben wird, er dem Teufel Bequemlichkeit einen teuren Tribut zahlt....!

Meiner Science-Fiction-Idee mehr Raum gebend, komme ich zur folgender Erkenntnis: Nicht nur die dreihundertfünfzig Millionen Mark für das Hamburger Krankenhaus Barmbek könnten t e i l w e i s e gespart werden, eine sich rapide senkende Ausgabenlast käme uns allen zu Gute! Die Krankenkassen schrieben wieder schwarze Zahlen, die Eigenlasten der nichtstationären Patienten fielen ganz oder teilweise weg. Das so erwirtschaftete Kapital aus den Krankenkassenbeiträgen könnten einem Fond gutgeschrieben werden, der die "Pflichttage für gesundheitliche Bewegung" finanziert. Mit diesem neuen Begriff werden wir uns im folgendem befassen!

Um in den Genuß einer Rehabilitierungsmaßnahme wegen einer unabwendbaren Krankheit, eines Unfalls oder ähnliches zu kommen, hat der Bundesbürger einen Nachweis zu erbringen, an den von den Krankenkassen organisierten "Pflichtstunden für gesundheitliche Bewegung" teilgenommen zu haben. Diese Pflichtstunden werden bei dem Eintritt in die Krankenkasse von dem Mitglied akzeptiert und unterschrieben.

Wohl gemerkt: ein versicherter Arbeitnehmer ist natürlich krankenversichert.

Nur bei der Verpflichtung an den erwähnten Pflichtstunden sind erhebliche Rabatte für Rehabilitierungsmaßnahmen garantiert.

Das Mitglied ist jetzt verpflichtet, (vielleicht vierzehntägig) an einem Tag seiner Wahl einen Trainingsabend zu besuchen, wo viele sportliche Möglichkeiten angeboten werden, die der allgemeinen Gesundheit dienlich

sind. Zum allgemeinen Wohlbefinden sind Saftbars vorhanden, an den auch soziale Kontakte entstehen könnten ...!

Alle Facetten der zwischenmenschlichen Beziehung ergeben sich aus dem geselligen Beisammensein! So, oder ähnlich könnte ich mir in naher Zukunft eine Möglichkeit vorstellen, nicht nur etwas für die Gesundheit, dem höchsten Gut, dem wir verpflichtet sind, zu tun, sondern hier können Gemeinsamkeiten, Interessengruppen, Freundschaften und Partnerschaften entstehen und gepflegt werden!

So wird also in abgewandelter Form die Verpflichtung, die wir als Kinder eingingen am Turnunterricht in der Schule teilzunehmen, nahtlos in das Erwachsenenleben übernommen!

Warum gibt es eigentlich Sport an unseren Schulen? Hätte nicht einfach aus Kostengründen jegliche Gesundheitsvorsorge den Eltern überlassen werden können?

Nun kennen wir ja spätestens seit Turnvater Jahn etwas über die gesunde Körperbewegung, und darum wurde an den Schulen die Voraussetzungen für die "Leibesübungen" geschaffen, denen wir als Kinder verpflichtet waren, und bis zum heutigen Tag kennen.

DER ELBTUNNEL UND DIE RESSOURCEN

Gegenüber den St. Pauli Landungsbrücken in Hamburg wurden noch im Ausgang des vorigen Jahrhunderts die großen Schiffswerften ‚Blohm und Voss‘, die ‚Stülkenwerft‘, und in Finkenwerder die ‚Deutsche Werft‘ gebaut.

Eine allgemeine explodierende Industriealisierung begann, nicht nur auf den Werften..!

Die Werftarbeiter wurden täglich zu Tausenden mit Barkassen und Fähren von den Landungsbrücken über die Elbe zu ihren Arbeitsplätzen gefahren.

Irgendwann machte die immer höher ansteigende Zahl von Arbeitern eine Lösung notwendig, eine noch schnellere, sicherere - und vor allen Dingen jahreszeitenunabhängige Transportmöglichkeit zu finden! Der Hamburger Senat entschied damals eine Unterquerung der Elbe neben den Landungsbrücken zu erstellen.

So entstand nach fünfjähriger Bauzeit der erste Elbtunnel, der 1911 eingeweiht wurde. Jahrzehntelang diente dieser einundzwanzig Meter unter der Elbe verlaufende Tunnel, neben den Fähren und Barkassen, als ein schneller sicherer Weg zu den Werften. Heute, im Jahre 1998, ist der Elbtunnel völlig überholt und dient nur noch einem geringen Bedarf an Menschen, die auf Steinwerder ihren Tätigkeiten nachgehen. Heute

vermittelt der Elbtunnel den Touristen aus nah und fern von der erstaunlichen Architektur längst vergangener Ingenieurskunst!

In den letzten dreißg Jahren machten die immer größer werdenden Verkehrsströme über die Hamburger Elbbrücken, einem berüchtigtem Nadelöhr, wiederum eine Lösung notwendig, um das ständig steigende Verkehrsaufkommen zu bewältigen. Es entstand ein neuer Elbtunnel, der im Januar 1975 vom damaligen Bundeskanzler Schmidt eingeweiht wurde. Es wurde eine Umgehungsautobahn ab Hamburg Maschen gebaut, die durch den neuen Elbtunnel hindurch als Nord-Süd-Achse die Elbbrücken entlastete.

Jedoch 1994 hatte auch dieser Elbtunnel seine Kapazitäten erreicht! Täglich quälen sich heute über einhundertfünfzigtausend Fahrzeuge durch den Jahrhunderttunnel! Der Ruf nach einer weiteren (!) Elbtunnelröhre blieb also nicht aus.

Seit dem Herbst 1997 wird also an einer weiteren Elbtunnel Röhre gebaut, die nach derzeitigen Berechnungen ca. Siebenhundert Millionen DM kosten wird!

Siebenhundert Millionen DM - welch' eine Summe!

Der Leser wird sich fragen, warum ich über die zwingend notwendigen Entscheidungen, Verkehrsentlastungen zu schaffen, überhaupt schreibe. Schließlich weiß ich auch, daß wir einer wirtschaftlichen Entwicklung Rechnung zu tragen haben, und wie in diesem Falle, verkehrspolitische innovative Zukunftslösungen finden müssen! Nur, folgende Gedanken gehen mir durch den Kopf: Wie lange wird es dauern, bis auch die neue Elbtunnel Röhre wieder überlastet sein wird? Muß dann der nächste Elbtunnel für vielleicht eine Milliarde DM gebaut werden? Und nach wiederum einigen Jahren noch eine? Schließlich m u ß die Wirtschaft wachsen, und zwar unaufhaltsam....!

Von den Kosten des Röhrenbaus einmal abgesehen, müssen wir uns nicht langsam Gedanken machen, die gesamten wirtschaftlichen Entwicklungen zu überdenken und eventuell Grenzen setzen? Bei diesen Gedanken wird das Fragezeichen in meinem Kopf immer größer, denn wenn diese Grenzen erreicht sind, und was danach kommt, ich weiß es nicht!

Kommt anschließend vielleicht eine Wirtschaft ohne Weiterentwicklung?

Werden sich die wirtschaftlichen und politischen Kräfte dieser Erde auf ein weltweit generalstabsmäßig ausgearbeitetes Memorandum verständigen können, welches der Wissenschaft und Forschung eine sehr starke Einschränkung ihrer Arbeit auferlegt? Sollte ein Mahnruf der Sparsamkeit an alle Länder der westlichen Hemisphäre ergehen, sehr viel sparsamer die Ressourcen zu nutzen? Was immer auch geschehen wird, noch gelten folgende Regularien: Jede Automobilfabrik zum Beispiel, wird nach den Regeln von Angebot und Nachfrage versuchen, ihre jährlichen Kapazitäten zu

erhöhen, um sich einen größeren Absatzanteil als die Mitbewerber zu sichern!Eine Einschränkung in allen industriellen Belangen ist nach den heutigen Gesetzmäßigkeiten nicht vorgeschrieben! Darum müssen wir nach neuen (Aus)Wegen suchen!

Die nun folgende Lösungsmöglichkeit wird sicherlich mehr Kritiker als Befürworter finden: Die wirtschaftlichen und politischen Kräfte dieser Erde, sind sich einig geworden, ein Autoherstellungslimit zu akzeptieren! Sie werden Autos mit einer wesentlich längeren Lebensdauer herstellen, als es bis heute der Fall ist. Wenn jetzt dieser Lebenszeitraum eines Autos auf mindestens fünfzehn Jahre festgelegt wird, ist auch der Käufer auf diesen Zeitraum verpflichtet! Nach Ablauf dieses Zeitraumes kann der Fahrzeugbesitzer über eine Weiterverwendung frei entscheiden!

Leider, und natürlich zwangsläufig, würden durch ein Herstellungslimit weltweit viele Arbeitskräfte frei gesetzt, was zu Problemen führen würde, die ich nicht zu Ende denken kann... Dafür fällt mir natürlich auch keine Lösung ein ...!

WAS KOMMT NACH DER FOSSILEN ENERGIE ?

Was uns auf dem Rohstoff und Energiesektor bevorsteht, ist heute schwer zu überblicken. Wie weit reichen die innovativen Kräfte der Menschen, die zur Neige gehenden fossilen Rohstoffe durch alternative Energien zu ersetzen?
Noch bedienen wir uns zwangsläufig der fossilen Energie. Wenn aber weiterhin die globale wirtschaftliche Entwicklung nicht gebremst werden kann, entziehen wir unseren kommenden Generationen die Lebensgrundlagen.
In diesem Zusammenhang fällt mir eine Geschichte ein, die ich irgendwo einmal las und nie vergessen konnte: Stellen sie sich ein Terrarium mit den Maßen zwei Meter Länge, und einen Meter Breite vor. Hier haben fünfzig Ratten einen für sie angepaßten Lebensraum geschaffen bekommen. Sie sind es gewöhnt jeden Tag zur gleichen Zeit an einer bestimmten Ecke des Terrariums gefüttert zu werden.
Schnell gewöhnen sich die Tiere an die Fütterungsintervalle! Sie sind jedesmal rechtzeitig am Futternapf, wenn die Nahrung verabreicht wird. Nach Ablauf eines Monats wird jedoch die Futtermenge um fünfundzwanzig Prozent reduziert. Die Tiere stellen sich schnell auf die neue Situation ein, und es sind natürlich die stärksten Ratten, die lange vor der Fütterung den Futterplatz besetzen und verteidigen.

Nach sieben weiteren Tagen wird die Futtermenge abermals um fünfundzwanzig Prozent reduziert! Die stärksten Beißereien am Futterplatz sind die Folge, und die ersten totgebissenen Ratten werden von den anderen aufgefressen!
Der endgültige Kannibalismus beginnt, wenn im weiterem Verlaufe des Experimentes die Futtermenge abermals um die Hälfte gekürzt wird. Alle schwächeren Tiere werden jetzt totgebissen und gefressen. Das Ende des Experimentes bedeutet, nachdem die Fütterung gänzlich eingestellt wurde, nur das stärkste Tier überlebt.
Noch genießen wir die Freiheit in allen Belangen unseres Lebens, nach unseren finanziellen Möglichkeiten so zu leben, wie wir es gerne möchten. Materielle Einschränkungen brauchen wir nicht zu kennen!
In unserer schnelllebigen Welt wollen wir den Anschluß an alle möglichen Statussymbole nicht verlieren ...!
In allen Lebensbereichen zeigt uns eine nur allzu aggressive Werbung was uns allen noch fehlt!
In einer Zeit des reichlichen Überflusses also, müssen immer wieder neue Absatzmärkte gefunden werden; jedoch die Grundbedürfnisse des Menschen sind längst gedeckt.
Wer hat nicht schon den dritten oder vierten Fernseher in seinem Haushalt stehen!
Das Zweitauto gehört auch schon fast zum Standard jeder Familie!
Die Industrie hat sich in den letzten dreißig bis vierzig Jahren sehr fleißig bemüht, unsere Grundbedürfnisse mehr als reichlich abzudecken! In vielen Bereichen hat sie deshalb ihre Absatzzahlen überschritten und stagniert ..!
Die Stagnation zieht Arbeitslosenzahlen nach sich, die sich in der letzten Zeit erhöhen, erhöhen, erhöhen ...!
Politik und Wirtschaft stehen vor dem fast unlösbarem Problem, neue Wirtschaftszweige und Absatzmärkte zu schaffen.

Arbeitsbeschaffungsmaßnahmen..., welch ein Wort! Da müssen künstliche Arbeitsplätze geschaffen werden, um Arbeitslose zu beschäftigen!
Voller Ironie könnte ich Absatzmärkte vorschlagen, die Beschäftigung garantiert: Wie wäre es mit computergesteuerten Küchen, die das Kochen übernehmen? Oder könnte der Bau eines Sex-Roboters, als Trend unserer schnelllebigen Zeit, Beziehungskrisen überwinden helfen? Auf jeden Fall schafft die virtuelle Welt des Internets zunächst langfristig riesige Absatzmärkte!

Damit muß aber immer aggressiver in unsere Rohstoffreserven eingegriffen werden damit künstliche, in Wirklichkeit völlig überflüssige Absatzmärkte den Bestand an Arbeitslosen niedrig halten, beziehungsweise kaschieren!

Politik und Wirtschaft greifen zu Überlebensmechanismen, die an einen in das Wasser gefallenen erinnern, der nach dem berühmten Strohhalm greift, um nicht zu ertrinken!
Die Ignoranz gegenüber den Bedürfnissen unserer nachfolgenden Generation ist erschreckend!
Muß sich nicht etwas ändern?
Wer sich differenzierter mit den brennend heißen Themen unserer Zukunft befassen möchte, dem sind folgende Bücher zu empfehlen:

Herbert Gruhl:
"Ein Planet wird geplündert"   Fischerverlag

Dennis Maedow:
"Die Grenzen des Wachstums"   Deutsche Verlagsanstalt Stuttgart.

"Bericht an den amen. Präsidenten"   Buchhandel

Jonathan Schell:
"Das Schicksal der Erde"   R. Piper & Co. Verlag,München/Zürich

Jeremy Rifkin:
"E n t r o p i e"   Hoffmann und Campe Verlag.
Ein Naturgesetz zerstört die
Vorstellung, dass Wissenschaft und
Technologie eine geordnete Welt
schaffen!

Aurelio Peccei
(Der Präsident des Club of Rome):
"Die Zukunft in unserer Hand"   Verlag Fritz Molden

Peter Struck:
"Erziehung gegen Gewalt"   Luchterhand   ISBN 3-472-01716-3

ZWEITER TEIL

EINE GANZ ANDERE AUFKLÄRUNG!
(GEDANKEN ÜBER SEXUALAUFKLÄRUNGSDEFIZITE)

Die handwerklichen, künstlerischen und praktischen Fähigkeiten eines Menschen rekrutieren sich nicht zuletzt aus den geheimnisvollen Triebfedern der Sexualität in unserem tiefsten Inneren! Geist, Körper und Seele sind eins, wenn Zufriedenheit und sexuelle Erfüllung einhergehen mit einem wunschgemäß ausgeübten Beruf.

Voraussetzung letzteres ist der schulische Fleiß! Während aber der schulische Fleiß in einen wunschgemäßen Beruf übergehen kann, wird der Sexualität als Lehr- beziehungsweise Lernfach nur eine viel zu geringere Bedeutung beigemessen!

In diesem Buch soll einmal eine Aufklärungsvariante beschrieben werden, die in Abstimmung mit den Eltern eine Bedeutung bekommen könnte.

Die sexuelle Entwicklung eines Kindes in unserer Gesellschaft ist abhängig von den Fähigkeiten der Eltern eine richtige Aufklärung verbal zu vermitteln.

Ein Beispiel: Lernt ein Fahrschüler in seiner praktischen Fahrausbildung bei Rot an der Ampel mit gedrückter Kupplung und eingelegtem ersten Gang zu stehen, wird er diese erlernten Verhaltensweisen ohne nachzudenken in seine spätere Praxis übernehmen!

Einmal früh erlernte Verhaltensmechanismen können so, ob richtig oder falsch, lebenslang praktiziert werden.

Sexualität setzen die heutigen Jugendlichen so um, wie sie es aus dem Elternhaus, der Schule, und durch Bücher, Filme und so weiter gelernt haben.

In der Aufklärung wird die Sexualität glorifiziert, und als das allerschönste Erlebnis zwischen Mann und Frau dargestellt.

Jedoch die ersten Eigenerlebnisse werden sehr oft als Enttäuschung empfunden!

DIE GEWALT UND DIE LIEBE

Wir sind es ja leider schon gewohnt, täglich in den Medien von der Jugendkriminalität zu lesen. Wir lesen von den in den Boulevardblättern aufgemachten Ereignissen, in die Jugendliche verwickelt sind, gehen aber anschließend gleich wieder zur Tagesordnung über, denn ändern können wir ja "eh nix" ...!

Da war zum Beispiel das Ereignis in Hamburg Neuwiedental, wo sich ein junger Mann vor eine S-Bahn warf und getötet wurde. Das war das Ende einer Serie von Erpressungen, der sich der junge Mann von Gleichaltrigen ausgesetzt sah.

Weiterhin machte der Überfall zweier zwölf und fünfzehn Jahre alter Schüler Schlagzeilen, die wie zwei Profis in Hamburg Stellingen eine Tankstelle überfallen hatten, jedoch schnell gefaßt werden konnten. Mit diesen Ereignissen werden wir täglich konfrontiert und sind über die Gewaltbereitschaft und über das fehlende Unrechtsbewußtsein dieser Jugendlichen, die meist aus milieugeschädigten Familien kommen, erschüttert.

Trotzdem bin ich vorsichtig mit der Behauptung, daß die eskalierende Gewalt bei Jugendlichen ein Phänomen unserer Zeit sei! Ich führte als Pächter zwölf Jahre lang eine Bäckerei. Zwangsläufig kommt es dort zu persönlichen Kontakten.

So lernte ich eine Reihe Jugendlicher namentlich kennen, die mir bei ihren Besuchen an unseren Kaffeetrinkertischen einen Einblick in ihre Sorgen und Nöte gaben.

Von der Brutalität, wie sie uns aus den großen Tageszeitungen täglich entgegen springt, war zunächst nicht sehr viel zu spüren. Daß man aber als Hauptschüler nach dem Schulabschluß keine Lehrstelle bekommt und als Jungarbeitsloser in das Berufsleben einsteigt, daß waren die unüberhörbaren Sorgen!

Nach unseren ersten persönlichen Gesprächen an den schon erwähnten Kaffeetrinkertischen gewann ich den Eindruck, daß diese Jugendlichen, die den unteren sozialen Bevölkerungsteilen zugeordnet werden können, liebloser und anregungsärmer heranwachsen, als Kinder der sozialen Mittel- oder Oberschichten.

Wobei nicht gesagt werden kann, daß die Mittel- und Oberschicht nur problemlose Kinder kennt. Nur hier kann kaschiert werden! Die Eltern stellen eher eine Autorität für ihre Kinder und Jugendlichen dar! Aus meinen zunächst oberflächlich geführten Gesprächen mit den Jugendlichen über die Zukunft, der Schule, dem Elternhaus und so weiter, bekam ich einen Einblick in die Wünsche, Bedürfnisse, Sehnsüchte und die vielen kleinen Schwierigkeiten, die zum täglichen Alltag gehörten. Natürlich wußten die Jugendlichen bald, daß ich angefangen hatte ein Buch über die gängigen Aufklärungsmethoden im Allgemeinen, und der Jugendproblematiken, die sich unter anderem auch aus der Sexualerziehung ergeben, ein Buch zu schreiben.

Ich erstellte und verteilte jetzt Fragebögen an die mir bekannten Jugendlichen, die unter anderem das Thema Aufklärung zum Inhalt hatten. Der Bitte um wahrheitsgemäßes Ausfüllen der Fragebögen wurde gegen eine kleine Honorarzahlung gern nachgekommen.

Auch wenn die geringe Anzahl der ausgewerteten Fragebögen nur eine vorsichtige Auswertung zuläßt, zeigten sich einige klare Tendenzen! So stellte zum Beispiel die Schule bei den von mir befragten Jugendlichen ein lästiges Übel dar. Sie wurde aber regelmäßig besucht, weil man den Hauptschulabschluß erreichen wollte! Nachmittags jedoch, ohne oftmals die Schularbeiten erledigt zu haben, stolzierten die mir bekannten Jugendlichen als Mitglieder irgendeiner Clique und als Jungerwachsene an meiner Bäckerei hochgestylt vorbei und grüßten freundlich!

DIE CLIQUE

In der Clique herrscht ein gutes Zusammengehörigkeitsgefühl! Es gibt, wie in der Tierwelt, eine Rangordnung! Nach welchen Regeln diese Rangordnung funktioniert, konnte ich nicht ergründen! Auf jeden Fall spielen äußere Attribute wie Kleidung, Schmuck und Schminke eine wesentliche Rolle.

Die Sprache in der Clique, die Themen über die man spricht, die Kunst sich jeden Tag etwas einfallen zu lassen, was den Anderen imponieren könnte, das sind Inhalte, zu denen die Eltern oder überhaupt die Erwachsenen keinen Zutritt haben!

Irgendwann wurde ich mit Vorfällen konfrontiert, die mir den Atem verschlugen!

Da beichtete mir eines Tages in meiner Bäckerei ein junges Mädchen von ca. sechzehn Jahren, daß es einem anderen Mädchen den Arm gebrochen hätte!

Auf meine entsetzte Frage, warum um Gotteswillen sie das tat, bekam ich lapidar zur Antwort: ”weil die mich schon immer genervt hat!”

”Wie hast du das gemacht?”, wollte ich nun wissen.

Sie zeigte mir, wie sie mit ihren beiden Händen den Unterarm des Mädchen packte und blitzschnell auf eine scharfe Kante schlug, so daß die Elle des Unterarmes glatt durchbrach!

Ich möchte an dieser Stelle den Sozialpädagogen Peter Struck zitieren, der in seinem Sachbuch: "Erziehung gegen Gewalt", folgendes schrieb: ”Spannungen und Konflikte mit den Eltern gehören zu den stärksten Einzelfaktoren der Gewalt. Auslöser sind gestörte Familienverhältnisse, kinderfeindliche Gesellschaftsstrukturen und auch eine unzeitgemäße Schule, die neben der wissenschaftsorientierten Stundengeberei kaum ihren Erziehungsauftrag und so etwas wie Werterziehung wahrnimmt und deren Lehrer während ihrer Ausbildung allzu geringe sozialpädagogische, psychologische und verhaltenstherapeutische Kompetenzen mitbekommen, so daß die Schüler allein gelassen werden. Da eine deutsche Ehe im Schnitt nur sieben Jahre hält, lebt in Großstädten wie Hamburg und in den Ballungsgebieten, jedes dreizehnjährige Kind mittlerweile in einer Kleinstfamilie ohne Vater und mit einer berufstätigen Mutter, die wenig Zeit hat ...''!

Soweit der Sozialpädagoge Peter Struck, der eine Professur als Erziehungswissenschaftler an der Universität Hamburg innehat.

Die Clique ist also wichtig! Hier fühlt sich der Jugendliche geborgen.

Hier erlebt er Zusammengehörigkeitsgefühl, wird angehört und gehört! Spannungen aus Beziehungsproblemen, Schule und Elternhaus können hier abgebaut werden.

DIE ESKALIERENDE GEWALT

Eines Tages besuchte eines der mir bekannten Mädchen meine Bäckerei, um eine Tasse Kaffee zu trinken.

Wir unterhielten uns eine Weile, als mir mehrere feine, zwei bis drei cm lange Narben an ihrem Unterarm auffielen. Auf meine Frage woher diese Narben stammen bekam ich zur Antwort: ''Die habe ich mir selbst mit einer Rasierklinge beigebracht. Meine Eltern sollten denken ich verblute.'' Gewalt gegen sich selbst!

Bislang hatte ich ähnliches noch nie kennengelernt, las es nur in Büchern! Der Hintergrund in diesem Fall war Frust, mangelnde Liebe und Anerkennung vom Vater, der, wie er mir auch als kaffeetrinkender Kunde einmal sagte, sich lieber in seinem Kleingarten und mit den Kaninchen beschäftige, als mit seiner Tochter! Und wirklich, so ein Verhalten ist kein Einzelfall!

Einsame Kinder, deren Eltern geschieden sind, wachsen mit einem ungewöhnlichen Maß an Zuwendungsdefiziten auf. Nicht zuletzt werden mangelnde Liebe, Anerkennung, Geborgenheit und Verständnis, sowie etwaige Versagererlebnisse zum Auslöser von Aggressivität.

In den letzten zwanzig Jahren hat sich der Anteil von Schülern, die ein Gymnasium besuchen und ihr Abitur machen konnten, um ein sechsfaches erhöht. Dadurch steht der Arbeitswelt ein hoher Anteil an intelligenten Arbeitskräften, die kein Universitätsstudium absolvieren, als Lehrlinge der Arbeitswelt zur Verfügung! Wer nähme also nicht lieber einen Abiturienten als Lehrling in seine Firma auf als einen Hauptschüler?

WENN WIR ALSO DER ANNAHME SEIN MÜSSEN, DAß SICH DIE ESKALIERENDE GEWALT ZU EINER WACHSENDEN GEFAHR FÜR UNSERE GESELLSCHAFT AUSWEITET, DANN MÜSSEN ÜBER ERZIEHUNG, LIEBE, ZUWENDUNG, UND SEXUALAUFKLÄRUNG NEUE ÜBERLEGUNGEN ANGESTELLT WERDEN.

In diesem Zusammenhang muß auch noch eine groteske Situation beschrieben werden: Der Anteil derjenigen Jugendlichen, die wir als schwierig bezeichnen und die gewalttätig sind, diese

Jugendlichen sind praktisch das Opfer ihrer aus dem sozialschwachen Umfeld stammenden Eltern!

Zählen wir nun eins und eins zusammen, dann kommen wir zu dem Ergebnis, daß, wenn die Eltern der Eltern einen sozialschwachen Status besaßen, ihre Kinder, und wiederum deren Kinder, die Erblast automatisch übertragen bekommen.

Sich aus diesem Teufelskreis wieder zu befreien dürfte nicht einfach sein. Von dieser Feststellung ausgehend müssen wir uns Gedanken machen, wie diese Kette unterbrochen werden kann. Es m u ß hier die Hilfe von außen greifen! Wir werden später noch darauf zu sprechen kommen.

Die Jugendarbeitslosigkeit nimmt ständig zu! Die Schere zwischen Arm und Reich klafft immer weiter auseinander!

Tragen an diesem Dilemma nicht auch die großen Konzerne mit ihren zukunftsweisenden Fusionen einen großen Teil der Schuld? Da kauft Karstadt Hertie, Kaufhof Horten, Boeing Mc Donald Douglas und so weiter! Da schließen sich große Firmen zusammen, um sich nicht gegenseitig Konkurrenz zu machen. Es wird rationalisiert auf Deubel komm raus, damit aus den Gewinnen auch richtige Gewinner werden! Die Privatwirtschaft diktiert den Markt!

Ja, und da gab es Politiker, die dem Volk ohne mit der Wimper zu zucken, eine Halbierung der Arbeitslosenzahlen bis zur Jahrtausendwende versprachen!

Ich bin zwar kein Marxist, jedoch ihn einmal zu zitieren ist nicht uninteressant! Da kann man also lesen, daß der bei der Produktion entstehende Mehrwert, der dem Arbeiter durch zu niedrigen Lohn vorenthalten wird, dem Unternehmer durch diese Ausbeutung als Profit zufällt. Während sich also das Kapital in wenigen Händen anhäuft, verarmen die Massen!

Soweit Herr Marx!

Die Voraussetzung dafür, daß wir uns einen immer größer werdenden sozialschwachen Bevölkerungsanteil schaffen, ist die nach dem heutigen Stand geltende, immer größer werdende Zahl von Arbeitslosen. Zusammenfassend kommt man zwangsläufig zu dem Ergebnis, daß sich etwas ändern muß! Was ist also zu tun....?

MEHR MONOPOL FÜR DEN STAAT ?

Ich möchte gerne ein Modell entwickeln!

Bisher ist es uns wohlbekannt: Aus Kostengründen gibt der Staat viele seiner Monopole auf. Das klingt auf den ersten Blick vernünftig, denn der Staatshaushalt macht solche Maßnahmen immer notwendiger.

Jedoch je mehr staatliche Monopole privatisiert werden, desto mehr Rationalisierungsmaßnahmen werden logischer Weise im Zuge dessen durchgeführt!

Ich will diese Maßnahmen einfach mal für falsch halten und ein anderes Modell entwickeln! Die Idee, die ich für die Zukunft umgesetzt sehen möchte, ist gar nicht so revolutionär! Nur sie hat etwas mit EINSCHRÄNKUNG zu tun!

Wer aber läßt sich in unserer heutigen Gesellschaftsstruktur schon gern irgendwelche Einschränkungen auferlegen? Da wird es sicherlich an Einsicht fehlen!

Da aber ein Konzept gefunden werden m u ß, versuchen wir es mit dem folgenden Modell: Zum Beispiel werden die von den Arbeitsämtern verwalteten, und schwer zu vermittelnden Arbeitskräfte, anders integriert. Für diese Form der neuen Arbeitsverteilung sollten die staatlichen Organe die alleinige Verantwortung tragen.

Alle vom Staat (als Arbeitgeber) ausgeschriebenen, beziehungsweise zur Verfügung stehenden Arbeitsstellen, gehen zuerst immer an Bewerber mit Familie! Diese Arbeitsstellen sind immer mit der Verfügungsstellung einer kinderfreundlichen Wohnung gekoppelt. Ausnahmeregelungen sind mit entsprechender Begründung gestattet. Die Sozialmieten sind in einem so erträglichen Maß gehalten, daß es einem Elternteil die Möglichkeit läßt, für die Erziehung der Kinder da zu sein und höchstens teilweise berufstätig zu sein. Darüber wacht ein Kontrollsystem, dem sich der Bewerber zu unterwerfen hat!

Hier ist zwar jetzt von Einschränkung und Kontrolle die Rede, jedoch der Eingriff in die vom Grundgesetz garantierte Freiheit wird durch die gebotene soziale Sicherheit relativiert!

Für Schulentlassene, mit oder ohne Hauptschulabschluß, wird es Berufsvorbreitungsbetriebe geben, die den heutigen Möglichkeiten weit überlegen sind!

Die in Hamburg Höltigbaum leerstehenden Panzerhallen bieten nahezu alle Möglichkeiten!

Die Bereitstellung der Steuergelder wird nach den gleichen Regeln gehandhabt, wie die Bürgerschaft es bei der Finanzierung der Kunsthalle auch beschlossen hat ...!

So wird also der sozialschwächere Bevölkerungsanteil unserer Gesellschaft mit einer Kontrollfunktion leben, ist aber dafür eingebettet in eine staatliche Ordnung, in der ohne Zukunftsängste gelebt werden kann!

Ich sprach von einem Modell, welches verwirklicht werden könnte. Die Praxis wird in sozialistischen Ländern gelebt, jedoch leider zum Nachteil des Einzelnen. Die politischen Führungen in diesen Ländern sichern sich durch die Erwirtschaftung der Kapitalerträge ihre eigene und die militärische Macht. Die Zufriedenheit des Volkes bleibt dabei leider immer unberücksichtigt und ausgeklammert.

So also möchte ich mein Modell n i c h t verstanden wissen!

Unsere demokratische Staatsform ist die sicherste auf dieser Erde! Sie zu bewahren hat höchste Priorität! Dennoch müssen wir aufpassen!

Die ständig steigenden Arbeitslosenzahlen sind ein nicht zu übersehender Unruhefaktor in unserer Gesellschaft! Von diesen Unruhen, bis zu katastrophalen Streiks mit beträchtlichen wirtschaftlichen Schäden, ist kein weiter Weg ...!

Dem entgegen zu wirken bedeutet für alle: Opfer bringen!

EIN FREIZEITZENTRUM ENTSTEHT

Nachdem die nötigen Genehmigungsverfahren durchgeboxt sind, können Steuermittel fließen und die Panzerhallen auf dem ehemaligen Truppenübungsplatz am Höltigbaum umgebaut werden. Während in der einen Panzerhalle Werkstätten entstehen, wo die zukünftigen Nutzer alle erdenklichen Berufsvorbereitungsmöglichkeiten angeboten bekommen, kann eine andere Halle Freizeiteinrichtungen anbieten, die alle anderen Möglichkeiten abdecken.

Viele Anlagen, wie zum Beispiel der Sportplatz mit einer vierhundert Meter Bahn, können in Eigenhilfe wieder instand gesetzt werden.

Hier tummeln sich später Hand-, Basket- und Fußballer, und die Leichtathleten. Die Möglich-keiten, diesen großen Sportplatz zu nutzen, sind schier unbegrenzt. Da spielt der erste FC Höl-tigbaum gegen seinen Tabellengegner, und in der Halle kämpfen die Tischtennisspieler um die Punkte in ihrer Liga.

Da gibt es Kino und Fernsehräume, Discos und eine Theatergruppe, Badminton und Ballett.

Eine Künstlerwerkstatt bietet den angehenden van Goghs malerische Voraussetzungen unter entsprechender Leitung.

Der Theatergruppe kann man auch schwierige Einstudierungen zutrauen, da pädagogisch ge-schulte Laienregisseure einfühlsam mit den Jugendlichen Schauspielern arbeiten können. Dra-chenbauer, Go-cart-freunde, Schachfreaks und Amateurfilmer spielen und tauschen ihre Erfah-rungen aus. Es werden Gesprächs- und Diskussionskreise gebildet, die sich unter fachlicher Leitung die Köpfe heißreden. Sozialpädagogen stehen hauptberuflich zur Verfügung. Die ärzt-liche Betreuung für Drogenabhängige ist genau so selbstverständlich, wie die Überwachung eines Methadonprogrammes!

Lehrer, die für die Schulaufgabenüberwachung von Hauptschulabsolventen ohne bestandenen Hauptschulabschluss verantwortlich sind, arbeiten dort in Teilzeitjobs!

Die Bibliotheken werden sich langsam füllen, und in diesen ruhigen Räumen wird der Leseratte genüge getan.

Fragen über Sexualaufklärung, Empfängnisverhütung - überhaupt alle Fragen der Sexualität werden diskutiert.

Es werden Vortragsabende mit den unterschiedlichsten Themenbereichen stattfinden.

Tage der offenen Türen wird es geben. Die Jugendlichen werden ihre handwerklichen Arbeiten ausstellen und zugunsten der Einrichtung verkaufen. So wird ein kulturelles Freizeitzentrum entstehen, welches den Anforderungen gerecht wird, die Jugendliche, nicht nur aus den sozial-schwachen Bevölkerungskreisen, an einen demokratischen Staat stellen können.

Durch die Medien wird ein großer Bereitschaftswillen in der Bevölkerung geweckt und es fließen zusätzliche Spenden ...!

Die Möglichkeit sich selbst zu verwirklichen, in der Gruppe Hilfsbereitschaft und Kamerad-schaft zu praktizieren und erleben zu können, sind Einflüsse, die einen jungen Menschen posi-tiv prägen.

ALLES NUR UTOPIE ??

Ja, leider ja ...!

Ich sage es mal ganz platt: es werden hunderte von Milliarden, ich wiederhole, hunderte von Milliarden für die Raumfahrt ausgegeben, um zum Beispiel herauszufinden, ob die Herstellung von Kugellagern in der Schwerelosigkeit präziser ist, als auf der Erde; es werden unter anderem Übertragungssatelliten in die Erdumlaufbahn geschossen, um uns Menschenkinder mit noch mehr Fernsehprogrammen zu beglücken. Aber im Hamburger Raum müssen Freizeiteinrichtun-gen geschlossen werden...!

Des Menschen Forscherdrang ist unersättlich, wir zahlen ihm einen viel zu hohen Tribut ...!
Ja, und weiterhin ist es eine traurige Tatsache, daß wir Menschen uns nun einmal selbst am nächsten sind. Dafür habe ich aber Verständnis. Dieses Verhaltensmuster ist prägnant und bei den Tieren zum Beispiel überlebenswichtig. Nur der Stärkere hat auch die Macht...!
Macht, Reichtum, Ansehen und Anerkennung das sind die Kriterien um die der Mensch kämpft, die ihm das allerwichtigste sind ...!

Soweit wir die Geschichte auch zurückverfolgen, alle Kriege, die geführt werden, sind auf die Machtausübung Einzelner zurück zu führen..!
Erst seit der französischen Revolution 1789 hat ein demokratischer Prozeß mit den Schlagworten ”Liberte,” ”Egalite,” ”Fraternite” begonnen, der, um es auf einen einfachen Nenner zu bringen, in der heutigen Staatsform mündete.
Es ist die freiheitliche Demokratie!
In dieser freiheitlichen Demokratie lebt also unsere heutige Jugend! Sie auf ihrem Weg in das Erwachsenenleben zu unterstützen, mit allen Mitteln zu fördern, müßte also allerhöchste Priorität besitzen.

Es sei mir ein Hinweis gestattet: Nur um der geschichtlichen Tradition und der Repräsentation in der Welt willen, kann unsere Bundesregierung es sich finanziell leisten ihren Regierungssitz von Bonn nach Berlin zu   verlegen!
Die Kosten von fast einer halben Milliarde Mark spielen da keine Rolle. Triebfeder so eines megagigantischen Unternehmens sind Repräsentanz und Macht...!
Wann aber werden die von uns gewählten Volksvertreter begreifen, daß die Jugend, der zukünftige Träger unserer Kultur, ohne Rücksicht auf die finanziellen Kosten zu einem vernünftigen Bildungs- und Ausbildungsstand kommen muß? ich denke an die Jugendlichen die aus den bildungs- und sozialschwachen Bevölkerungskreisen stammen.
Ein System, welches die Reichen immer reicher, und die Armen immer ärmer werden läßt, ist falsch!
Es m u ß ein Umdenken stattfinden!
Der Jugendkriminalität wird Einhalt geboten werden, wenn die großen sozialen Gegensätze in der Gesellschaft abgebaut sind!

WAS KOSTET DIE GEWALT ?

Jedem Bürger sind die Gewalttätigkeiten jugendlicher Krimineller durch die Medien ausreichend bekannt.
Fragt man, wie sich das in Zukunft ändern könnte, werden nur die Schultern gezuckt. Ratlosigkeit, wohin man hört! Fassen wir es mit einem flapsigen Satz zusammen: Gewalt agiert, Polizei und Justiz reagiert!
Die immer größer werdende Flut von jugendlichen Straftaten, macht einen immer größer werdenden Einsatz von Steuermitteln für Polizei und Justiz erforderlich. Möge sich der geneigte Leser einmal Gedanken über die Kosten machen, die durch die Folgen von Jugendkriminalität

entstehen. Die Kosten entstehen durch: Verfolgungs-, Ermittlungs-, Gerichts- und Haftkosten usw.!

Die Schlußfolgerung, daß zum Beispiel die Gewalt und die Jugendkriminalität dem Steuerzahler t e u r e r zu stehen kommt, als richtige Vorbeugungsmaßnahmen, ist nicht von der Hand zu weisen!

Ich möchte auf die Steuerlast hinweisen, die wir Bürger auf uns nehmen, um den Kriegsflüchtlingen aus dem ehemaligen Jugoslawien, sowie den politisch verfolgten Flüchtlingen aus vielen Ländern der Erde ein Obdach zu gewähren.

Auf vielen freien Plätzen der Hansestadt entstanden richtige kleine Dörfer als Unterkunft für diese Menschen.

Zu dieser Hilfe sind wir ohne jegliche Kritik aus humanitären Gründen verpflichtet! Konsequenter Weise muß nun aber folgende Logik allzu selbstverständlich sein: Wenn von staatlicher Seite eine humanitäre oder jede andere finanzielle Verpflichtung als notwendig anerkannt, und auch umgesetzt wird, dann sollten diese steuerlichen Ausgaben für die Jugendarbeit den gleichen dringenden Stellenwert bekommen!

Es ist wirklich grotesk zu wissen, daß eine Bundesregierung Gesamtaufwendungen von rund zwanzig Milliarden Mark für friedensschaffende Maßnahmen zur Verfügung stellen kann, während die Zukunft der Jugend, des eigenen Volkes, mit unverständlichen Sparmaßnahmen benachteiligt wird ...!

HEIRATEN WILL GELERNT SEIN !

Jährlich werden in der Bundesrepublik ca. einhundertfünfundsechzig Tausend Ehen geschieden!

Wird diese Zahl um fünfzig Tausend erhöht von denjenigen, die ohne Trauschein zusammen leben, sich aber auch teilweise wieder trennen, dann ist eine Gesamttrennungsrate von einhundertachtzigtausend Paaren nicht zu hoch gegriffen!

Warum trennen sich die Menschen, die doch so voller Hoffnung in eine Zweierbeziehung eingetreten sind, wieder nach so relativ kurzer Zeit?

Die Gründe sind sicherlich vielfältig, und können an dieser Stelle gar nicht im Einzelnen behandelt werden. Jedoch die Folgen einer Trennung sind mannigfach, oft tragisch, mit viel Herzeleid und Kummer verbunden, auf beiden Seiten!

Diesem Thema muß eine besondere Bedeutung beigemessen werden.

Haben wir nicht noch die wohlwollenden Worte des Standesbeamten oder des Herrn Pastor in unseren Ohren, wo von Worten wie Toleranz und dem Verstehen des Anderen die Rede ist?

Wie formulierte der Herr Pastor in der Kirche? Die Liebe und das Verständnis füreinander, der gegenseitige Respekt, Nachsicht, Toleranz, gemeinsame Entscheidungen treffen und so weiter, d a s sind die Garanten der heutigen Zeit! Die Jungvermählten sind innerlich restlos überzeugt, diesen Ansprüchen gerecht zu werden, aus der tiefempfundenen Liebe zu dem Partner.

Die Überzeugung seinen Partner zu lieben, die Zuversicht und die Hoffnung auf eine lange, gemeinsame Zukunft, läßt alle Alltagssorgen klein erscheinen. Die finanziellen Probleme, die mit der Beschaffung von Wohnraum, Mobiliar, Auto und so weiter auftreten, übernimmt, soweit sie nicht von den Eltern der Paare ausgeglichen werden können, die Bank, gegen Kaution und Zinsen!

Alles was ein junger Haushalt benötigt, ist bald vorhanden! Mit Energie und Fleiß schaffen es die Jungvermählten, sich ein Nest zu bauen. Zwischendurch können sie sich obendrein der großen und kleinen finanziellen Hilfen der Eltern gewiß sein.

Die Tatsache, ein gesundes Kind geboren zu haben, vollendet das Glück der jungen Liebenden. Für alle Paare bringt der Segen eines gesundes Kindes ein besonderes Zusammengehörigkeitsgefühl mit sich. Es schweißt zusammen und schafft ein Bollwerk gegen die Widrigkeiten des Lebens.

So genießen viele Paare die silbernen oder goldenen Hochzeiten.

Die hehren Worte des Standesbeamten und des Herrn Pastors wurden über all die Jahre beherrscht, praktiziert und gelebt!

So, oder ähnlich, können die glücklichen Jahre eines Durchschnittsehepaares aussehen.

Warum ist es eigentlich so schwer, das Ziel des gemeinsamen Altwerdens zu erreichen? Sich in e i n e Richtung zu entwickeln?

Warum trennen sich Ehepaare und Paare nach relativ kurzer Zeit? Hatten sie sich nicht lebenslange Treue geschworen? Von den insgesamt angenommenen einhundertachtzig Tausend Trennungen im Jahr wären sicherlich viele nicht erfolgt, wenn eine Zukunftsidee Berücksichtigung finden würde die später noch beschrieben wird.

DIE WIDRIGKEITEN EINER EHE

In den jungen Jahren, wenn die Partnerwahl für eine lange Bindung getroffen worden ist, sind wir im Grunde genommen wegen der fehlenden Menschenkenntnis nur bedingt Partnerschaftsreif. Gefühle und Intuitionen ersetzen teilweise die Menschenkenntnis.

Der Psychoanalytiker Erich Fromm hat einmal gesagt, daß die Intensität eines Verliebtseins oft die Einsamkeit widerspiegelt, in der man vorher gelebt hat!

Hieraus möge der Leser erkennen, daß die Einsamkeit ein Faktor sein kann, vielleicht eine Bindung einzugehen, nur um nicht mehr allein zu sein...!

Die Intensität der Liebe kann also den Blick verschleiern und Zweifel wegwischen ...!

Nimmt die Intensität der Liebe ab, sind nicht zuletzt die verborgenen Charaktereigenschaften daran Schuld, die in der ersten Zeit der großen Leidenschaften nicht zu erkennen waren ...!

Jetzt können Reibungsflächen entstehen, von denen man nicht glauben konnte, daß sie existent seien.

Die Liebe leidet unter den Partnerschaftsproblemen. Enttäuschung, Liebesentzug und Streit werden zum Alltag. Gleichgültigkeit, ja, vielleicht sogar Haß macht sich breit. Die Kommunikation beschränkt sich nur noch auf gegenseitige Vorwürfe.

Jeder sieht in dem Anderen den Schuldigen!

Das Leben, in dem nun viele Tränen fließen, bleibt den Freunden und Verwandten zunächst verborgen. Der Kummer wird in sich hinein gefressen und zehrt an der Substanz.

Die Zeit des Erwachens hat begonnen!

Erst jetzt erkennt jeder die Schwächen des Anderen und all die Unzulänglichkeiten, die damit einhergehen. Es wird deutlich: Menschliche Beziehungen sind emotionale Beziehungen! Sie können mit dem Verstand, oder der Vernunft nicht erfaßt werden ...!

Dabei stand doch am Anfang Liebe und Glück!?

Beiden Partnern geht es durch den Kopf: Was habe ich falsch gemacht? Vielleicht denkt man auch so: Hätte ich nur vorher von seinen Charaktereigenschaften mehr gewußt!

Trotz des längeren Zeitraumes zwischen dem Kennenlernen und der Heirat muß jetzt festgestellt werden, wie wenig man vom Anderen wußte! Es fehlte an Menschenkenntnis und Erfahrung ...! Nur, wie sollte ein junger Mensch aus einem Erfahrungsschatz schöpfen können, wenn er erst am Beginn seines jungen Ehelebens steht?!

Das Leben stellt die beiden jungen Menschen auf eine harte Probe!

Der Lehreranalytiker für Tiefenpsychologie Josef Rattner sagte zu diesem Thema: Als erste Auskunft können wir allen streitenden Pärchen zunächst einmal folgendes sagen: Egal was zwischen euch steht, eines ist sicher, ihr habt beide nicht gelernt, wie man zusammen leben soll. Der Mensch lernt sehr viel in seinem Leben.

Aber niemand ist sich so recht bewußt, daß eine Partnerschaft auch eine grundlegende Ausbildung und Schulung benötigt. Für das Bedienen einer Maschine, für Handwerk jeder Art, für Buchhaltung und so weiter macht man eine mehrjährige Ausbildung. Nun ist es aber viel schwieriger, auf einen Menschen einzugehen, mit ihm zu leben, ihn zu fördern, als etwa einen Tisch zu hobeln. Das Lernmanko in einer sozialen Beziehung macht sich in Partnerschaften verhängnisvoll bemerkbar. Wir sagen also den Beteiligten: es fehlt euch an Menschenkenntnis. Ihr wißt nichts über euch selbst! Wenn eure Partnerschaft gedeihen soll, dann müßt ihr das alles lernen...!

Gut gesagt, Herr Rattner, aber wie?

TRENNUNG, WAS NUN? WER BEKOMMT WAS? - DIE KOSTEN!

Volkswirtschaftlicher Schaden entsteht dadurch, wenn zwanzig Autos an einer Kreuzung bei Grün anfahren, und nach ein paar hundert Metern an der nächsten Kreuzung gerade bei Rot ankommen!

Auch wenn dieses Beispiel so überhaupt keinen Bezug zu unserem Thema hat, möchte ich doch einmal das Interesse dafür wecken!

Wie interessant wäre es zu erfahren mit wieviel Benzin und Ölverbrauch, Motoren-, Reifen- und Kupplungsverschleiß bei einer Straßenlänge von ca. fünfzehn Kilometer, also die Entfernung von Hamburgs Randgebieten in die Innenstadt, zu rechnen wäre, wenn nur zehn Mal unnötiger Weise angehalten werden müßte, weil die Verkehrsampeln nicht verkehrsgerecht geschaltet sind!

Warum es den Verkehrsingenieuren nicht möglich ist, eine möglichst durchgehende Grüne Welle in die Innenstadt zu schalten, wird wohl immer ihr Geheimnis bleiben....! Nun Gut...!

Jedenfalls ist diese Tatsache Bestand eines immensen volkswirtschaftlichen Schadens, wenn man bedenkt, wieviel Autos jeden Tag sternförmig in die Innenstadt fahren...!

Ja, und volkswirtschaftlicher Schaden entsteht auch, wenn die Lebensgemeinschaft eines Ehepaares oder Paares ohne Trauschein auseinander geht.

Wenn der materielle Schaden der sich wieder Trennenden auf der einen Seite eine große Rolle spielt, von der menschlichen Tragödie ganz zu schweigen, entsteht der volkswirtschaftliche Schaden unter anderem durch die Beschaffung neuen Wohnraums bei dem ausziehenden Partner.

Bei einer Gesamttrennungsrate (verheiratete und unverheiratete Paare) von ca. einhundertachtzig Tausend jährlich, sind mindestens neunzig Tausend der Getrennten wieder auf der Suche nach neuem Wohnraum.

Unterstellen wir einmal, daß von neunzig Tausend Wieder-Singles aus deren Gemeinschaft ein Kind hervorgegangen ist, nur die Hälfte wiederum gezwungen ist, für den Lebensunterhalt ganz oder teilweise aufzukommen, dann sind es rund fünfundvierzig Tausend Kindertagesplätze, die zwar nötig sind, aber oft nur unter großen Schwierigkeiten bereit gestellt werden können!

VOLKSWIRTSCHAFTLICHEN SCHADEN VERHINDERN DURCH EINGRIFF IN DIE PERSÖNLICHE FREIHEIT ???

Um der menschlichen Tragödie, den Tränen, den Kummer und auch dem materiellen Schaden entgegen zu wirken, stelle ich folgende utopische Idee zur Diskussion: Für alle heiratswilligen und bindungsbereiten Paare wird eine vom Gesetzgeber verordnete Verpflichtung bestehen, an Kursen teilzunehmen, deren Bezeichnung lauten könnte:

"Eine lange Lebensgemeinschaft, durch den richtigen Umgang mit allen Alltagsproblemen...!"
Ein Hinweis könnte lauten: "Wer auf diese verordnete Verpflichtung verzichtet, hat bei einer eventuellen Trennung mit Nachteilen zu rechnen...!" (Wie immer diese lauten mögen)
In den Kursen werden unter anderem praxisnahe Alltagsprobleme in Form von Rollenspielen unter fachlicher Leitung durchgeführt.
Mit den Alltagsgewohnheiten des Partners umzugehen, wird ausführlich besprochen! Da ist das Beispiel mit der Zahnpastatube, die der Partner ständig vergißt nach Gebrauch wieder zu verschließen, wohl am bekanntesten!
Einen weiteren Schwerpunkt wird dem Thema Persönlichkeitsentwicklung beigemessen. Unter dem Slogan: "Sich mit dem Partner gemeinsam weiterentwickeln," können wichtige Lebenserfahrungen von den Pädagogen vermittelt werden. Schlagworte wie Toleranz, Rücksichtnahme, Verstehen, Einsichtigkeit, Selbstvertrauen, Zuhören können, Lern- und Diskutierbereitschaft, Geldumgang und so weiter, werden von erfahrenen Pädagogen mit richtigen Inhalten gefüllt und so den bindungswilligen, jugendlichen Paaren nachhaltig in Erinnerung bleiben.
Von der Hausratsversicherung bis zum Mietrecht und dem Mieterschutz, von der zusätzlichen Altersvorsorge bis zum richtigen Ausfüllen des Lohnsteuerjahresausgleiches und dem komplexen Thema der Sexualität wird nichts unberücksichtigt gelassen!
Vor diesem positiven Hintergrund werden unsere zukünftigen Paare sicherlich bereit sein, einen gewissen Druck durch die verordnete Verpflichtung akzeptieren..! - Oder?
Wie gesagt, noch sind die Gedanken Utopie! N o c h wird sich kein junges Paar eine verordnete Verpflichtung aufoktroyieren lassen! Es erfordert also von politischer Seite viel Einfüh-

lungsvermögen und Sensibilität, den jungen Menschen die eine oder andere Maßnahme schmackhaft zu machen!

Die Politik ist also das Mittel, ein UMDENKEN vorzubereiten, und Voraussetzungen für längere Lebensgemeinschaften zu schaffen. Angesichts der bedrohlich größer werdenden Kluft zwischen Arm und Reich, müssen wir unsere heutige Gesellschaftsstruktur neu analysieren und alle Möglichkeiten ausschöpfen, uns gerade den sozial- und bildungsschwachen Bevölkerungsteilen widmen und eine sichere Lebensgrundlage bieten. Dem menschlichen Leid und dem volkswirtschaftlichen Schaden der Gesellschaft entgegenzuwirken, sollte bei einem UMDENKEN an Bedeutung gewinnen ...!

ZUR SACHE

Der Autor schreibt ja an einem Aufklärungsbuch, welches sich in der Hauptsache mit den Problemen derjenigen Jugendlichen befaßt, die aus den sozial- und bildungsschwächeren Bevölkerungsteilen stammen; beziehungsweise über Jugendliche, die bei einem alleinerziehenden Elternteil leben. Meistens ist es ja die Mutter!

Allein erziehen, das heißt mit dem eigenen verdienten Geld und der finanziellen Unterstützung des geschiedenen Partners alle Kosten für Miete, Strom, Wasser, Telefon, Auto, Taschengeld für sich und das Kind aufzubringen.

Keines der von mir interviewten Jugendlichen hatte Eltern aus akademischen Berufen, sondern sie gingen meist Dienstleistungstätigkeiten nach.

Diese Elternteile waren häufig auch Kunden meiner Bäckerei. Bei einer Tasse Kaffee wurde so manches private Wort gesprochen. Themen der allgemeinen Sorgen waren der Reihenfolge nach: Die Kinder als Jungerwachsene, das Geld und der Beruf!

Über viele Gesprächsinhalte habe ich mir Notizen gemacht und mich nach ca. zwei Jahren entschlossen, über die Benachteiligungen, mit denen diese Menschen zu leben haben, ein Buch zu schreiben.

Die Ignoranz der Bedürfnisse aller sozial benachteiligten Menschen in unserer Gesellschaft waren Anstoß und Triebfeder zugleich, daraus ein Buch zu formulieren!

Warum ich mich an dem Thema der Alleinerziehenden und sozial- und bildungsschwachen Menschen so festbeiße? S i e haben die Kinder, die zwangsläufig milieugeschädigt aufwachsen! Diese Kinder sind ein großer Teil der zukünftigen Generation, die einmal unsere Kultur tragen soll!

Es ist wohl nicht sehr schwer nachzuempfinden, wie es jemanden geht, der einen vollen Tag als Verkäuferin, als Taxifahrerin oder ähnlichem hinter sich gebracht hat und abends der Müdigkeit, nach dem Kampf um das tägliche dasein, Tribut zollt.

Wenn es in dieser Situation nicht mehr reicht, sich taufrisch auf die Sorge und Nöte der Kinder einzustellen, ist das leicht einzusehen, nachzuempfinden!

Schnell treten in einem Haushalt (Alleinerziehende Mutter mit einem vielleicht vierzehnjährigen Kind) Konflikte auf, wenn die von der Mutter gewünschten kleinen Haushaltshilfen nicht, oder nur teilweise ausgeführt wurden!

Aus diesen Situationen eskalieren die kleinen Streitereien, die oft zu einem tiefen Zerwürfnis zwischen Mutter und Kind werden. Die Folge ist, daß der Jugendliche seine Zuwendungsbedürfnisse vorenthalten bekommt und anderweitig kompensiert! Er engagiert sich in der Clique oder kompensiert Liebesentzug, Zuwendung und Anerkennung in ganz jungen sexuellen Freundschaften. Diese Jugendlichen entwickeln sich gesellschaftlich auch anders, als es uns die wissenschaftlichen Literaten weis machen wollen. Wer sich als junger Mensch aus der Clique gegen Elternhaus, Schule, Mitglieder der eigenen Clique und die Erwachsenen durchzusetzen hat, entwickelt einen starken Selbsterhaltungstrieb.

Dieser Selbsterhaltungstrieb befähigt ihn, alle möglichen Gefahren furchtlos zu erkennen, kompromißlos zu reagieren und abzuwehren! Andererseits werden gegen den Jugendlichen, aber auch von ihm selbst, Forderungen und Ansprüche durchgesetzt!

In diesem Umfeld kann für den Starken, sowie für den Mitläufer die Jugendkriminalität ihren Anfang nehmen.

SEXUALITÄT WILL GELERNT SEIN
Die Liebe ist die Quelle aller Allergien

Der Poesi-Album-Spruch: "Die Liebe, die du gibst, kehrt ins eigene Herz zurück", hat so einen wahren Hintergrund, daß wir uns näher mit ihm befassen wollen!

Es ist uns sicherlich allen bekannt, daß erst in einer richtig vorbereiteten Muttererde eine Saat zur vollen Entfaltung seiner Frucht oder zu seiner Blüte gebracht werden kann!

Welche Vorbereitungsarbeiten notwendig sind, zunächst einmal einen fruchtbaren Mutterboden herzustellen, ist dem Gärtner wohl bekannt.

Er kennt die verschiedenen Mineralien, kennt die richtige Dosierung von Düngemitteln und so weiter, die die günstigsten Voraussetzungen für ein gesundes Wachstum der Pflanzen oder Blume schaffen.

Eine gesunde Fruchtbarkeit wird also gewährleistet!

Das Ergebnis gärtnerischer Kunst bewundern wir zum Beispiel in Hamburgs Planten und Blomen (Pflanzen und Blumen).

Ich sprach in diesem Beispiel von Fruchtbarkeit!

Nunmehr möchte ich von einer anderen Fruchtbarkeit berichten, von der ich in dem Aufklärungsbuch Mann und Frau, eine Sexualkunde für zehn
bis Dreizehnjährige gelesen habe:

Um ein Baby zu 'machen', müssen Mann und Frau miteinander schlafen. Es bedeutet, daß sie sich körperlich vereinigen, man nennt das auch Geschlechtsverkehr.

Das ist eine ganz natürliche Sache, und zwei Menschen, die sich lieben, so wie Mama und ich, tun dies gern miteinander. Sie ziehen sich aus, küssen sich, streicheln und umarmen sich. Manche Bereiche sind besonders empfindlich für Liebkosungen

Zum Beispiel die Eichel des Penis oder bei der Frau die Klitoris, die gleich oberhalb der Öffnung der Harnröhre sitzt.

Schließlich kommt der Moment, in dem der Mann und die Frau das Bedürfnis haben, noch näher beieinander zu sein. Nur ein Körper zu sein. Dann führt der Mann seinen Penis in die Scheide der Frau ein, und bewegt sich regelmäßig in ihr. Der Penis des Mannes ist dabei ganz steif. Von der Errektion haben wir ja schon gesprochen.

Junge Männer und sogar kleine Jungen haben oft eine Errektion im Schlaf. Nach einiger Zeit wird das Lustgefühl so stark, daß der Mann einen Samenerguß, eine Ejakulation hat, das heißt, das Sperma schießt in Stößen aus der Eichel und gelangt so in die Scheide der Frau. Von dort aus können die Spermien loswandern und möglicherweise trifft eins auf eine reife Eizelle, und ein Kind entsteht ...!

Wir haben jetzt zweimal etwas von Fruchtbarkeit gehört! Unterstellt man der einfühlsamen Buchaufklärung graduierter Fachleute viel Fingerspitzengefühl, wissenschaftliche Erfahrungswerte und gute Formulierungen, so scheint mir trotzdem bei der Beschreibung etwas zu fehlen! Warum?
In ihrem Buch beschränken sich die Autoren leider nur auf den Liebesakt als Mittelpunkt höchster Gefühlsmomente!
Es fehlen dem gesamten Aufklärungsbuch Hinweise stimulierender Pettingpraktiken ...! Hinweise darauf, daß Höhepunkte (Orgasmen), durch Pettingpraktiken ersetzt und erreicht werden können ...!
Aus den verschiedensten Gründen können die sich Liebenden nicht immer miteinander schlafen, darum ist der Austausch richtig angewandter Pettingpraktiken genau so wichtig - wenn nicht noch wichtiger - als die genaue Erklärung des eigentlichen Sexualaktes.

RICHTIGES PETTING, EIN GARANT LANGER PARTNERSCHAFTEN?

Das Bedürfnis der Jugendlichen offen über alle Fragen der Sexualität zu diskutieren, war eine Erfahrung, die ich mit Erstaunen zur Kenntnis nahm.
Immer wieder wurde mir auf meine Fragen berichtet, daß die Aufklärung im Elternhaus sowie in der Schule unbefriedigend war.
Die Tabuisierung dieses Themas ist erstaunlich.
Wichtig ist den Eltern beziehungsweise den Alleinerziehenden die Beschaffung der Antibabypille durch den Arzt.
Viele der interviewten Mädchen hatte schon einmal mit einem Jungen geschlafen, nur, Spaß gemacht, hatte es ihnen nicht!
Hierbei soll nicht unerwähnt bleiben, daß die Jugendlichen die unwürdigsten Plätze zum Ausprobieren ihrer sexuellen Bedürfnisse aufsuchen müssen. Dazu gehören Keller, unbenutzte Bushaltestellen, leere Fabrikhallen und so weiter.
Es kristallisierte sich in den Gesprächen immer mehr heraus, daß schmusen und Petting bei den Mädchen bevorzugt werden, während die Jungen gerne auf richtig miteinander schlafen wert legen.
One-Night-Stands sind bei Jugendlichen nicht sehr gefragt. Ihnen ist die dauerhafte Freundschaft wichtiger!
In einer freundschaftlichen Beziehung findet man eine Geborgenheit die nicht einmal die Clique, geschweige denn das Elternhaus, zu bieten vermag. Zu dieser freundschaftlichen Beziehung gehört neben dem Küssen und dem Schmusen auch das Petting. Bei den ersten Malen des Austausches von Streicheleinheiten unterhalb der Gürtellinie werden völlig neue Erfahrungen gewonnen!

Werden bei dem Einen die empfangenen Pettingstreicheleinheiten als intensiver Lustgewinn empfunden, hat der Andere (es ist die überwiegende Anzahl), beziehungsweise die Andere, Schwierigkeiten, die Grabscherei noch einmal an sich gestatten zu lassen, da der Partner es an jeglicher Intuition und Fingerspitzengefühl fehlen läßt.

Statt der schöner Gefühle verursachen die unsicher streichelnden Finger negative Gefühle, sprich Schmerzen.

Es war für mich erstaunlich zu hören, daß diejenigen Mädchen, die die Grabscherei keineswegs als Lustgewinn empfanden, nicht den Mut aufbrachten mit ihrem Freund darüber zu reden.

Folgende Gefahr kann damit drohen: Wiederholen sich in einer späteren, neuen Beziehung, die gleichen negativen "Grabscherfahrungen", verinnerlichen sich diese "Erfahrungen" als scheinbar selbstverständliches Ritual...!

Der erste Stachel eines unbefriedigenden Sexuallebens hat gestochen!

Menschen, die mit den Schwierigkeiten leben, sich nicht mitteilen zu können, erleben häufig eine unerfüllte Sexualität!

Der Aufklärungsauftrag der Schule und des Elternhauses deckt ausschließlich nur die Kriterien ab, die sich mit den biologischen Fragen der Erzeugung, Hygiene, Verhütung, der Pubertät und so weiter befassen. Jedoch was wirklich passiert, wenn zwei junge Liebende sich bei den ersten Pettingerlebnissen an den Geschlechtsorganen berühren, bleibt in der seriösen Aufklärungsliteratur weitgehendst ausgeklammert.

Nun, es gibt selbstverständlich auch die Partnerin die es durchaus versteht ihre sexuellen Wünsche zu artikulieren.

Wichtig ist es nun für den jungen Mann ihre verbal formulierten Wünsche richtig umzusetzen.

Wichtig ist weiterhin, sich auch noch nach Jahren daran zu erinnern, seine Partnerin gefühlvoll zu stimulieren!

In vielen Fällen geht von den Männern eine gewisse Unwissenheit (was die Stimulation der Klitoris mit den Fingern betrifft) einher, mit einer naturgegebenen Bequemlichkeit. (Diese Bequemlichkeit resultiert in den meisten Fällen aus der zeitlichen Länge der Partnerschaft, die Zeit nach den ersten Liebesstürmen ...!)

Aus Liebe zu Ihrem Partner gleicht die Frau, die nicht, oder nur teilweise erfüllten sexuellen Wünsche, durch ein diplomatisch angepaßtes Verhalten aus. Immer in der Hoffnung, es wird sich noch etwas verändern! So bringt die Liebende ein stummes Opfer und ist nur für sich alleine traurig, daß der geliebte Partner ihre ausgestrahlten Signale nicht oder nur halbherzig hat deuten können.

Ich habe ausführlich über dieses Thema mit Frauen gesprochen, die mir gut bekannt waren, und an deren Redlichkeit es keine Zweifel gibt! Immer wieder bekam ich den Hinweis, daß sie ihrem Lebenspartner nicht selten ein ausgefülltes Sexualleben "vortäuschen"!

Und erstaunlicher Weise bekommen sie ob ihres Verhaltens, nicht selten sogar, Schuldgefühle!

Schuldgefühle hört sich zusammenfassend so an: die allerersten empfangenen klitoralen Streicheleinheiten wurden dem Partner als ein wunderschönes Gefühl, je nach Temperament signalisiert, obwohl "kein richtiger klitoraler oder vaginaler Höhepunkt" empfunden wurde!

Meine bis an die Grenzen der Peinlichkeit bohrenden Fragen erbrachten das Ergebnis, daß zum Beispiel die Herbeiführung eines kliroralen Höhepunktes viel Einfühlungsvermögen und Ausdauer seitens des Mannes bedurft hätte!

Einen vaginalen Höhepunkt empfinden viele Frauen aus der liebevollen Vereinigung mit dem Partner und seiner, in dem Verlauf des Liebesaktes ständig steigenden Erregung die einem Crescendo gleich, schließlich in einem alles erlösendem Orgasmus einen Höhepunkt findet!

Diese Augenblicke der Lust krönen die geschlechtliche Vereinigung zweier sich liebender Menschen zu einem "völlig miteinander eins seins!"

Die Frau empfindet m i t ihrem Mann, hingebungsvoll und voller Überzeugung auch wenn in ihrem tiefsten Innern ihr der e c h t e   H ö h e p u n k t vorenthalten bleibt!

Im Verlaufe so mancher Partnerschaft gehört fortan für die Frau zum Sexualleben, daß während des Liebesvorspiel klitorale Streicheleinheiten als sehr schön empfunden, aber als klitoraler Höhepunkt von ihr dem Mann nur vorgetäuscht wird.

Abschließend und zusammenfassend wurde von vielen weiblichen und männlichen Gesprächsteilnehmer eine unzureichende Aufklärung beklagt!

Dieses Buch will versuchen, für ein erweitertes Aufklärungsmodell Verständnis zu wecken!

DAS LANGZEITGEDÄCHTNIS

Wer kennt sie nicht, die Namen derjenigen Klassenkameraden, mit denen man gemeinsam die Schulbank drückte?

Unauslöschlich sind sie in unseren Gehirnen eingebrannt und können jederzeit abgerufen werden.

Wer sich hin und wieder einmal Fotografien seiner ehemaligen Klassenkameraden anschaut, kann auf Anhieb ihre Namen nennen.

Wie auf Knopfdruck sind sie gegenwärtig!

Praktizieren wir nicht auch einige Alltagsgewohnheiten nach diesem Erinnerungsschema?

Ein Beispiel soll veranschaulichen, welch' frühkindliche Erziehungsmaßnahmen ein Leben lang in uns wirksam bleiben.

Jeder von uns kennt FKK-Strände!

Dort tummeln sich in den Sommermonaten die Nackten ungeniert. Durch Zufall entdeckten meine Frau und ich bei einem Frankreichtrip mit dem Wohnmobil ein FKK-Feriencamp an der westlichen Atlantikküste mit dem Namen Montalivet. Es liegt ca. vierzig Kilometer südlich der Gironde- Mündung. Mitten in einem riesigen Kiefernwald gelegen brauchen die Nudisten auf keinerlei Komfort verzichten.

Supermärkte, Restaurants, Bäckereien, ja, sogar eine Post ist vorhanden! In der sogenannten Einkaufsmeile herrscht tagsüber ein reges Treiben.

Die oben genannten Geschäfte sind tagsüber meistens stark frequentiert. Wie groß war unser Erstaunen als wir sahen, alle Geschäfte wurden von den Nudisten zum überwiegendem Teil nur mit einem Handtuch um die Hüften bekleidet nackt besucht!

Nackt in einem Postamt zu stehen oder nur mit einem Handtuch bekleidet in einem Restaurant zu sitzen, wäre für einen Nichtnudisten eine völlige Unmöglichkeit!

Warum aber kann es der Eine, und der Andere nicht?

Liegen für die Nichtnudisten die Gründe nicht auch unter anderem mit großer Wahrscheinlichkeit in frühkindlich anerzogenen, gelernten Verhaltens- und Erinnerungsmustern?

Auf Kinder wirken nicht nur unsere Erziehungsmaßnahmen, die wir ja mit ganz bewußter Absicht vornehmen, sondern es wird regelrecht alles programmiert, wobei die Kinder auch unbewußt von den Eltern beeinflußt werden.

Wenn wir uns zum Beispiel auf der Toilette immer einschließen oder im Bad lieber alleine baden, und die Kinder ihre Eltern auch sonst niemals nackt sehen, entwickelt sich eine Schamhaftigkeit, die für das gesamte Leben von prägender Bedeutung sein kann.

"Dafür bin ich zu altmodisch!"

Von einem älteren Menschen kann so etwas schon mal zu hören sein. Analysiert man diesen Satz, kann das Ergebnis lauten: Hier wurde eine im Kindesalter gemachte Erfahrung zu einer so gefestigten Erinnerung, daß für neue Verhaltensweisen kein Spielraum bleibt.

Aus meinen Gesprächen erinnere ich die Worte eines Mannes, verheiratet, 4 Kinder und ca. fünfundfünfzig Jahre alt, der mir versicherte, stolz darauf zu sein, daß ihn noch niemand nackt gesehen hatte.

Auf mein Nachfragen kam heraus, daß er auch seine Eltern nie nackt sah! Es braucht wohl kaum erwähnt werden, daß seine vier Kinder niemals ein Nudistencamp besuchen würden ...!

Wenn ich nun behaupte, daß viele Menschen, die ihre defizitäre Sexualerziehung in ihrem Erwachsenenalter nicht mehr korrigieren können, weil sie von einem negativen Erziehungsmuster geprägt wurden, dann sind es meistens d i e j e n i g e n deren Lebensschicksale auch n e g a t i v verlaufen.

Natürlich wird es vielen von ihnen trotzdem gelingen, eine normale Partnerschaft zu führen. Bei den vielen anderen aber ist der Zeitpunkt abzusehen, wo, abgesehen von den Alltagsproblemen, Gewohnheit und sexueller Langeweile, letztlich nur noch die Trennung übrig bleibt mit all seinem Leid und seinen Tränen für alle Beteiligten ...!

Wie bereits erwähnt, werden ja weit über einhundertsechzig Tausend Ehen im Jahr geschieden. Eine der Scheidungsgründe ist ein mit den Jahren langweilig gelebtes Sexualleben - ausgelöst durch die unvollständige Sexualaufklärung. Möge sich der Begriff zufrieden gelebte Sexualität durch richtig erlernte und angewandte Pettingpraktiken durchsetzen und einen wichtigeren Stellenwert einnehmen, als es die heutigen Aufklärungsmethoden aus dem Elternhaus, der Schule, oder die etablierte Aufklärungsliteratur vermitteln.

Einen Lösungsbeitrag bietet dieses Buch im Romanteil..!

DRITTER TEIL

-ROMANTEIL-

LUCIE

Das Telefon klingelt. Lucie legt ihre Schularbeiten beiseite und greift zum Telefon - sie hat ihr eigenes!

Immer war das Telefon zu einem Streitpunkt zwischen ihr, und ihrer Mutter geworden!

Mal hatte sich ihre Mutschka beschwert, weil die Anrufer ihren Namen nicht nannten, sondern einfach nach Lucie fragten, oder es kamen Anrufe nach 22.00 Uhr, als man sich gerade zur Ruhe ins Bett gelegt hatte! Das war jetzt anders! Seit einer Woche hatte Lucie nicht nur ihr eigenes Telefon, sondern auch die eigene Rufnummer! Die Kosten hatte ihr Vater übernommen!

Immer wenn sie an ihren Vater dachte, entrann sich ein stiller Seufzer ihrer Brust.

Sie bedauerte die Trennung ihrer Eltern sehr!

"Ja, hier ist Lucie!"

Am anderen Ende war Fred. Er war ein alter Freund der Familie Giesekind, Lucies Eltern. Fred war sechsunddreißig Jahre alt, Leiter einer Versicherungsagentur und hatte viel Freiraum für sein Hobby, dem Segeln.

"Na, bist du gerade bei deinen Schularbeiten?", vermutete Fred.

"Ja, da hast du aber gut geraten! Kannst du durch das Telefon schauen?"

Beide lachten. Nach dieser kurzen Einleitung hatte Fred eine Bitte.

"Lucie, wenn du heute Nachmittag Zeit für mich hättest, und mir auf dem Segelschiff helfen könntest, wäre ich dir sehr dankbar!"

"Wobei soll ich behilflich sein?"

"Eine neue Schaumstoffunterlage ausmessen, schneiden und in die Koje einpassen, ich erkläre es dir an Bord!"

Lucie hatte an diesem Nachmittag nichts vor und so verabredeten sie sich bei Bobby Reich, einem romantischen Pontonrestaurant und einer Bootsvermietung, direkt an der Alster, bei der Krugkoppelbrücke.

"Halloooooooo !", Lucie stand, beide Arme schwenkend, auf dem Bootssteg. Endlich wurde sie gehört und von Fred mit einem kleinen Beiboot, sein Schiff lag ca. fünfzig Meter vom Steg entfernt an einer Boje, abgeholt. Die Sonne stand hell am Himmel. Es war ein warmer Frühlingstag und für einen Skipper genau die richtige Zeit, seine Segelyacht für die Saison aufzuklären.

Fred begrüßte Lucie mit einem herzhaften Kuß auf die Wange. Gemeinsam wurde zunächst über den noch gelegten Mastbaum diskutiert. Zum Aufrichten des Segelmastes sicherte sich Fred schon jetzt Lucies Hilfe!

Nach einigen Fachsimpeleien, es drehte sich um das präzise Aufrichten des Segelmastes, gab Lucie zu bedenken, daß ein dritter Mann zur Sicherung notwendig werden könnte. So wurde es schließlich verabredet. Jetzt kam Fred auf die eigentliche Arbeit zu sprechen.

"Hier, schau dir diese Schaumstoffunterlage an, die möchte ich gerne neu in die Koje eingepaßt haben."

Lucie schaute sich schweigend die hochwertige Unterlage an.

"Wer soll anschließend die Unterlage mit Stoff beziehen? Ich kann so etwas nämlich nicht!"

Fred lächelte: "Keine Angst, das erledigt ein Fachgeschäft für uns!"

So fingen beide an zu messen, zu schneiden, zu schnippeln und manchmal zu schimpfen, bevor sie endlich mit dem Ergebnis zufrieden waren. Während der Arbeit kam das Gespräch auf Lucies Mutter.

"Ich war vor einigen Tagen der Seelentröster deiner Mutter. Hat sie dir davon erzählt?", wollte Fred wissen.

Es ging um Mutschkas Freund Horst!

"Ja, das hat sie! Sie hat mir von ihren schlechten Erfahrungen mit den Männern erzählt! Sage mal, seid ihr Männer immer so?", sie wollte den Freund mit der Frage provozieren.

"Wieso 'immer so?" fragte dieser irritiert zurück.

"Naja", empörte sich Lucie, "der Horst war im ersten Jahr meiner Mutter gegenüber immer gentlemanlike, in jeder Beziehung, du weißt schon was ich meine, aber dann entwickelte er sich zum Macho. Ich kann dieses Verhalten einfach nicht verstehen! Kannst du es? Du bist doch ein Mann?" Fred lächelte seinen jungenhaftes Lächeln, als er mit einem klaren "Jein", antwortete, und fuhr, nachdem er das große Fragezeichen in Lucies Gesicht sah, fort: "Ich kenne den Horst zu wenig, um ein sicheres Urteil abgeben zu können. Soviel ich deiner Mutschkas Worten entnehmen konnte, bezog sich sein Machogehabe ausschließlich auf sein sexuelles Verhalten. Habe ich deine Mutter da richtig verstanden?"

"Ja, genau darum geht es," bestätigte Lucie, "Mutti beklagte sich bei mir, daß Horst seine, wie soll ich sagen, Eheverpflichtungen vernachlässigt. Er denkt, mehr oder weniger, nur an sich, also an seinen eigenen Vorteil,   na, du weißt schon....! Anschließend dreht er sich um und schläft ein....! Das war's! Ich kann so ein Verhalten nicht verstehen, darum noch einmal meine Frage an den erfahrenden Liebhaber: Ist das normal? Machen Männer das immer so?"

Fred machte ein ernstes, nachdenkliches Gesicht.

"Lucie, deine Frage ist schwierig zu beantworten, denn wir Menschen sind ja alle so verschieden!

Ich kann also nur über meine eigenen Erfahrungen berichten. Natürlich kommt es mal vor, daß ich, beim Schlafen mit meiner Freundin, 'nur' meinen 'Verpflichtungen' nachkomme, aber Lucie, das muß der absolute Ausnahmefall sein! Das glückliche Harmonieren hängt nämlich nicht zuletzt von der Bereitschaft des Mannes ab alles zu tun, um seine Frau sexuell glücklich zu machen! Anders herum gedacht ist die liebende Frau immer bereit, für den geliebten Partner alles zu geben! Das ist meine persönliche Erfahrung!"

Zwischendurch erklärte Fred genau wie er seine Schaumstoffunterlage geschnitten haben möchte, dann nahm Lucie das Gespräch wieder auf.

"Ist eine glückliche Harmonie im sexuellen Bereich also eine gute Basis für die Bewältigung großer und kleiner Alltagsbelastungen?"

Fred zog die Augenbrauen hoch und lächelte anerkennend: "Das hast du gut gesagt! Ja, du hast Recht, Sexualität ist zwar nicht alles im Leben, aber ein gutes Funktionieren ist ein sicheres Fundament einer Partnerschaft, auf die ein Wolkenkratzer gebaut werden kann!"

Über den Vergleich mußten beide schmunzeln.

Während sie mit der scharfen Schere an den gekennzeichneten Stellen entlang schnitt, dachte Lucie noch einmal laut über die Worte ihrer Mutter nach: "Mutti sagte mir, daß der Mann oft aus reiner Gedankenlosigkeit nicht bemerkt, wie seine Frau bei dem Liebesakt zu kurz kommt!"

Fred ließ die Schere sinken: "Da ist bestimmt etwas wahres dran, aber Lucie, sage mal, woher hat deine Mutter diese Weisheiten, schließlich ist doch Horst erst der zweite Mann in ihrem Leben?"

"Ja natürlich, aber sowohl mein Vater, als auch Horst, zeigten beide in der Liebe mit der Zeit eine kaum zu übersehende Gleichgültigkeit!"

Fred versank ins Grübeln ...! Er überlegte minutenlang wie er sich den positiven Einfluß auf eine, auf den sexuellen Bereich bezogene glückliche, harmonische Partnerschaft vorstellte. Er trug schon lange eine Idee mit sich herum, die ihm just in diesem Moment einfiel!

"Lucie?"

"Ja?"

Fred sah sich die Schere in seiner Hand an, als wüßte er nicht wie sie dort hinkam.

Sie stutzte über Freds angespannten Gesichtsausdruck.

"Ich finde eure Schulaufklärung reformbedürftig...," kam es plötzlich wie aus der Pistole geschossen!

"Ja, wie kommst du denn plötzlich darauf?"

Nachdenklich, jedoch immer noch angespannt schaute er Lucie an.

"Ach, seit langem denke ich über eine absurde Idee nach!"

"Absurd? Erzähle bitte, nun hast du mich neugierig gemacht!"

"Na, gut! Ich habe die verrückte Idee, daß ab einem bestimmten Alter an den Schulen im Aufklärungsunterricht Pettingpraktiken regelrecht gelernt werden müß....", weiter kam er nicht mit seiner erkenntnisreichen Idee, da wurde er von Lucie unterbrochen.

"F r e e e d ...!", und ihre Stimme klang um eine Oktave tiefer, "du kannst doch an einer Schule keine praktische Aufklärung lehren !"

"Eben, eben, du hast ja Recht, ich weiß es ja auch, aber trotzdem, Lucie, denke bitte nur mal theoretisch über meine verrückte Idee nach: Die theoretisch / biologische Aufklärung bekamen wir in den Grundschulen vermittelt! OK? Im späteren Aufklärungsunterricht ging es dann nur noch um Verhütung, Hygiene, ansteckende Geschlechtskrankheiten und so weiter, aber, Lucie, um es auf den Punkt zu bringen, was ein klitoraler Höhepunkt bedeutet, erfährt der Schüler. jedenfalls in meiner Schule damals, nicht! Wie war es bei euch? Habt ihr über intime Gefühle gesprochen? Habt ihr den Begriff klitoralen Höhepunkt definiert?" Gespannt schaute er auf Lucie. Diese schaute zunächst ratlos in den Himmel und dann den Freund an.

"Zunächst einmal, Fred, ehrlich, den Ausdruck 'klitoraler Höhepunkt' habe ich noch nie gehört! In keinem Aufklärungsunterricht wurde er genannt. Meinst du nicht auch, daß die Schule davon ausgeht, daß der aufgeklärte Schüler seine Pettingerfahrung im Laufe der Zeit selbst entwickelt, beziehungsweise ergänzt?"

Aus persönlichen Erfahrungen war Fred in dieser Hinsicht mißtrauisch.

"Das glaube ich lange nicht! Denke an deinen ersten Freund Jens! Denke an deine Mutter, und nicht zuletzt an ihren Freund Horst! Wir haben doch festgestellt, und deine Mutter hat es unter Tränen berichtet, wie wenig Feingefühl und Einfühlungsvermögen in der Liebe zum Beispiel der Horst zuletzt entwickelt hat! Er dachte doch, wenn er mit seiner Partnerin einen normalen Liebesakt erlebt, seinen Höhepunkt genießen darf, ist die Frau auch herzlich zufrieden! Darum behaupte ich mal, daß diese Männer entweder aus Bequemlichkeit, Nichtwissen oder einfach aus Unvermögen nie im Leben geschnallt haben, was der klitorale Höhepunkt für eine Frau bedeutet!"

Lucie fragte nun welche Lösung Fred anzubieten hätte.

"Eine Lösung?", er lachte, "die kann ich leider auch nicht aus den Hut zaubern, aber mir ist da etwas eingefallen ..."

"Und das wäre? Nu' sag' schon!"

"Ich durfte dir ja praktische Aufklärung vermitteln, und im Zusammenhang damit, das wollte ich dir schon längst gesagt haben, fällt mir der Begriff: 'Aufklärungsberater´ ein!"

Fred lachte über seine Wortfindung, fing dann aber an deutlicher zu formulieren: "Es gibt sicherlich mehr Menschen als wir ahnen, die ihre sexuellen Wünsche aus einem früh anerzogenem Schamgefühl ihrem Partner nicht mitteilen können, oder mögen. Du, und diese Aufklärungsdefizite bräuchten nicht sein, wenn ab einem bestimmten Alter die Aufklärung gründlicher, und das war ja meine verrückte Idee, auch praktisch gelehrt werden könnte! Wie wir ja vorhin schon feststellten, ist ja erst eine zufrieden gelebte Sexualität das Fundament einer glücklich gelebten langen Partnerschaft!"

Eine längere Denkpause trat ein. Lucie ließ sich die Worte des Freundes durch den Kopf gehen ...! Ihre Gedanken machten sich selbständig. Aufklärungsdefizite ergänzen, dachte sie , ja, das war es! Funktionieren würde das Ganze mit Abstimmung der Eltern!

Für einen kurzen Moment wurde sie durch einen komplizierten Schnitt mit der Schere an der Schaumstoffmatratze abgelenkt.

Jetzt dachte sie noch einmal an die Diskussion und an das Aufklärungserlebnis mit Fred. Zu ihm war sie gekommen und hatte von ihren ersten Intimerfahrungen mit Jens, dem allerersten Freund, berichtet. Jens hatte ihr mit seiner 'Grabscherei' im Intimbereich schlichtweg weh getan! Und obwohl sie Jens gern mochte, hatte sie einfach Schluß gemacht!

"Lucie, d u mußt dem Jungen beibringen wie er dich im Intimbereich streicheln soll ...!"

Fast beschwörend hatte Fred diese Worte gesagt! Sie waren ihr sehr gut in Erinnerung geblieben! Sie erinnerte auch ihre gespielte weinerliche Antwort: "Wie sollte ich so etwas intimes formulieren, wo ich doch selbst überhaupt keine Erfahrungen habe?"

Und dann geschah etwas so ungewöhnliches, daß Lucie erst nach Wochen begriff, was sie tat, und wie wichtig diese einmalige Erfahrung für sie sein sollte: Irgendwann, es waren vielleicht drei Wochen vor der Schnibbelei an der Schaumstoffunterlage, sprach sie mit dem Freund zum wiederholten Male über Aufklärungsdefizite. Auslöser eines solchen Gespräches war immer Jens! Und als wäre es das Selbstverständlichste auf der Welt, faßte beim letzten Gespräch, und nach einer halbstündigen Einführungsrede, Fred seinen unglaublichen Vorschlag so zusammen: "Ich zeige dir daß praktische Petting, und du wirst von mir unter anderem lernen den Mut aufzubringen später deinem Freund zu sagen w i e seine streichelnden Finger bei dir einen Höhepunkt auslösen - und wie du zum Miteinander Schlafen 'Nein' sagst, ohne deinen Freund zu verletzen. Sicherlich wird er über deine offenen Worte sehr erstaunt, aber bestimmt auch dankbar sein!"

Fred lächelte, als er Lucies ungläubiges Gesicht sah. Sie war einer halben Ohnmacht nahe über Freds Aufklärungsvorschlag, erbat sich aber trotzdem Bedenkzeit und stimmte einige Tage später diesem ungewöhnlichen Vorschlag zu!

Neugier war es! Erwartungsvolle, skeptische Neugier, aber auch die tiefe Vertrautheit zu dem Freund! Diese Kriterien zusammen genommen, halfen die Schamgrenzen zu überwinden für ein ungewöhnliches Abenteuer ...!

So lernte Lucie das ABC der Liebe in einer behaglichen, jedoch auch distanzierten Atmosphäre kennen! Das Vermitteln schöner Gefühle hinderten Fred nicht daran auf eine gewisse Sachlichkeit zu achten!

"Das ist Absicht, Lucie. Du sollst nur etwas lernen! Lieben, das beginnt mit dem Tag an dem du dich in einen Jungen verliebst! Dann hilft dir das Erlernte zu einer wunderschönen Sexualität! Ein Liebesleben wird sich erfüllen wie, ja, wie bei 1001 Nacht! Das wünsche ich dir!"

"Oh, danke für deine guten Wünsche! Ich werde dir meinen zukünftigen Traumprinzen vorstellen und dich als meinen Lehrmeister, nein, als meinen Aufklärungsberater ausgeben!"

Ihre Gedanken kreisten weiter, und plötzlich kam ihr zu Bewußtsein, wie sehr sie der Gedanke faszinierte zu wissen, in wieweit eine Aufklärungsergänzung die sicherlich für viele (bei einfühlsamer Vorbereitung, oder wie immer sie sich gestalten sollte) hilfreich wäre, die Hürden der Schamschranken zu überwinden!

Sie dachte an Freds Philosophie: Es würde reichen, wenn die Mädchen   die Pettingpraktiken erlernten. In diesem Alter sind die Mädchen den meist unerfahrenen Jungen in Sachen Sexualität um einiges voraus! Und wieder kam ihr Jens ins Gedächtnis, sein hilfloses Gegrabsche bereitete ihr heute noch Unbehagen!

Während sie noch an Jens dachte, hörte sie plötzlich ihren Namen!

"Luuucieee! Halloo!!" Fred holte sie aus ihren Träumen zurück.

"Oh, entschuldige, ich war wirklich eben mit meinen Gedanken abgeschweift! Mich beschäftigt dein Aufklärungsberater ...!"

Fred bot eine kalte Erfrischung an. Das tat gut. Ihre Augen wanderten über das Profil des älteren Freundes. Sie empfand sehr viel Sympathie für ihn. Wenn sie sich in einen Jungen verlieben würde, sein Aussehen, seine Charaktereigenschaften müßte er haben!

"Prost, Cola!"

Beide erhoben die Gläser und ließen das beliebte Getränk wohlig durch die Kehlen laufen. Schaumstoffmatratze schneiden, philosophische Gedanken laut werden lassen, das rechtfertigt den ausgiebigen Genuß eines gekühlten, belebenden Getränkes!

Freds offene Art über sensible Themen wie die Sexualität zu sprechen, ohne daß ein Peinlichkeitsgefühl aufkam, machte ihn für Lucie so liebenswert.

Fred hatte ihr Selbstvertrauen gestärkt! Ohnehin waren Lucies Gedanken immer einfach, logisch, pragmatisch. Freds Lebenseinstellung färbte nicht nur ab, seine Worte und Ratschläge hatte sie schon als Zwölfjährige beeindruckt und vieles davon verinnerlicht. Das wurde ihr um so deutlicher je mehr sie darüber nachdachte!

Ihr fiel Sybille ein: "Was würde sie sagen, wenn ich ihr einen Aufklärungsberater zur Ergänzung der Aufklärungsdefizite empfehlen würde?"

"Ohne irgendein Hintergrundwissen würde sie dir sicherlich einen Vogel zeigen", meinte Fred trocken und ohne mit der Wimper zu zucken.

"Ich werde mit meinen Freundinnen über den Beruf des Aufklärungsberaters diskutieren, und vielleicht dieses Thema zum Gegenstand im Biounterricht machen...!"

Das war eine typische, aus dem heiteren Ideenhimmel gezauberte Eingebung von Lucie.

"Was hältst du davon?"

"Du wirst mir einfach davon berichten !"

DAS ERLEBNIS IM ZOO.

Der Wecker klingelte so lange, bis eine Hand angekrabbelt kam und den Krachmacher zum Schweigen brachte.

Fast wäre Lucie aus dem Bett gesprungen, da fiel ihr der heutige Ausflug mit der Klasse in den Hagenbecks Tierpark ein. Der schenkte ihr heute Morgen noch ein paar Minuten im Bett, und gab ihr die Möglichkeit, sich der Träume der vergangenen Nacht zu erinnern. Endlich schlich sie, noch leicht verschlafen an der Küche vorbei, in der Mutschka einen guten Morgen wünschend, ins Bad, um sich den Schlaf aus dem Körper zu duschen.

”Wieso bist du eigentlich nicht im Büro?”, wollte die jetzt frisch gestylte Lucie wissen.

”Na, deinetwegen! Wir können selten genug ein gemeinsames Frühstück genießen. Ich hoffe, du freust dich?”

Lucie nahm ihre Mutter in den Arm: ”Natürlich freue ich mich! Du, so würde ich mir jeden Morgen wünschen!”

Ist ja klar! Wer setzt sich nicht gern morgens an einen liebevollen gedeckten Frühstückstisch!

Die U-Bahn brachte Lucie pünktlich zum Hagenbecks Tierpark. Als die Klasse vollständig versammelt war, marschierte Herr Ebbe, seine Klasse hinter ihn her trottend, auf eine offene Kasse zu und kaufte für alle die Eintrittskarten.

Herr Ebbe unterrichtete Bio, Politik und Gemeinschaftskunde. Er war ein ausgeglichener, beliebter und sehr humorvoller Lehrer.

Der Clown der Klasse hieß Jens. Er sang gerade den Refrain eines uralt Schlagers aus längst vergangenen Zeiten: ”Geh'n wir mal zu Hagenbeck, Hagenbeck, Hagenbeck, da ist das ganze Ende weg von Hagenbeck ...!” Mit diesem simplen Text konnte er allerdings nur Herrn Ebbe ein Schmunzeln abringen, seine Mitschüler fanden den Gesang und den Text einfach ätzend!

Auffallend viele Klassen drängten sich durch den schmalen Eingang. 'Schreiben die alle eine Bioarbeit?', dachte Lucie, als sie die vielen Klassen sah. Die Schülergruppen trotteten jedoch in die verschiedensten Richtungen. Es gab ja so viele Wege im Zoo, da hatte sich bald alles verteilt.

Den Ausflug in den Zoo hatte Herr Ebbe natürlich mit einer Aufgabe verbunden! Über eines der großen Säugetiere wurde demnächst eine zeugnisentscheidende Arbeit geschrieben!

Leider verriet er nicht, um w e l c h e s Großtier es sich handelte!

”Das wäre ja zu einfach”, meinte er!

Nun waren alle Schüler gezwungen, sich ihre Information von a l l e n Großtieren sorgfältig zu notieren!

Das Jens lauthals fragte, ob ein Meerschweinchen auch dazu gehörte, sei nur der Vollständigkeit halber erwähnt.

Die Klasse hatte etwa zur Hälfte ihr Arbeitspensum erfüllt und stand nun beobachtend vor dem Paviangehege. Da kam es zu einem merkwürdigen Zwischenfall!

Während die meisten Schüler langsam zum nächsten Gehege wanderten, konnte sich der Rest der Klasse nicht losreißen von den possierlichen Affen. Unter ihnen Lucie! Neben ihr stand eine fremde Schülergruppe, etwa in Lucies Alter.

Plötzlich hörte Lucie aus dieser Gruppe ein Mädchen rufen: ”Oh, guckt mal da vorne, wie die Affen ficken...!”

Alles um sie herum lachte.

Ein anderes Mädchen dieser Gruppe rief: "Der Affe dahinten hat einen Schwanz wie ein Bleistift!"

Wiederum lachte die fremde Gruppe.

Das störte die Affen zwar wenig, aber ein Mädchen aus deren Klasse! Wie Lucie jetzt beobachten konnte, ging diese zu ihrer Klasse und rief voller Empörung: "drückt euch nicht so schweinisch aus, ihr seid hier nicht allein!"

Die Gemaßregelte drehte sich mit den Worten um: "Verpiss dich Alte, sonst gibt's was aufs Maul !"

Dabei packte sie das Mädchen und schleuderte sie so wuchtig in Lucies Richtung, daß diese beim Aufprall fast umgestoßen wurde. Nur der Notizblock und der Kugelschreiber flogen auf den Boden. Das fremde Mädchen hob beides wieder auf, und gab es Lucie zurück.

"Entschuldige bitte," sagte sie, "ich konnte nichts dafür!"

"Ist schon gut. Ich habe alles mitbekommen", entgegnete Lucie, "bei euch herrscht ja ein harter Ton, so etwas habe ich aus dem Munde eines Mädchens noch nie gehört ...!"

"Ja, ich finde diese Ausdrucksweise fürchterlich primitiv, darum hatte ich mich ja beschwert - du siehst ja mit welchem Ergebnis!"

Sie sah Lucie an und zuckte bedauernd die Schultern.

Lucie ging jetzt mit dem Mädchen eine Weile zusammen, bis die Gruppen sich trennten.

Offensichtlich waren sich beide vom ersten Augenblick an sympathisch. Sie tauschten ihre Telefonnummern aus, versprachen sich anzurufen, und verabschiedeten sich per Handschlag.

EIN MÄDCHEN NAMENS SYBILLE.

Heute war wieder ein warmer Frühlingstag. Das Radio versprach Temperaturen um die zwanzig Grad! Durch das weit geöffnete Fenster wurden die Vogelstimmen von Amseln, Buchfink und der Heckenbraunelle in Lucies Zimmer hineingetragen.

Im Wechsel mit der Mutter wurde am Sonnabendvormittag "Klar Schiff" in der Wohnung gemacht. Dieses Wochenende war Lucie dran!

Sie hatte vorher mit Mutschka ausgiebig gefrühstückt! Während Frau Giesekind anschließend den Wochenendeinkauf auf dem Markt vornahm, schwang Lucie den Staubsauger.

Einen drahtlosen Kopfhörer aufgesetzt, konnte sie ihren Lieblingssender "N-Joy Radio" hören.

Hier war die Welt am Sonnabendvormittag noch in Ordnung.

Mitten in der Arbeit klingelte das Telefon.

Trotz des Kopfhörers hörte sie das Klingelzeichen. Sie nahm den Hörer von der Gabel und meldete sich: "Guten Morgen, hier ist Lucie Giesekind!" Am anderen Ende meldete sich Sybille, die nur wissen wollte, ob Lucie auch pünktlich zur Verabredung komme!

"Ja, natürlich, bei mir ist alles soweit OK! Meine Mutter hat gestern schon Knabberkram für uns eingekauft. Unter anderem eine völlig neue Sorte die 'Salzspeck' heißt! Hhm, das schmeckt lecker ich bringe es nachher mit!" Sybille lachte, und amte die begeisterte Stimme der Freundin nach: "Und die haben alle so schön viele Kalorieeeen...!"

Beide mußten lachen. Zum Schluß des Gespräches erinnerte Sybille an die neue CD, die Lucie ja nicht vergessen sollte!

Nach dem Gespräch wurde der Teppich weiter mit dem Staubsauger konfrontiert und "N-Joy Radio" gab den Takt an. Lucie freute sich auf die Verabredung bei Sybille. Miteinander quatschen, dabei Musik hören, und das eine oder andere Problemchen besprechen.

So etwas nannte Lucie aktive Freizeit! Heute hatte sie sich vorgenommen, ihr Erlebnis mit Fred zu erzählen. Schließlich kannten sie sich jetzt schon fast ein Jahr. Sie war gespannt, wie Sybille auf ihr Intimerlebnis mit Fred reagieren würde.

'Fast ein Jahr kenne ich Sybille schon', ging es ihr noch einmal durch den Kopf!

Ihre Gedanken gingen zurück an jenem Abend, als sie an Bord von Freds Segelyacht neben dem Segelschiff von Sybilles Eltern festmachten!

Es waren Sommerferien! Lucie war, wie schon oft, Gastseglerin und 'Vorschotfrau' auf Freds Yacht. Mit seiner Freundin Gaby verstand sie sich sehr gut und Fred freute sich, neben seiner Freundin, in Lucie eine zuverlässige zweite Vorschotfrau zu haben.

Natürlich waren die Bootsstege bei ihrer Ankunft alle belegt, und so mußten sie mit ihrem Segelschiff etwas außerhalb mit anderen Yachten an einem Notsteg im 'Päckchen' liegen!

Die Yachten, die nun zwangsläufig wegen Platzmangels nebeneinander liegen mußten, brachten außenbords Fender aus, das sind ca. fünfzig cm lange und zehn cm dicke Gummipuffer, die Beschädigungen an der Außenhaut der Schiffe vermieden.

So lagen manchmal drei, vier oder noch mehr Schiffe nebeneinander sorgfältig vertäut. Ja, so begann über den Segelsport sprechend, ihre Bekanntschaft.

Irgendwann fragte Lucie ihre neue Bekannte: "Wollt ihr heute Abend noch nach Westerland rein?"

Sybille verneinte. "Meine Eltern möchten lieber an Bord bleiben und hier entspannen."

Lucie wechselte daraufhin einen schnellen Blick mit Fred. Dieser hatte auch sofort verstanden, und nickte zustimmend mit dem Kopf.

"Wenn du Lust hast mit uns zu kommen, bist du herzlich eingeladen! Wir gehen erst zum 'Chinesen', anschließend bestimmt in eine Disco!"

"Da komme ich gern mit," freute sich Sybille.

Die Eltern drückten ihrer Tochter einen größeren Geldschein in die Hand, und schon befanden sich drei junge Damen, in Begleitung eines einzelnen Herren, auf den Weg in den Innenstadtbereich von Westerland.

Ein Abendessen in charmanter Begleitung in einem gepflegtem Restaurant ist ein besonderes Erlebnis, wenn ein entsprechend exzellentes Menü serviert wird und allen mundet.

Fred war ein charmanter Plauderer, und konnte von vielen kleinen und großen Segelabenteuern berichten. Als großzügiger Kavalier übernahm er an diesem Abend die Rechnung, und bekam von seinen Damen ein herzliches Dankeschön zu hören.

Bestens gelaunt erreichte man die größte Disco im Ort.

Ein Platz war schnell gefunden, denn die eigentlichen Discofreaks kamen immer erst nach Mitternacht.

Die bestellten Getränke standen noch nicht einmal auf den Tisch, da waren Lucie und Sybille schon auf der Tanzfläche!

Fred schaute seine Gaby an: "Wollen wir auch tanzen?"

Bei der lauten Musik mußte Gaby ganz dicht an das Ohr von Fred herangehen, um sich verständlich zu machen. "Bitte, laß uns erst auf die Getränke warten, sonst ist der schöne Platz weg!"

Fred brüllte zurück: "Da hast du Recht!"

Sie lachten sich gegenseitig an, eine Unterhaltung war bei der lauten Musik kaum möglich. Die Zeichensprache ersetzte das Gespräch.

Die Getränke kamen und wurden sofort abkassiert! Na, gut!

Jetzt stand Fred aber auf, er wollte gern mit seiner Gaby tanzen. Auf der halbvollen Tanzfläche hatten sie ausreichend Platz, und Gaby stand mit ihrem Tanzstil den beiden jungen Mädchen in nichts nach!

Nur Freds Verrenkungen, pardon, Tanzstil, wollten nicht so ganz in die heutige Zeit passen, aber ihn schien es überhaupt nicht zu stören. Er hüpfte, als hätte er glühende Kohlen in den Schuhen. Sein Körper zuckte, wie von Krämpfen geschüttelt, und seine Arme ruderten, als würde er ständig einen elektrischen Schlag bekommen!

Lucie, die Freds Tanzstil genau kannte, bewunderte immer wieder sein Selbstbewußtsein.

Trotz der wilden Hüpferei, hatte Fred immer noch mindestens ein Auge für seine Umgebung übrig. So konnte es ihm nicht entgehen, daß sich ein junger Mann zu den beiden Damen gesellte, der mit Lucie und Sybille gleichzeitig tanzte.

'Heute ist eben alles möglich', dachte der hopsende Fred.

Der nächste Tanz war plötzlich Schmusemusik! Sichtlich erleichtert zog Fred Gaby an sich und drehte sich, verzückt lächelnd, im Kreis. Seine halb geschlossenen Augen wanderten zu den beiden Mädchen. 'Wollten die vielleicht jetzt mit dem Jungen zu dritt eng tanzen?', der Gedanke belustigte ihn.

Jetzt sah er aber, wie Lucie die Tanzfläche verließ. Sie winkte lächelnd zu Gaby und Fred , so daß dieser dachte: 'beleidigt scheint sie nicht zu sein...!

Ganz eng tanzten Sybille und der fremde Junge miteinander, und wir können es jetzt schon verraten: Sybille hatte sich ein ganz klein wenig in den Jungen verliebt!

Nach drei Stunden Tanz vom Tango bis zum Hip-Hop, mahnte Gaby, die wegen ihrer tänzerischen Qualitäten von den beiden Mädchen sehr gelobt wurde, ganz langsam zum Aufbruch.

Fred schien es auch Recht zu sein. Zwischen den jungen und ganz jungen Publikum fühlte er sich schon als Oldie! Trotzdem wurde es erst zwei Uhr, bevor unser Quartett die jetzt volle Disco verließ.

Im Foyer der Disco blieb Fred plötzlich vor einem Bild in einem vergoldetem Holzrahmen stehen.

"Ist es nicht ein schönes Bild? Es ist die 'LISE' von Renoir!"

Dieses Bild stellte eine junge, hübsche Frau dar, deren weißes Kleid so lang war, daß der Kleiderstoff neben ihr auf dem Boden lag. Ein sehr breites Samtband legte sich als Gürtel um die hochgezogene Hüfte. Das Samtband war auf dem Rücken geknotet, und die beiden Enden so lang, daß sie, nach unten immer breiter werdend, auf der Schleppe lagen. Die rechte Hand hob leicht die Schleppe an, und das ausdrucksvolle Gesicht ein wenig nach rechts gewandt, den grünen Hut in die Stirn gezogen, in der linken Hand einen kleinen schwarzen Sonnenschirm, so faszinierte sie Fred.

"Den Malstil bezeichnet man als impressionistische aufgelichtete Malweise!" Sprach's, lächelte freundlich, und fügte noch hinzu: "Ihr müßt wissen, daß mich die alten Meister sehr interessieren!"

Draußen empfing unsere Vier eine leichte abgekühlte Brise. Tief sogen sie die frische Luft in die Lungen. In der Disco war es arg stickig und verraucht!

Sybille wandte sich an Lucie und sagte: "Ist er nicht süß?"
Lucie deren Gedanken noch bei der 'LISA' waren, gab verdutzt zur Antwort: "Wie? Was? Wer ist süß?"
"Na, ich meine Andy, wie findest du ihn?"
Lucie lachte laut: "Ach so, ja, er macht einen netten Eindruck und sieht gut aus!"
Sybille seufzte: "Leider wohnt er in Itzehoe.."
Gaby konnte Sybille trösten, sie wußte, die dorthin fahrenden Züge benötigten für die Fahrstrecke nicht mehr als fünfundvierzig Minuten!
Gaby und Fred gingen einige Schritte vor Lucie und Sybille. Lucie kam nicht umhin neugierig zu fragen, ob sie sich geküßt hätten!
"Hhm, verriet Sybille, hast du nicht bemerkt, daß wir ein paar mal draußen vor der Tür waren?"
"Hhm...., darum habe ich ja gefragt!" Lucie lächelte vieldeutig ...
So erreichte man plaudernd die Koje, und zu aller Erstaunen saßen Sybilles Eltern noch draußen und genossen diese schöne warme Nacht ...
Lucie ließ den Staubsauger durch die Wohnung rotieren.
'Das ist nun schon fast wieder ein Jahr her'!
Bei den Gedanken an Urlaub, segeln und tanzen ging die lästige Hausarbeit einem wesentlich schneller von der Hand!

SYBILLE, AUFGESCHLOSSENER ALS LUCIE DACHTE.

Pünktlich um 14.00 Uhr stand Lucie an Sybilles Haustür.
Sie hatte vorher noch zu Hause mit ihrer Mutschka gemeinsam zu Mittag gegessen, bevor sie sich zu Sybille auf den Weg machte. Sie drückte auf den Klingelknopf. Sybille öffnete.
"Hei", die beiden begrüßten sich, rechts und links Küsschen auf die Wange gebend! "Komm herein", wurde Lucie aufgefordert, und stand gleich danach in einem Jugendmädchenzimmer.
Die obligaten Poster an der Wand deuteten auf die Lieblingsgruppen oder die Lieblingssänger hin. Einige Poster waren handsigniert, darauf war Sybille besonders stolz.
Lucie ließ ihrer Freundin keine weitere Zeit, über neue Poster zu plaudern, sie wollte viel lieber mit ihrer Freundin über ihre Eltern sprechen, die sich vor einem halben Jahr hatten scheiden lassen.
"Warum?", wollte Lucie wissen, "wie kann es angehen, daß sich Ehepaare nach sechzehn Jahren trennen?"
Sybille zuckte traurig mit den Schultern, wußte aber doch einiges zu berichten.
"Meine Eltern sind beide charakterlich starke Persönlichkeiten. Meine Mutter zum Beispiel beschwerte sich schon seit Jahren um etwas Anerkennung ihres Fulltime-Haushaltsjobs! Leider überraschte sie mein Vater selten genug mit einem Blumenstrauß.
Dafür organisierte er hin und wieder Opern- und Konzertkarten, ansonsten aber hieß seine Lebensmaxime: ich ermögliche euch mit meiner Arbeit, mit meinem Gehalt, ein materiell möglichst sorgenfreies Leben, dafür ist Mutti für die Erziehung, den Haushalt und alles was damit zusammenhängt verantwortlich!' Weißt du, das habe ich immer wieder von ihm gehört!"

"Für den Außenstehenden hört sich diese Arbeitseinteilung sogar ganz sinnvoll an, und ich glaube mal, viele Ehen könnten unter diesen Voraussetzungen eine Ewigkeit existieren, meinst du nicht auch?", vermutete Lucie.

"Ja, du hast Recht. Nur, vor der Ehe hat meine Mutter als Diplomkauffrau ein sehr gutes Einkommen gehabt und mußte nun befürchten, durch das jahrelange Aussetzen den beruflichen Anschluß zu verlieren. Wenn ein Streitgespräch zwischen den Beiden aufkam, hat sie meinen Vater nicht nur einmal aufgefordert, seinen Job für den Haushalt zu opfern! Weißt du, Lucie, meine Mutter erwähnte es schon mal so nebenbei, daß sie irgendwann alles hinschmeißen und weglaufen würde ...!"

"Und das ist vor einem halben Jahr geschehen ...", ergänzte Lucie, "oder?" "Ja, sie hat einen Mann kennen und lieben gelernt, und einen Job als Kauffrau mit entsprechend langer Einarbeitungszeit angeboten bekommen!"

Sybille stellte eine große Holzschale für den Salzspeck den Lucie mitgebracht hatte auf den Tisch.

"Ja, so begann nach sechzehn Jahren Zusammenseins die Ehe meiner Eltern zu kriseln, bis zu bitteren Scheidung!", Sybille seufzte!

"Deine Mutter machte auf mich schon immer einen sehr selbstbewußten, emanzipierten Eindruck," stellte Lucie fest, und neugierig, wie sie einmal war, wollte sie jetzt wissen, ob die Eltern sich sexuell verstanden hätten!

Sybille wiegte ihren Kopf hin und her. "Ich weiß es nicht genau, sie sagte aber mal, daß sie mit meinem Vater kaum noch etwas Gemeinsames hätte!"

Sybille besorgte etwas Trinkbares, während Lucie die Holzschale mit jeder Menge Salzspeck füllte.

"Hast du die neue CD mitgebracht?" rief Sybille aus der Küche.

"Ach ja!" Lucie kramte aus ihrem Rucksack die CD heraus, und bediente anschließend den CD-Player.

Beide saßen jetzt im Schneidersitz auf dem Teppich, futterten mit großem Genuß den Salzspeck, die Kartoffelchips, und hörten beim endlosquatschen ihre Lieblinge von der CD!

Irgendwann kamen sie auch auf die klassische Musik und die Oper zu sprechen. Sybille berichtete von ihren Konzert und Opernbesuchen mit den Eltern, da kam Lucie plötzlich ins schwärmen: "Du, ich möchte auch einmal in einem schönen Abendkleid eine Opernaufführung erleben!"

Sybille brauchte nicht lange mit der Antwort zu überlegen.

"Ich rufe meinen Vater an, der bestellt Karten, und schon können wir einen Opernbesuch unternehmen! Das ist kein Problem, Lucie! Mein Vater freut sich, wenn ich Interesse für die klassische Musik zeige."

Sybille begeisterte Lucie jetzt mit der Oper 'Carmen', sang ihr etwas von auf in den Kampf; Toreros seid bereit... vor, und Lucie wäre am liebsten gleich in die Staatsoper marschiert!

Da fiel ihr voller Schreck ein: "Woher soll ich ein Abendkleid bekommen? Extra eins kaufen, da spielt meine Mutter nicht mit."

Schon hatte Sybille eine Idee! Sie ging in das Wohnzimmer ihrer Mutter und kam mit den 'Gelben Seiten' zurück.

"Was suchst du denn jetzt?", fragte Lucie ganz verwundert.

"Wußtest du nicht, daß man Abendkleider für einen Abend mieten kann?" Lucie schüttelte erstaunt verneinend den Kopf.

Sybille brauchte gar nicht lange blättern.

"Hier, schau mal," sie reichte Lucie die Anzeigen hin, "lies bei diesem Geschäft, da gibt es nicht nur schöne Abendkleider, sondern auch Smokings, Fracks, Brautkleider und Kostüme! Versicherung, Änderung und Reinigung sind sogar im Preis inbegriffen! Da rufe ich sofort an! Nennst du mir bitte die Telefonnummer?"

Lucie las die Telefonnummer vor, und schon war die Verbindung hergestellt. Eine freundliche Verkäuferin gab die nötigen Auskünfte über Preise und Mietdauer, und Lucie schrieb alles sorgfältig auf einen Zettel. Mit einem herzlichen Dankeschön legte Sybille den Hörer auf die Gabel zurück.

"Das war aber eine freundliche Stimme", stellte Sybille fest.

Sie hatte jetzt auch noch den Vorschlag zu machen, daß Lucie sich eine Opernkarte und ein geliehenes Abendkleid zum Geburtstag oder zu Weihnachten wünschen könnte!

Bewundernd schaute Lucie Sybille an: "du hast wirklich phantastische Ideen!"

Ja, das wollte Lucie sich merken. Im Stillen freute sie sich jetzt schon auf einen schönen O-pernabend mit ihrer Freundin.

Für Sybille bedeutete der heutige Tag mit der Freundin auch, sich die schmerzvolle Trennung von ihrem Freund Andy, den sie ja mit Lucie im letzten Urlaub kennenlernte, von der Seele zu reden! Sybille erzählte so detailliert von ihrer unglücklichen Liebe, daß sich neugierige Fragen von Lucie fast erübrigten

Jedoch an einer Stelle stutze Lucie! 'Was hatte Sybille gesagt?', dachte sie im Stillen, 'beim Petting tat er mir immer weh?' Da mußte sie nachhaken...!

Doch zunächst fragte sie: "Aber das war doch nicht euer Trennungsgrund, oder?"

"Nein, das nicht", schüttelte Sybille nicht ganz überzeugend den Kopf,   "wie ich schon sagte, es war die Entfernung, wir konnten uns einfach zu selten sehen!"

In ihrer sonst so genauen Schilderung erwähnte sie nichts von einer Kondombenutzung! Es blieben also doch noch Fragen offen!

Auf die Kondomfrage reagierte Sybille überraschender Weise für Lucie etwas genervt! Lucie ließ jedoch nicht locker!

"Nein, wir haben kein Kondom benutzt. Bist du nun zufrieden?"

Lucie lächelte nachsichtig. Sybilles Antwort ergab also noch weitere Fragen! Es klang dann auch ein wenig schulmeisterlich, als Lucie der Freundin vorhielt, welcher unnötigen Gefahr sie sich durch diese Unachtsamkeit ausgesetzt hatte.

"Du kannst ganz schön nervig sein", stellte Sybille dann auch fest, fuhr aber fort zu erzählen, "du hast ja Recht, aber ich hatte irgendwie keine Angst! Andy hatte versprochen sich vorzuse-hen, weiterhin hatte er überhaupt erst einmal mit einem Mädchen geschlafen, von der er wußte , das sie absolut OK war! Das war das Eine! Das Andere, Lucie, wir hatten natürlich Kondome ...!" - Sie zögerte mit dem Weitersprechen, es war ihr peinlich! Schließlich besiegte sie ihr Schamgefühl: "Weißt du, der Andy war so aufgeregt, der hat es einfach nicht geschafft, sich das Ding richtig überzuziehen, d a s war der Hauptgrund! So, und nun nerv' mich nicht mit weite-ren Fragen!"

Lucie sagte nun ganz sanft: ”Sybille, wenn ich dir so intime Fragen stelle, dann tue ich es nicht, um meine Neugier zu befriedigen oder dein Inneres nach Außen zu kehren, sondern ich möchte nur etwas ganz bestimmtes heraus finden!”

”Da machst du mich aber neugierig! Also, schieß los, erzähl' schon!” Sybille war ganz Ohr.

”Gut, vorher möchte ich aber noch etwas anderes fragen, also bitte nicht ausrasten! Du sagtest vorhin, der Andy hätte dir beim Petting weh getan. Stimmt das?”

”Worauf willst du denn jetzt schon wieder hinaus?”, Sybille schaute die Freundin mißtrauisch an.

”Ich wollte nur wissen, ob es stimmt was du sagtest”, kam es leise von Lucie.

”Ja, es stimmt! Es war teilweise unangenehm, und ich habe es ihm auch zu verstehen gegeben”, kam es fast trotzig von Sybille.

Lucie bohrte weiter: "Hast du vielleicht 'Aua', oder 'du tust mir weh', gesagt? Hast du seine Hand weggedrückt? Bitte antworte mir ehrlich!”

Sybille hätte am liebsten wieder gereizt geantwortet, aber Lucie legte sanft ihre Hand auf Sybilles Knie, ”bitte, Sybille, antworte mir ohne böse zu sein, ich erkläre dir noch, warum ich so blöd frage!”

”Also”, Sybille kramte in ihren Erinnerungen, ”ich glaube schon ein paar mal 'Aua' gesagt zu haben! Weißt du, später habe ich seine Hand ganz sanft weggeschoben. Ja, so war's!”

Lucie hatte es sich genauso gedacht, wie Sybille erzählte!

”So”, kam es jetzt entschlossen von Sybille, ”würdest du die unendliche Liebenswürdigkeit besitzen, mir über 'das ganz bestimmte', welches du herausfinden möchtest, zu berichten?“

Und nun erzählte Lucie, wie sehr sie die offenen Worte der eigenen Mutter beeindruckten, die plötzlich ohne Scheu von ihrem unerfüllten Liebesleben in der Ehe sprach.

”Diese Worte”, begann Lucie, ”beeindruckten mich um so mehr, als daß meine Mutter sonst nie über ihre Beziehungsprobleme sprach. Die Oberflächlichkeit, mit der mein Vater seinen Eheverpflichtungen nachkam, und unter der meine Mutter all die Jahre so litt, waren zu einem tiefen Geheimnis in ihrer Brust vergraben. Und auf einmal brach es aus ihr heraus, und sie berichtete mit tiefer Trauer in der Stimme über die Gleichgültigkeit des Ehemannes, der es so wenig verstanden hatte, Einfühlungsvermögen zu zeigen, sondern seine Eheverpflichtungen zu einer emotionslosen Routine werden ließ. Weißt du Sybille, ihre Worte machten mich irgendwie erschrocken ...!”

Sybille hörte erstaunt zu.

Als Lucie bei Ihrer weiteren Berichterstattung den Wortschatz der Freundin mit dem von Fred gehörten Begriff des 'klitoralen Höhepunktes' bereichern konnte, war diese riesig beeindruckt!

Diesen für Sybille völlig neuen Begriff verband Lucie mit dem Hinweis, daß ihre Mutter Streicheleinheiten, die in einem klitoralem Höhepunkt ihre Erfüllung finden, niemals empfangen hatte!

”Die Art, wie mein Vater immer gleich 'zur Sache' kam, erfüllten meine Mutter im Laufe der Jahre mit immer mehr Traurigkeit!”

Sybille schaute die Freundin mit großen staunenden Augen an: ”Und was passierte dann?”, wollte sie ganz fasziniert wissen.

”Meine Mutter ertrug stumm die Lieblosigkeiten; sie hatte es aufgegeben mit ihrem Mann weiter über das Thema Sexualität zu sprechen! Innerlich entfernte sie sich von ihm! Die Liebe starb ganz langsam, und hat Jahre gedauert!

Aber eines Tages war der Entschluß gefaßt: meine Mutter eröffnete ihrem Mann, daß sie sich von ihm trennen würde ...!

Zunächst war mein Vater sprachlos, wollte nicht glauben, was seine Frau ihm mitteilte. Nachdem er endlich begriffen hatte, versuchte er alles, sie zum bleiben zu bewegen und noch einmal über alles zu sprechen. Meine Mutter ließ sich auf keine Diskussion mehr ein. Voller Entschlossenheit sagte sie mit fester Stimme: 'meine Gefühle sind erloschen! Liebe kann man nicht wieder herbeireden; sie müsse gelebt werden und man sollte auf die Signale achten, die der Partner immer und immer wieder über all die Jahre ausgesendet hat ...'!"

Einen Augenblick schaute Lucie die Freundin stumm an, dann erzählte sie weiter: "Weißt du, ich habe einen wahnsinnigen Schrecken bekommen, als meine Mutter nun, und für mich völlig unvorbereitet und kaum verstehend, ausgerechnet mir plötzlich von ihrem aufgestauten Kummer erzählte! Sie sagte: 'Ich erzähle es dir, damit du nicht die gleichen negativen Erfahrungen machst!' Und dann sprach sie mindesten zehn Minuten von ihrem 'sexuellen Unbefriedigtsein'! Sybille, da wurde ich hellhörig! Ich sprach in diesem Zusammenhang zum ersten Mal, daß von Fred gelernte Wort 'Klitoraler Höhepunkt' aus und ob sie damit das sexuelle Unbefriedigtsein meinte!

Zu meinem Erstaunen nickte sie mit dem Kopf! Du, und sie wunderte sich nicht einmal woher ich diesen Ausdruck kannte! Abends im Bett gingen mir immer wieder ihre Worte durch den Kopf: Sexuell unbefriedigt, das hatte sie immer wieder als ihren Hauptkummer betont ...!

So, Sybille, und jetzt komme ich auf Andy und meine neugierigen Fragen zu sprechen!

Hattest du und ich, nicht auch schon die Erfahrung 'des ersten Males' so negativ empfunden? Oder war es nur ein Zufall mit dem komischen Gegrabsche der Jungen! Seitdem beschäftigen mich diese Gedanken jeden Tag! Was meinst du dazu?"

Eine Antwort wußte Sybille auch nicht so aus dem Stegreif! Schließlich fehlte es ihr auch an Erfahrung! Das sagte sie Lucie.

So fiel ihr jetzt nur etwas anders ein: "Darum also wolltest du von mir so detaillierte Einzelheiten wissen ...!" Ihr ging ein besonders helles Licht auf!

Lucie lächelte verlegen: "Naja, du bist meine Freundin, mit jemand anderem könnte ich über so etwas überhaupt nicht sprechen!"

Draußen schien die Sonne. Der Vogelgesang vermischte sich mit dem fernen Brummen der Großstadtgeräusche und drang gedämpft durch die offenstehende Balkontür. Einige Sonnenstrahlen trafen das lachende Gesicht von Ringo Star, der als großes Poster von der Wand auf die Mädchen schaute, leider sahen sie es nicht ...!

Sybille schien die Situation günstig noch etwas sehr intimes zu fragen: "Lucie?"

"Ja?"

"Weißt du wie das männliche Glied richtig angefaßt wird?"

"Wie?", Lucie schaute ihre Freundin entgeistert an. Mit so einer Frage hatte sie nun überhaupt nicht gerechnet: "Wie kommst du denn darauf?" Jedoch in Erinnerung an das Fred-Erlebnis antwortete sie der verblüfften Sybille mit: "J a!"

"Ja?", jetzt war Sybille irritiert, und überrascht ...!

"Ich erzähle dir gleich von meinen Erfahrungen", sagte Lucie dann auch ganz schnell zu ihrer Freundin, "bitte, erzähle du erst, hattest du Andy's", sie zögerte kurz, "Glied in die Hand genommen?"

"Ja, das habe ich."

"Und?"

"Ach, Lucie, ich weiß nicht, aber irgend etwas habe ich verkehrt gemacht, nur ich weiß nicht was!"

"Vielleicht hast du die empfindlichste Stelle, die Eichel, zu sehr gedrückt oder daran gerieben, das kann in der Tat recht unangenehm sein!"

"Ja, das ist möglich, weißt du, er hat einmal leise 'Aua' gesagt, da habe ich meine Hand gleich wieder weggenommen."

Sybille drehte gedankenverloren an einem Kartoffelchip, dann sagte sie, mehr zu sich selbst, aber doch so laut, daß Lucie es verstehen konnte: "Warum habe ich Andy nicht einfach gefragt wieso ich ihm weh tue? Schließlich war es auch für mich das erste Mal!"

"Du hast dich einfach nicht getraut", vermutete Lucie, "und, ehrlich, Sybille, ich hätte auch nicht den Mut gehabt zu fragen: 'kannst du mir die richtige Handhabung beibringen!' Schließlich erwartet jeder vom anderen die entsprechende Erfahrung!"

Die beiden Mädchen schauten sich hilflos an. Dadurch entstand eine Pause.

In diese Schweigeminute fiel Lucie das Gespräch auf der 'Poem' ein. Bei der Schnibbelei an der Schaumstoffmatratze wurde ja der Begriff des Aufklärungsberaters geboren.

Von ihren ersten sexuellen Kontakten zwischen Jungen und Mädchen wollte sie jetzt mit Sybille sprechen. Die allerersten sexuellen Kontakte schienen bei vielen jungen Pärchen die schwierigsten zu sein, denn niemand wußte wie Petting richtig funktionierte!

Fehlende Intuitionen müssen durch praktisches Lernen ergänzt werden, ging es der Pragmatikerin durch den Kopf!

Gerade wollte sie ihre philosophischen Erkenntnisse und auch ihr Fred-Erlebnis endlich an den Mann bringen, da klingelte das Telefon!

Sybille meldete sich und hörte anschließend eine Minute in das Telefon hinein.

Dann kam von ihr ein langgezogenes: "Jaaa, Mama, es ist alles OK hier...! Wir sitzen auf dem Teppich, hören Musik und haben uns viel zu erzählen!"

Damit verabschiedete sich Sybille von ihrer Mutter und meinte lachend: "Das war ein sorgenvoller Kontrollanruf! Mütter machen sich immer Sorgen um ihre Kinder!"

"Wie haben deine Eltern dich aufgeklärt?" Lucie war schon wieder neugierig!

"Wie sie mich aufgeklärt haben? Du, das ist noch gar nicht soo lange her!" "Sybille, du weißt ja nun, warum ich so neugierig bin bei diesem Thema. Also, schieß' los: Was hat man dir alles erzählt!"

Lucie saß vor Sybille mit einem erwartungsvoll angespanntem Gesicht!

"Also, paß genau auf!" Sie mußte vorher noch einen Schluck Orangensaft trinken.

"Ich fasse den Aufklärungsinhalt kurz zusammen. Meine Mutter erzählte natürlich alles viel ausführlicher.

Also: Wenn zwei Menschen sich richtig lieben, dann haben sie auch Geschlechtsverkehr miteinander.

Das bedeutet, sie tauschen im Bett Zärtlichkeiten aus, küssen und streicheln sich. Beide werden dadurch sexuell stark erregt, und irgendwann verspürt der Mann den Wunsch, sein erigiertes Glied in die Scheide der Frau zu stecken. Für Beide ist es ein sehr schönes Gefühl so innig verbunden zu sein. Der Mann bewegt sein Glied in der Scheide hin und her. Das Glied des Mannes ist dabei ganz steif. Irgendwann steigert sich das Lustgefühl so stark, daß der Mann einen Samenerguß bekommt. Man sagt auch Orgasmus. Der Sperma schießt in kleinen Stößen aus der Eichel und gelangt somit tief in die Scheide der Frau.

Wenn also jetzt die Spermien auf eine reife Eizelle der Frau treffen, findet eine Befruchtung statt und ein Kind entsteht! Es wächst im Bauch der Mutter, und zwar genau neun Monate...!

Ja, Lucie, das war die Kurzform meiner recht guten Aufklärung. Findest du nicht auch?"

"Das hat deine Mutter nicht schlecht formuliert. Habt ihr denn auch über Petting gesprochen?"

Diese Frage kam lauernd! Lucie war inzwischen davon überzeugt, daß diesem Thema nicht genügend Bedeutung beigemessen wurde ...!

"Über Petting meinte meine Mutter ganz diplomatisch: Wenn zwei junge Menschen sich lieb haben, finden sie von ganz allein den Weg aller Zärtlichkeiten ...!"

'Eben nicht!', dachte Lucie zweifelnd.

Laut sagte sie: "Das ist zwar irgendwie logisch, und trotzdem wiederum auch nicht! Meine Mutter hat es am Anfang auch geglaubt.

Zu mir sagte sie: 'erforscht eure Körper mit den Händen, es gibt so viele Stellen die heraus zu finden und zu streicheln die allerhöchste Lust vermittelt!' Und weiter meinte sie noch: 'Die Jugendlichen suchen nicht in erster Linie nach dem Geschlechtsverkehr, sondern eher das gegenseitige Verständnis, das liebevolle kameradschaftliche Miteinander! Hebt euch also die ganz intime Beziehung für später auf!' Das waren Aufklärungsworte meiner Mutter!"

"Aus ihren Worten spricht viel Einfühlungsvermögen und Erfahrung", stellte Sybille anerkennend fest.

Lucie überlegte, bevor sie antwortete: "Vielleicht deshalb, weil mein Vater seinen Eheverpflichtungen bis zu seinem eigenen Höhepunkt nachkam, sich aber keine Gedanken machte, ob seine Frau die gleichen Höhepunkte verspürte, beziehungsweise erlebte."

"Das hört sich ein bißchen unverständlich an", überlegte Sybille und schob sich nachdenklich einen Kartoffelchip in den Mund.

"Also gut, dann will ich es dir ganz unkompliziert sagen: er hat sich wohl selten die Mühe gemacht seiner Frau, wie hatte es der Fred gesagt: einen klitoralen Höhepunkt zu verschaffen! Hast du jetzt begriffen?"

Die Formulierung: 'Mit den Fingern' sparte sich Lucie absichtlich! Sybille würde schon so wissen was gemeint war ...!

Trotz des bißchen peinlichen Themas gab Sybille sich Mühe unbefangen zu antworten: "Das war klar und deutlich! Du, und dabei dachte ich, diese Selbstverständlichkeit gehört zu jedem Vorspiel?"

"Selbstverständlichkeit sagst du? Da bin ich mir inzwischen überhaupt nicht mehr sicher! Wer sich ein bißchen mit der weiblichen Physiologie, mit den normalen Vorgängen im sexuellen Bereich auskennt, weiß natürlich etwas über die zeitliche Dauer bis es zu einem nun muß ich dieses Wort schon wieder verwenden, zu einem klitoralem Höhepunkt kommt. Jeder Mann sollte davon mehr Kenntnis besitzen, nur, wird darüber in der Schule nichts gelehrt! Jedenfalls nicht an unserer Schule!"

Sybille zog jetzt eins und eins zusammen: "Du bist also der Ansicht, daß, wenn der Mann diese Zärtlichkeitsbezeigungen aus Bequemlichkeit oder Unwissenheit über all die Jahre nicht anwendet, muß sich seine Frau vernachlässigt vorkommen ... ,ja, aber meine Güte, warum spricht sie nicht mit ihrem Mann über ihre sexuellen Wünsche? Das begreife ich irgendwie nicht!"

"Das stimmt! Ich begreife es auch nicht, und das habe ich auch meiner Mutter vorgeworfen! Sie hat mir geantwortet, daß sie gerade in der ersten Zeit der Partnerschaft den Wunsch über ein ausgedehnteres Liebesvorspiel immer mal wieder geäußert hat, mein Vater darauf aber nur oberflächlich reagierte, für ihn war das 'Rein-Raus' einfach bequemer! Ja, und was passiert im Laufe der Zeit? Meine Mutter hat irgendwann resignierend aufgegeben, und das sexuelle Verlangen ihres Mannes passiv über sich ergehen lassen!"

"Meinst du, man kann das verallgemeinern? Ich meine, daß die Frau im Verlaufe ihres Ehelebens in der Liebe zu kurz kommt?", zweifelte Sybille und folgerte dann jedoch: "wenn es im Sexualleben eines Ehepaares nicht stimmt, können bestimmt auch alle anderen Alltagssorgen schlechter bewältigt oder ausgeglichen werden, und es kann leicht zu einem Zerwürfnis, zu einer Trennung kommen!"

Und aus der Erfahrung ihrer Eltern konnte sie noch hinzufügen: "Wenn in dieser Phase jetzt ein neuer Partner kennengelernt wird, fällt eine Trennung natürlich um so leichter!" Davon war Sybille mit einem Mal überzeugt.

"Jetzt kommst du aber ins spekulieren", lachte Lucie, "und trotzdem: du kannst Recht haben! In den Ehejahren sammelt sich bestimmt viel Konfliktstoff an, da bilden Disharmonien im Liebesleben eventuell nur noch das berühmte i-Tüpfelchen zu einer endgültigen Trennung."

"Da kannst du mal sehen, wie wichtig eine richtige Aufklärung sein kann! Wurden Pettingpraktiken an eurer Schule eigentlich diskutiert?"

"Ja", antwortete Lucie, und kramte ihre Erinnerungen aus: "bei uns wurde zum Beispiel ziemlich ausführlich vom 'aktiven' und 'passiven' Petting gesprochen. Das witzige aber war: einen Höhepunkt wurde immer nur den Jungs zugebilligt. Dafür haben wir gelernt, daß zu einem sexuellen Lernprozeß gehört, Berührungsängste zu überwinden!"

Lucie lachte, "Ich habe diese Formulierungen noch gut in meinem Kopf! Zum Beispiel bei der Beschreibung der weiblichen Geschlechtsorgane sprach unser Lehrer von den 'Inneren' und 'Äußeren' Geschlechtsmerkmalen und von der Klitoris, zu deutsch dem Kitzler.

Du, ganz davon abgesehen, daß an dieser Stelle die Jungs immer lachen mußten, konnte unser Lehrer immer einen guten Aufklärungsunterricht gestalten."

Sybille tauchte nachdenklich bei Lucies Aufklärungsbeschreibungen ihren rechten Finger in das mit Orangensaft gefüllte Glas, und begann mit dem nassen Finger, auf dem Glasrand zu drehen. Durch diese Drehbewegung entstand ein Ton.

Natürlich mußte ihre Freundin es ihr sofort gleich tun. Irgendwann wollte Sybille wissen, ob das Vertrauensverhältnis zu ihrer Mutter schon immer so gut gewesen wäre.

"Ja", kam es wie aus der Pistole geschossen von Lucie, "zu meiner Mutter hatte ich immer großes Vertrauen, vor allen Dingen nach der Scheidung sprachen wir eher wie zwei Freundinnen miteinander.

Trotzdem war ich erschrocken, als sie mir in allen Einzelheiten die Trennung von dem Horst bekannt gab, von dem sie sich nach nur einem Jahr wieder trennte!

Das war nun der zweite Mann in ihrem Leben; und die zweite Enttäuschung!

Für sie war er dann ja auch der Auslöser sich alles von der Seele zu reden!

Zuerst sprach sie von meinem Vater und davon, daß er beim Liebesakt immer nur an seinen eigenen Höhepunkt dachte, und dadurch meine Mutter zuletzt beim Liebesakt immer passiv blieb, bis zu dem Horst, der nach einem halben Jahr das gleiche Ritual im Bett praktizierte. Die

Andeutung meiner Mutter auf etwas mehr Anspruch, als immer nur das 'Rein und Raus', hatte auch der Horst nicht begriffen!"
Sybille ließ sich die Worte Lucies durch den Kopf gehen.
"Liebe und Partnerschaft scheinen eine sehr komplizierte Angelegenheit zu sein", meinte sie nachdenklich, "hoffentlich lerne ich nicht so einen Macho kennen und lieben ..."
Sie schob 'Aaron Carter' in den CD-Player.
In diesem Moment erschreckte beide wieder das Läuten des Telefons. Dieses Mal war es Frau Giesekind, die nach dem Rechten fragte. Nach einem kurzen Gespräch wollte Lucie den Hörer schon wieder zurück legen, als Sybille plötzlich rief: "Nicht auflegen, Lucie, ich möchte deine Mutter fragen ob du hier schlafen kannst!"
Lucie reichte Sybille den Hörer und hörte wenige Augenblicke später: "Das macht doch nichts, Frau Giesekind, eine Zahnbürste und einen Schlafanzug bekommt sie von mir!"
"Na, gut ich bin einverstanden und wünsche euch noch einen schönen Klön-Abend!"
"Danke, Frau Giesekind, das wünschen wir ihnen auch!"
Sie legte den Hörer zurück. Anschließend klatschte sie in die Hände: "War das nicht eine gute Idee von mir?"
Noch einmal drückte sie 'Aaron Carter' auf 'Start!
"Du bist manchmal von einer Spontanität, da kann ich nur staunen, aber es war natürlich eine Superidee!"
Beide lachten.
"Übrigens, wie geht es deinem Onkel Fred?", Sybille machte ihrer Spontanität mal wieder alle Ehre, "Ist er noch mit der Gaby zusammen?"
"Nein, leider nicht. Die beiden haben ein zu unterschiedliches Naturell!"
"Wie soll ich das verstehen, Lucie?"
"Ach, weißt du, sie hat ihre Führungsposition, die sie durch den Job besitzt dazu benutzt, aus jedem privaten Konfliktgespräch ein 'entweder oder' zu formulieren. Das vertrug sich leider nicht mit Freds liberalen, gerechten und verständnisvollen Charaktereigenschaft ...!"
Einen Augenblick trat schweigen ein. Sybille dachte noch einmal daran wie sie sich kennenlernten ..., so von Segelschiff zu Segelschiff ...!
Lucie unterbrach die kleine Pause wieder, um endlich von ihrem Fred-Erlebnis sprechen zu können: "Du, der Fred ist gar nicht mein Onkel, nur, weißt du, ich hatte damals keine Lust lange Erklärungen abzugeben!"
"Na, du bist mir ja eine," wurde sie von der verblüfften Sybille scherzhaft gerügt.
Und, als wenn sie es geahnt hätte, fragte sie Lucie ganz unvermittelt mit wissendem Lächeln: "Er ist doch wohl nicht dein geheimes, intimes Erlebnis?"
"Bingo ...," rief Lucie erstaunt, "wie bist du darauf gekommen?"
"Ja, ich habe eben hellseherische Fähigkeiten! Aber im Ernst, Lucie, Fred ist doch bestimmt doppelt so alt wie du?"
"Oh, noch mehr, er ist nämlich dreiunddreißig Jahre alt", lachte Lucie.
"Ich will dir jetzt genau erzählen, wie alles gekommen ist, daß wollte ich ja schon lange!"
Ausführlich schilderte sie jetzt der Freundin die Geschichte ihrer ungewöhnlichen, ja fast unglaublichen Aufklärung, zu der sie mit Fred übereingekommen war. Kein Detail ließ sie aus!

Und jetzt lernte Sybille auch den Begriff des Aufklärungsberaters kennen. Der verwunderte Gesichtsausdruck Sybilles drückte schiere Sprachlosigkeit aus. Lucie mußte unwillkürlich schmunzeln.

"Hast du dich nicht geniert dich nackt vor ihm auszuziehen?"
"Die Nacktheit war doch überhaupt kein Problem zwischen uns! In den warmen Sommermonaten sind meine Eltern, Fred und ich bei schöner Sonne immer nackt gesegelt! Ich kannte es überhaupt nicht anders ...!"
So konnte die mit so vielen neuen Eindrücken konfrontierte Sybille ganz langsam nachvollziehen, daß durch dieser großen Vertrautheit eine so ungewöhnliche Aufklärungsmethode stattfinden konnte.
Trotzdem war sie über den lockeren Plauderton, mit der Lucie von ihrem Fred-Erlebnis sprach, einigermaßen überrascht! Das sagte sie Lucie auch!
Diese lachte: "Du hast Recht, ich kann seit dieser Zeit, auf jedenfall so jetzt mit dir, locker reden, weil ich begriffen habe, daß Sexualität etwas ganz normales ist. Nur umgeben die Sexualität immer noch zu viele Tabus, du hast es ja nun schon verdeutlicht bekommen!"
Sie schaute ihrer Freundin jetzt voll ins Gesicht.
"Ich will dir jetzt von einem Gespräch mit Fred berichten. Er hat Überlegungen angestellt, die mich völlig verblüfften! Ich bin gespannt wie du diese Überlegungen findest. Hör genau zu!"
Und so kam Lucie plötzlich, und völlig übergangslos, auf sozial- und bildungsbenachteiligte Bevölkerungskreise zu sprechen.
Sie erklärte ihr Gespräche mit Fred folgendermaßen: "Aus diesen benachteiligten Bevölkerungskreisen erwächst unaufhaltsam ein steigendes Gewaltpotential und immer mehr Jugendkriminalität! Davon berichten täglich alle Medien ! Ist dir das auch bekannt?"
"Na, höre mal, selbstverständlich, aber was hat das mit Aufklärung zu tun?"
"Da komme ich jetzt drauf: Fred und ich sind am Ende dieses Themas zu der Überzeugung gekommen, daß zumindestens ein Teil der Jugendlichen von Gewalt und Kriminalität abgelenkt werden könnte!"
"Und wie, meint ihr, sollte das geschehen?"
"Ja, wie sollte das geschehen! Das werde ich dir gleich erzählen! Zunächst mal dies: erinnerst du von den Behörden finanzierte Projekte, wo straffällig gewordene Jugendliche zu sogenannte Resozialisierungsreisen in das Ausland geschickt wurden, um als Geläuterte anschließend wieder in die Gesellschaft integriert werden zu können? Mir fällt nur im Moment Finnland ein, dort befindet sich in einer Stadt, deren Namen ich vergessen habe, ein Heim zur Resozialisierung straffällig gewordener Jugendlicher. Das Ganze ist natürlich mit einem riesigen Kostenaufwand verbunden und Fred, der diese Bemühungen der Hamburger Behörden in der Presse verfolgte erzählte mir dann auch, daß die Jugendlichen anschließend doch wieder straffällig wurden. Das Geld war also zum Fenster hinaus geworfen.
Wenn also händeringend nach Maßnahmen gesucht werden, was hältst du davon wenn Jugendliche eine praktische Anleitung in Sachen Liebe, Petting und Sexualität bekämen so ungefähr wie ich es mit Fred erleben konnte, denn dadurch sind wir erst auf dieses Thema gekommen! Durch die ungewöhnliche Aufklärungsmethode wären nämlich viele Jugendliche von Gewalt und Kriminalität abgelenkt, sie würden sich lieber mit der Liebe, als mit Gewalttaten beschäftigen ...", hier unterbrach Sybille.

"Meinst du nicht, daß die angesprochenen Jugendlichen auch ohne diese Aufklärung wissen, wie sie zu ihren sexuellen Erlebnissen kommen?"

"Ja, kann schon sein, aber wir waren uns im Gespräch sicher, daß gewaltbereite Jugendliche Sexualität nur oberflächlich genießen können, weil sie aus liebesarmen Familien stammen! Dort wird unter anderem fehlende Liebe durch Gewalt oder Kriminalität ersetzt! Und genau hier, also bei der fehlenden Liebe, dachten wir, sollte man ansetzen!"

"Also, du meinst ein Aufklärungsberater könnte hier erfolgreich arbeiten?" "Ja! Obwohl dies kaum vorstellbar ist, wollen wir diesen Gedanken einfach mal mehr Raum geben! Stell dir vor, ein Teil von ihnen lernt Liebe und Zärtlichkeit, den richtigen Umgang mit dem Partner und alles was dazu gehört, also auch die richtigen Pettingpraktiken, du weißt schon, könnte es da nicht sein, daß der Jugendliche und wenn es nur eine kurze Zeit sein sollte, von Gewalt und Kriminalität abgelenkt wird, weil er begriffen hat, daß die Liebe, das echte Zusammengehörigkeitsgefühl zu einem Partner viel schöner ist als Gewalt auszuüben? Dazu hätte ich gern eine Stellungnahme von dir!"

"Du wirst ja richtig förmlich Lucie! Eure Idee ist so absurd, daß sie tatsächlich schon wieder zum Nachdenken zwingt ..."

Sybille rang vergeblich nach weiteren Worten, ihr wollte im Moment nichts schlaues mehr einfallen, darum übernahm Lucie gleich wieder das Wort!

"Schau, Sybille, es gibt ja bisher wenig Möglichkeiten, die eskalierende Gewalt und die Jugendkriminalität in den Griff zu bekommen, darum waren Fred und ich uns darüber einig, daß zumindestens mit ausgesuchten Freiwilligen diese unglaubliche Idee mit dem Aufklärungsberater umgesetzt werden könnte! Denn, Sybille, bist du nicht auch der Meinung, daß viele Jugendliche nur deshalb kriminell werden, weil sie niemand richtig lieb hat und deren Zukunftsperspektiven alles andere als rosig sind?"

"Das kann ich natürlich nachvollziehen!", und nach einer kleinen Gedankenpause: "was meinst du, wie diese Jugendlichen bis jetzt ihre Sexualität erleben?"

"Sie holen sich, was sie brauchen von ihren weiblichen Mitläufern, genießen dabei eine oberflächliche Sexualität; das war's. Die Mädchen machen's mit, schließlich kennen auch sie nichts anderes! Wir sind dann auch ziemlich schnell zu der Überzeugung gekommen, daß aus den Kreisen der Gewalt auch die größte Lieblosigkeit stammt!

Also, Sybille", und Lucie lächelte dabei:" Aufklärungsberater braucht das Land!"

"Ihr beide habt ja Überlegungen getroffen, da bin ich wirklich sprachlos!"

"Dabei braucht man doch nur eins und eins zusammen zählen! Schau mal, Kinder aus armen, lieblosen und oft zerrütteten Familienverhältnissen machen genau d e n Bevölkerungsanteil aus, die als Jungerwachsene durch Jugendkriminalität und Gewalt auf sich aufmerksam machen!"

"Ja, das ist genau das Problem", konnte Sybille ihrer Freundin beipflichten: "die Kinder aus den unteren sozialen Schichten haben es in jeder Beziehung schwerer, und unsere Gesellschaft wird noch lange nach Lösungsmöglichkeiten suchen müssen....! Du hast mich überzeugt, Lucie! Warum sollte so ein Versuch nicht mal gestartet werden! In diesem Zusammenhang habe ich aber noch eine Frage: hast du eigentlich mit dem Fred richtig geschlafen?"

"Aber, Sybille, - nein, natürlich nicht!"

Lucie war über diese Annahme fast beleidigt: "Hatte ich dir das nicht gesagt? Du, Petting zu haben heißt noch lange nicht, auch miteinander schlafen zu müssen!"

“Das weiß ich natürlich auch, ich meinte ja nur“, schmollte Sybille jetzt über den vorwurfsvollen Ton!

Nach einer kleinen Pause begann Sybille jedoch wieder: “Du, viele Jungen sind in unserem Alter an Sex überhaupt noch nicht interessiert, ist dir das nicht auch schon mal aufgefallen? Mein Cousin pflegt lieber die Freundschaft zu einem Jungen; Mädchen interessieren ihn überhaupt nicht!“

Davon war Lucie auch überzeugt: "Aber w e n n der Junge erst eine intime Beziehung zu einem Mädchen eingegangen war, dann wollte er auch immer gleich alles ...!"

Lucie schien aus Erfahrung zu sprechen!

“Mir würde eine feste Freundschaft, verbunden mit Zärtlichkeiten, viel mehr geben“, überlegte Sybille.

Lucie dachte über Sybilles Philosophie nach. Sie mußte ihr Recht geben, sie empfand genau so.

Auch daß es immer die älteren Jungen waren die anzüglich wurden, mußte Sybille noch mitteilen, welches Lucie auch bestätigen konnte!

“Ich hatte Andy damals deutlich gemacht, daß ich noch gar nicht mit einem Jungen schlafen wollte, aber er verhielt sich genau entgegengesetzt! Was sollte ich machen! Irgendwann ergibt sich alles wie von selbst, und ich kam mir mit meinem Widerstand richtig blöd vor! Naja! Weißt du was? Ich mache uns jetzt Abendbrot !“, sprach es, und verschwand in der Küche!

Lucie stand auf, ging auf den Balkon und bestaunte die großen Kastanienbäume, deren frische grüne Blätter sie fast mit der Hand berühren konnte.

Leider nahmen die großen Blätter auch einen Teil der Sicht auf den Fußweg. Trotzdem konnte sie die heruntergefallenen Kastanienblüten erkennen, die den Fußweg wie gefallenen Schnee bedeckten!

Während Lucie diese friedliche Abendstimmung in sich aufsog, gleiteten ihre Gedanken ab und plötzlich dachte sie wieder an ihr Fred-Erlebnis!

Zuerst noch sehr weit, dann immer näher kommend, hörte sie Freds Stimme: “Lucie, auch wenn du meinst nie mehr mit einem Jungen intim werden zu wollen, möchte ich folgendes wiederholen, und bitte glaube mir: wenn zwei junge Menschen sich kennen und lieben lernen, dann finden sie von selbst heraus, sich gegenseitig in den Himmel der schönsten Gefühle zu stimulieren, und Lucie, d a s ist die Normalität!“

“Ja? Meinst du wirklich?“, Lucie zweifelte daran! Ihre Mutter, Horst, ihr erster Freund Jens, Sybilles Freund, alle hatten irgendwie nicht das richtige Einfühlungsvermögen bewiesen!

“Natürlich meine ich das wirklich!“, und Fred dehnte das letzte Wort, um Lucies Zweifel zu zerstreuen, "wenn ich davon nicht überzeugt wäre, würde ich es nicht sagen, OK ?“

“OK, ich glaube es ja ..."

“Natürlich gibt es in allen, besonders aber in den sozial schwachen Bevölkerungskreisen Jugendliche, die einfach keine umfangreiche Aufklärung mitbekommen haben, aber, Lucie, die überwiegende Anzahl der jungen Leute hat nicht nur eine vernünftige Aufklärung begriffen, sondern besitzt auch das von dir so sehr vermißte Einfühlungsvermögen.“

Jetzt schon wieder etwas optimistischer dreinschauend meinte die Pragmatikerin:“ Dann sind also diejenigen Jugendlichen, die k e i n e wirklich grundlegende und umfassende Aufklärung bekamen, e h e r Partnerschaftskonflikten ausgesetzt als diejenigen, die altersbedingt für alle sexuellen Fragen auch eine ausreichende Antwort bekommen. Meinst du es so?“

Fred überdachte den kompliziert formulierten Satz und betätigte ihr: "Ja, so könnte man spekulativ formulieren!"

Lucie lachte fast trotzig, als sie jetzt antwortete: " Du, dann müßten doch zukünftig den Schülern das ABC-der-Liebe so ab vierzehn, fünfzehn Jahren, unseren theoretischen Vorstellungen entsprechend, vermittelt werden können!"

"Leider kann so etwas zur Zeit noch nicht funktionieren, da müssen wir als Einzelkämpfer noch fix dran arbeiten!", er lachte, "aber", und er ruderte jetzt mit dem rechten Zeigefinger in der Luft: "da komme ich noch einmal auf die sozial benachteiligten Jugendlichen zurück! Einen Ansatz zu unserer phantasievollen Aufklärungsmethode wäre in sofern gegeben, als daß, gerade bei diesen Jugendlichen, deren Schamschranken oft sehr weit herabgesetzt sind, und die ihre Sexualität auf eine Art und Weise genießen, die wir als oberflächlich bezeichnen könnten, als Ansprechpartner in Frage kämen! Und noch etwas Lucie, bis heute ist es so, daß aus der Unbekümmertheit ihrer jungen Liebesbeziehungen später die Kinder von denen stammen, die selbst noch halbe Kinder sind!"

Eine Pause entstand. Fred sah Lucie an. Er schmunzelte, sagte aber kein
Wort...!

"Was ist mit dir? Warum schaust du mich so komisch an?", Lucie war sichtlich irritiert!

Fred lachte laut.

Lucie wußte, daß er jetzt wieder Quatsch machte.

"Ich habe da eine feine Idee...., nein, einen neuen Job! Ich werde als Biolehrer ein praxisorientiertes Aufklärungsprogramm lehren, als allererster Aufklärungsberater!"

Beide prusteten vor Lachen anschließend stand Fred auf, verneigte sich vor Lucie und sagte: "Guten Tag, Frau Schuldirektorin, ich werde im Fach Sexualkunde nicht nur die theoretische, nein, auch die praktische Aufklärung vornehmen!"

Nachdem man sich von dem Lachanfall erholt hatte, fügte Fred, halb im Ernst und halb im Spaß hinzu:" Lucie, wenn die Mädchen, bevor sie überhaupt die ersten sexuellen Kontakte mit den Jungen eingehen, die Pettingpraktiken lernen könnten, um sie später den Jungen beizubringen, wäre so manche Enttäuschung, so mancher Liebeskummer vermeidbar! Meinst du nicht auch?"

"Ja, da kann ich dir mit vollstem Herzen zustimmen, aber warum willst du nur die Mädchen, und nicht die Jungen entsprechend vorbereiten?", kam es von der aufmerksamen Lucie.

"Das will ich dir genau sagen! Ich bin zwar kein Sozialpädagoge oder Jugendpsychiater, ich setze nur meinen logischen Verstand ein! Der sagt mir beispielsweise, daß die Mädchen mit vierzehn oder fünfzehn Jahren reifer als die Jungen im gleichen Alter sind Erlerntes zu vermitteln!
Was sagst du zu meiner theoretischen Erkenntnis?"

"Ich will dir gern glauben, schließlich ist es ein Kompliment an uns Mädchen", gab Lucie zur Antwort.

Unwillkürlich dachte sie an Jens mit seinem Gegrabsche!

Und Fred ergänzte: "Aus meinen bisherigen Erfahrungen kann ich dir jedenfalls berichten, daß in einer Zweierbeziehung die Frau oft, ich sage ganz bewußt oft, der diplomatischere Partner ist! Ihre Intuition, ihre Anpassungsfähigkeit und ihre Kunst die Partnerschaft positiv zu beeinflussen, beziehungsweise zu steuern, dies gilt natürlich auch in sexueller Hinsicht, sind oft ihr Verdienst und Beitrag für eine funktionierende lange Partnerschaft!"

Lucie wollte schon antworten, aber Fred war noch nicht fertig.

"Wenn die Frau also, um bei ihr als der diplomatischere Partner zu bleiben zu ihrem Recht kommen will, dann weiß sie es schon richtig anzustellen, gerade im sexuellem Bereich! Ich möchte dir ein Beispiel nennen und wir wollen bei der Sexualität bleiben! Höre also genau zu!" Lucie war ganz Ohr!

"Die Partnerin als Geliebte wird es genau verstehen, sich so zu verhalten, und zu agieren, daß der geliebte Partner, ohne es zu merken, ihre Liebeswünsche erfüllt! Sie verhält sich als Liebende bewußt aktiv nicht passiv! Ich hoffe, du hast mich verstanden?"

"Oh Gottogott, ein bißchen kompliziert klingt es schon! Wenn ich dich also recht verstanden habe, bist du der Meinung, wenn eine Frau die Liebespraktiken beherrscht, richtig einsetzen und umsetzen kann, eben weil sie über mehr Intuition verfügt, wird sie nicht nur eine gute Geliebte, nein, auch eine gute Lehrmeisterin sein. Ist das richtig?"

Lucie machte bei ihrer Interpretierung ein richtig ernstes Gesicht!

"Genau, Lucie, das hast du richtig gesagt! Du siehst, eine phantasievolle Partnerin steuert so ihr Familienglück ohne viel darüber zu reden! Zu diese Erkenntnis stehe ich!

Und zu seinem jungenhaften Verhalten gehörte natürlich: "Gott helfe mir. Amen!"

Dabei lachte er über's ganze Gesicht.

"Bist du eigentlich der Meinung, die Männer seien alle Machos?"

"Oh, nein", Fred schüttelte mit gespieltem Ernst den Kopf, "natürlich nicht, schau mich an, ich bin es nur manchmal ...!"

Und wieder lachte er übermütig.

Lucie war wirklich irritiert!

"Du machst immer Quatsch", rief sie dann auch kritisierend, und knuffte den Freund auf dem Oberarm.

"Auaaa, ist ja gut, entschuldigen sie meine Dame, ich wollte sie mit meinen ernsthaften Überlegungen nicht langweilen! Also gut, Lucie, jetzt aber ernsthaft, ich glaube schon daß viele Männer Machos sind! Du mußt schon sehr genau beobachten!"

Halb ernsthaft, halb belustigt fügte er noch hinzu: "Die Menschen sind ja alle sooo verschieden...! Partnerschaftsverbindungen funktionieren auf so unterschiedlich wundersame Art und Weise, daß wir niemals gültige Richtlinien aufstellen können! Aber wenn wir schon einmal beim philosophieren sind ..., glaube mir, daß Leben zweier sich Liebenden funktioniert wie ein Spiel, ja, wie ein Spiel! Oder Lucie, ist es kein diplomatisches Spielchen, wenn die Frau hin und wieder zu einer kleinen List greift nur um der glücklichen Partnerschaft willen?

Merke dir genau: die Frau ist oft der tragende Pfeiler einer glücklichen Zweierbeziehung! Wenn der Mann dieses richtig zu würdigen weiß, wird er sich immer bemühen das Seine zu einer dauerhaften Harmonisierung in der Partnerschaft beizutragen!"

'So ist das also', dachte Lucie bei sich, wenn Fred dieser Meinung war, sie wollte es ihm gerne glauben!

"An einem, allerdings weit hergeholten Beispiel, möchte ich dir Diplomatie demonstrieren!

Schau mal, wir haben auf deutschen Boden seit über fünfzig Jahren keinen Krieg. Das ist zum Beispiel ein Erfolg diplomatischen Einsatzes unserer Bundesregierung!

Je waffenstärker sich eine Nation darstellen kann, je nachdrücklicher kann sie ihre ehrliche Vorstellung eines Friedensverhaltens verbal durchsetzen!

Während also die Frau diplomatische Stärke, ihre Intuition für eine glückliche Partnerschaft einzusetzen versteht, gelingt der hohen Diplomatie (durch die eigene Waffenstärke) den Frieden zu sichern!

Diplomatie, Lucie, welch' ein Zauberwort, nicht wahr? Von diesem einzigen Wort können Kriege, das Glück einer ganzen Nation abhängen ..."

Lucie schaute ihren älteren Freund lächelnd an: "Du kannst Zusammenhänge immer so gut erklären, das finde ich so toll an dir."

Und damit gab sie ihn einen herzhaften Kuß auf die Wange.

Der Geküßte fühlte sich geschmeichelt und gab zur Antwort: "Wenn meine Lebenserfahrung und meine Lebensphilosophie dazu beitragen, deine Einstellung zu wichtigen Lebensfragen zu erweitern, dann freut es mich!"

Und damit gab er ihr den Kuß auf die Wange zurück!

"Um das Thema jetzt zum Abschluß zu bringen, Lucie, das Miteinander-umgehen im Leben ist immer ein Spiel! Spiel dieses Spiel, aber spiele es ehrlich, gebe deinem Partner immer das Gefühl, daß du ehrlich spielst, dann besitzt du ein Garant für eine lange Partnerschaft ...!"

Er schaute Lucie sanft lächelnd an ...

Dieses teilweise nachdenkliche, und sehr erkenntnisreiche Gespräch ging Lucie in Minutenschnelle durch den Kopf. Sie hatte ihre Arme verschränkt auf das Balkongitter gelegt, schaute versonnen durch den dichten Blätterwald der Kastanienbäume auf die Straße, und beobachtete nachdenklich die vorbeigehenden Menschen. Welches Schicksalslos jeder Einzelne von ihnen mit sich herumträgt, blieb der Wissensdurstigen verborgen ...!

Der Wind fächelte in den großen Blättern und einige Blätter fingen regelrecht an zu zittern. Das sah lustig aus, und Lucie ließ sich von diesem kleinen Schauspiel gefangen nehmen.

Auf dem Nachbarbalkon landete eben eine sogenannte Stadttaube, und gleich darauf eine zweite. Während die erste langsam auf dem Balkongeländer entlang spazierte, drehte sich die zweite, trotz des schmalen Geländers ständig im Kreis, gurrte laut und vernehmlich, plusterte sich auf und spreizte in ihren Werbebemühungen um die Angebetete die Schwanzfedern. Herr Täuberich tat alles um zu imponieren! Schließlich war Frühling, da erwacht überall die Natur.

Doch plötzlich flog Frau Taube weg, jedoch Herr Täuberich flog sofort hinterher! Auf ein Neues, dachte er wohl, ich kriege sie schon ...!

Mit einem Mal stand Sybille neben Lucie und legte auch ihre Arme auf das Balkongeländer.

"Wollen wir nachher noch ein Eis essen gehen? Ich lade dich ein!"

"Oh, danke, das wird gern angenommen", sagte Lucie," wie komme ich zu der Ehre?"

"Ich habe gerade Taschengeld von meinem Vater bekommen", lachte Sybille, "und jetzt gibt's Abendbrot, komm' rein in die gute Stube!"

Das schöne helle Zimmer Sybilles, die freundlichen hellen Farben der Couch mit den beiden kleinen Sesseln, die vielen Kissen, die kleinen und großen Accessoires, die vorteilhaft die Gesamteinrichtung vervollständigten, luden zum Abendbrot ein.

Ringo Star, der nun nicht mehr von den Sonnenstrahlen geküßt wurde, lachte trotzdem sein strahlendes Lachen.

"Oh, du hast ja Tolles zum Abendbrot gemacht", rief Lucie verzückt, "Lachs auf Toast ... hmmm, lecker!"

"Hat meine Mutter extra heute für uns gekauft! Ist sie nicht die Beste? So, bitteschön, nimm
Platz! Servietten liegen hier. Also, guten Appetit!"
"Danke, gleichfalls", sagte Lucie höflich, "das wünsche ich dir auch".
Und damit ließen die Mädchen es sich gut schmecken.
Das Abendbrotthema war die Schule!
Da sie verschiedene Gymnasien besuchten, mußte man sich ja austauschen! Sachlich stellten sie
fest, daß, proportional zur nächsthöheren Klasse, nicht nur die verschiedenen Sachgebiete
schwieriger wurden, sondern auch an Umfang zunahmen.
"Was machst du nach dem Abi?", wollte Sybille wissen.
"Wenn meine Eltern mich unterstützen, möchte ich gern eine Ausbildung zur Kauffrau für
Bürokommunikation machen", wünschte sich Lucie. Sybille wollte gerne in der Werbung arbei-
ten, dazu benötigte sie ein sehr gutes Abi-Zeugnis!
"Wo stehst du mit deinen Zensuren?"
Sybille wiegte bedenklich den Kopf, "Im Moment stehe ich auf 2,3! Und du?"
"Auf 2,0", sagte Lucie.
"Na, dann müssen wir beide ja noch einiges tun! Mein Vater möchte mir am liebsten schon eine
Nachhilfe auf den Pelz schicken, er hat Angst, ich schaffe das Abi nicht!"
So wurden dann beim Plaudern der Lachs auf Toast restlos verputzt und Lucie half anschlie-
ßend beim Abräumen.
Sybille füllte den Geschirrspüler, da fiel ihr ganz plötzlich ein: "Weißt du eigentlich, daß wir
vorhin ganz vom Thema abgekommen sind? Du wolltest noch weitere Einzelheiten deiner Auf-
klärung mit Fred erzählen." Lucie ließ sich ein neues Getränk von ihrer Freundin in die Hand
drücken. Und nach dem auch noch Knabberkram von Sybille auf den Tisch gestellt wurde, fing
Lucie freimütig an fortzufahren und auch die kleinsten Details ihrer 'Fred-Aufklärung' Sybille
zu Gehör zu bringen!
Auch wenn sie sich dabei schon wiederholte, Sybille sog die Worte Lucies förmlich in sich auf!
Zu diesem Thema war sie eine sehr aufmerksame Zuhörerin!
Wenn Lucie erzählte, daß sie im Sommer mit den Eltern die Wochenenden und den Urlaub
ausschließlich an den FKK-Stränden der Ostsee verbrachten, wunderte Sybille sich nicht, daß
Lucie kein Problem mit dem Nacktsein gegenüber Fred hatte!
Sie wußte, s i e könnte dies nicht!
Irgendwann hatte Lucie nun wirklich alle Einzelheiten fast doppelt und dreifach erzählt, aber
für Sybille war dies auch eine Notwendigkeit!
Sie mußte einfach für sich heraus bekommen, ob sie auch den Mut aufgebracht hätte Freds
Aufklärung zuzustimmen! Sie war sich absolut nicht sicher.
So sagte sie der Freundin: "Also, ich war noch nicht einmal an einem FKK-Strand! Mich vor
fremden Menschen auszuziehen ... Ich glaube, da hätte ich so meine Probleme ...!"
"Ja, ja, so unterschiedlich sind die Menschen! Und ich habe in meinem Leben kaum Textil-
strände gesehen!"
Plötzlich hatte Lucie einen Einfall!
"Was hältst du davon, wenn wir morgen mit dem Zug zum Timmendorfer Strand fahren?"
"Du meinst, ich soll mit dir am Strand nackt herumlaufen? Nein, das bringe ich nicht! Stell' dir
vor, ich begegne irgendwelchen Bekannten! Ich glaube, ich würde vor Scham in den Erdboden
versinken!"

Lucie lachte. Sie kannte diese Argumente, darum sagte sie ganz sanft: "Zugegeben, zuerst ist es ein komisches Gefühl, aber wetten um ein großes Eis, daß du nach einer halben Stunde gar nicht mehr daran denkst nichts anzuhaben?"
Sybille schaute skeptisch drein: "Das glaube ich dir nicht so ganz!"
"Ganz bestimmt!", und Lucie versuchte sich weiter in der Überredungskunst.
Schließlich kam ein Kompromiß zustande.
"Wir gehen zuerst an den Textilstrand, und von da aus schaue ich mir in aller Ruhe den FKK-Strand an! OK?"
"OK!"
Fast nahtlos geht der Textile- in den FKK-Strand über. Nur ein Schild weist auf die Trennung hin. Möchte nun ein 'Textiler' den FKK-Strand durchqueren, entledigt er sich seines Badeutensils und zieht es am anderen Ende wieder an!
"Gut", freute sich Lucie auf den morgigen Tag, "hoffentlich bleibt das Wetter so schön wie heute. Weißt du, wir fahren mit dem Zug nach Travemünde, und von dort fährt ein Bus fast direkt bis an den Strand! Ich bin schon oft so mit meinen Eltern gefahren!"
So wurde der morgige Tag geplant, und als erstes rief Sybille die Zugauskunft an, hörte über ein Tonband die Abfahrzeiten nach Travemünde, und schrieb sich verschiedene Zeiten auf einen Zettel.
Die Klamottenfrage war schnell geklärt. Zwei Bikinis wurden selbstverständlich eingepackt, Handtücher und Badelatschen füllten neben Cremes und Sonnenschutzmitteln schnell die Badetaschen.
Nachdem das organisiert war, mußten die Mütter benachrichtigt, und von dem Ausflug in Kenntnis gesetzt werden.
Sybille erwähnte ihrer Mutter gegenüber nichts vom FKK-Strand!
"So, und jetzt gehen wir Eis essen - und du bist mein Gast!"

EIN TAG AM TIMMENDORFER STRAND

"Der Zug um 9.13 Uhr nach Travemünde fährt von Gleis Sieben", wußte Sybille, als sie die Halle des Hamburger Hauptbahnhofes betraten. Leider bekamen sie auf ihre Schülerausweise keine Fahrpreisermäßigungen! Es mußte der volle Fahrpreis entrichtet werden!
Das fanden beide ziemlich gemein.
Im Zug hatten beide einen Fensterplatz, und bald kam mit dem Abfahrsignal Bewegung in den Zug, der zunächst sehr langsam fahrend den Bahnhof in Richtung Sommer, Sonne und Wasser verließ.
"Haben wir die Sonnenbrillen eingepackt?", wollte Lucie wissen, die just in diesem Moment von den ersten Sonnenstrahlen geblendet wurde.
Die Angesprochene lächelte, und hob dabei den rechten Zeigefinger in die Höhe: "Sybille hat an alles gedacht", und dabei beförderte sie aus einer Seitentasche das Gesuchte zu Tage.
"Eine Sonnenbrille ist immer eine gute Augentarnung, nicht wahr?"
Sie reichte Lucie die Brille, die bemerkte, daß man hinter der Brille die Augen sehr gut wandern lassen konnte, ohne daß es andere merkten.

Lucie kicherte hinter der vorgehaltenen Hand und ergänzte dann: "Wir gehen ganz cool mit ernstem Gesicht am Strand, und hinter unseren Sonnenbrillen rollen die Augen von links nach rechts, ohne daß es jemand erkennen kann!"
Wider wurde unauffällig hinter der vorgehaltenen Hand gekichert!
Die Plätze waren bis auf zwei besetzt, und das verpflichtete natürlich unsere Kurzurlauber, möglichst unscheinbar für die anderen Fahrgäste, ihre Albernheiten zu machen.
Und somit sagte Lucie fast im Flüsterton: "Wenn dir am Strand ein Junge begegnet, können deine Augen von oben nach unten wandern ..."
Weiter konnte sie nicht sprechen, denn beide fingen wieder an zu lachen.
Lucie schaute schnell zum Fenster raus, um sich abzureagieren, aber kaum schaute Sybille sie wieder an, ging das Gekicher hinter der vorgehaltenen Hand wieder von vorne los!
Von den Platznachbarn fingen sie unfreundliche Blicke ein.
Eben verließ der Zug den Bahnhof 'Reinfeld', und hatte hier auf freier Strecke schon bald wieder seine Höchstgeschwindigkeit erreicht.

Den Travemünder Bahnhof umgibt eine erstaunliche, denkwürdige Aura, die seinen besonderen Flair ausmacht!
Die Dachkonstruktion entstammt einer längst vergangenen Epoche und steht sehr im Kontrast zu den elektronischen Richtungsanzeigen, den Zigaretten, Leuchtschrifttafeln und den aggressiven Werbeplakaten der modernen Industriegesellschaft.
Der Anblick der schmiedeeisernen und ehrgeizig von Hand kunstvoll geschwungenen, stählernen Rundbögen, die ohne tragende Funktion als Elemente filigraner Kunst in die Dachkonstruktion integriert waren, entlocken sicherlich so manchem Betrachter Erstaunen und Anerkennung, einer wahrlich vollendeten Ingenieurskunst.
Wie bei den großen Schiffen der 20er Jahre, waren alle Stahlverbindungen mit Nieten versehen und verrieten damit das Alter ihrer Konstruktion.
Der Zug lief pünktlich im Travemünder Bahnhof ein und kam laut quietschend zum Stehen. Die Zugtüren flogen auf und ein großes Tohuwabohu begann.
In wenigen Augenblicken war der eben noch wie im Schneewittchen-Schlaf liegende Bahnsteig mit Reisenden überfüllt.
Sommerlich bunt gekleidete Urlauber vermischten sich mit den Reisenden, die, konservativ gekleidet, jetzt dem Ausgang zustrebten.
Die ersten Sommerurlauber schleppten große Koffer und kleine Kinder hatten als Gepäck ihr Eimerchen mit einer Schaufel zu tragen! Viele der sonnenhungrigen Tagesgäste trugen lustige Strohhüte auf dem Kopf und rundeten das Bild einer buntgemischten Menschenmenge mit einer sehr reizvollen Augenweide ab.
Mittendrin, Lucie und Sybille mit ihren Strandutensilien in Reisetaschen verpackt. Die Sonnenbrillen waren in die Haare geschoben.
Vor dem Bahnhof verteilten sich die Menschen.
Nachdem die beiden wußten von welchem Bussteig sie weiter zum Timmendorfer-Strand fahren würden, stellten sie mit Erleichterung fest, daß es wohl kein großes Gedränge am Bus geben würde. Nur eine kleine Anzahl wartender Fahrgäste, hatte das gleiche Ziel wie die Mädchen.
Lucie schaute vor ungeduldiger Vorfreude immer wieder auf die Uhr! Sybilles Gesichtsausdruck war dagegen eher skeptisch ...! Die Vorstellung, nackt am Strand zu laufen, weckten

zwiespältige Gefühle! Sie schaute Lucie an als wollte sie sagen: "komm, lass' uns umkehren ...!"

Die aber lachte die Freundin an.

"Lach' doch nicht immer", rügte sie Lucie.

"Kann ich was dafür! Schau mal was du für ein Gesicht machst, und dabei verzog sie das Gesicht zu einer Grimasse ...!"

"Ha, ha ...., finde ich gar nicht witzig!"

So frotzelte man ein bißchen hin und her, was die Wartezeit verkürzte.

Endlich kam der Bus!

An der Seite stand groß Lübecker Verkehrsgesellschaft, und vorne zeigte die Richtungsanzeige: 'Timmendorfer Strand'!

Sie stiegen ein und fanden ganz hinten auf der letzten Sitzreihe genügend Platz sich auszubreiten.

Es war jetzt genau 10.40 Uhr, als der Bus seine Fahrgäste am Timmendorfer Strand ausspuckte.

"Wir sind sehr schnell hergekommen", stellte Lucie mit einem Blick auf die Uhr fest.

"Komm, wir kaufen uns erst mal ein Eis, ich geb' eins aus!"

Eine Slip-Anlage, von der aus die Boote ins Wasser gelassen werden, trennte den Textil- von dem FKK-Strand. Auch der Kiosk mit einem Schnellimbiß, konnte als gedachte Trennungslinie der beiden Badeideologien ausgemacht werden.

Lucie kaufte der Freundin und sich das Eis, und Sybille war es, die Eis schleckend als erste in Richtung FKK-Strand ging.

Die Neugier trieb sie ...!

Lucie verstaute das Wechselgeld und ging ihrer Freundin nach. Beide schauten schweigend in den textilfreien Strandbereich.

"Weißt du, was mir auffällt", unterbrach Sybille jetzt das Schweigen.

"Nein", antwortete die Angesprochene fröhlich lachend, "aber du wirst es mir gleich sagen ...!"

"Am FKK-Strand sind weniger Menschen als am Textilstrand!"

"Da beobachtest du ganz richtig", konnte Lucie ihrer Freundin zustimmen. Während Lucie stehen blieb, ging Sybille bis zur Trennungslinie vor. Sie sah, wie fasziniert Sybille an ihrem Eis leckend das Treiben im FKK-Bereich betrachtete!

Nicht weit von ihr entfernt beobachtete sie einige Männer, die diskutierend um eine kleine Segeljolle standen. Etwas weiter entfernt konnte Sybille sechs Damen beobachten, die unter Anleitung gymnastische Übungen vollbrachten - und das alles nackt ...!

Direkt am Wasser gingen einzelne Leute und Pärchen mit einer Selbstverständlichkeit oben und unten ohne spazieren - für Sybille war dies alles wirklich faszinierend!

Ganz mechanisch, ja, fast abwesend und gar nicht wissen welche Sorte Eis sie gerade genoß, leckte die Zunge über die kalte Köstlichkeit!

Lucie fand es interessant, Sybille so gedankenverloren da stehen zu sehen und zu beobachten. Sie wartete geduldig zehn Meter hinter der Freundin. "OK!", Sybille war zurück gekommen und hatte sich entschieden, "wir gehen zum FKK-Strand, suchen uns einen schönen Platz, aber ich nehme nur mein Bikinioberteil ab!"

Das war ein guter Kompromiß!

Wer genau hinschaute, sah jetzt zwei junge Mädchen mit dunkelblonden Haaren, aufgesetzten Sonnenbrillen, und coolem, abweisenden Gesichtsausdruck den FKK-Strand entlang schreiten ...
Sie fanden eine schöne, windgeschützte Stelle.
Die mitgebrachte Decke wurde ausgebreitet, Klamotten ein und ausgepackt, und Lucie stand schon völlig 'ohne' da und fing an sich einzucremen.
Daß sie das Ausziehen ein bißchen Überwindung kostete, gerade so zum ersten Mal in der Saison, daß erzählte sie Sybille nicht ...!
'Vielleicht später', dachte Lucie bei sich.

"Lucie, cremst du mir bitte den Rücken ein?"
Mit Schutzfaktor 14 wurde sich gegenseitig eingerieben und so vor einem Sonnenbrand geschützt. Anschließend saßen sie in der Sonne, beobachteten das Wasser und die vorbeilaufenden Leute!
Sybille hatte sich tapfer von ihrem Oberteil getrennt, aber so ganz schien sie sich nicht wohl zu fühlen! Sie verschränkte ihre Arme so merkwürdig unauffällig auffällig über ihre Brust!
Lucie lachte als sie dies sah: "Weißt du, wie du dasitzt?"
"Wieso?"
"Wie eine Muslimin, betend in Richtung Mekka! Je verkrampfter du dich verhältst, je auffälliger wirkst du auf die Leute, die dich vielleicht beobachten könnten, glaube mir!"
Lucie hatte schließlich Erfahrung ...!
Um der Freundin ihren Mut zu beweisen, stand Lucie auf, ging ein paar Schritte auf und ab, schaute ganz unbeteiligt und rief: La, la, la, la. Lachend setzte sie sich wieder hin. Mit dieser Einlage wollte sie ihrer Freundin Mut machen!
Sybille aber legte sich lieber hin und dichtete: "Liebe Sonne mach' mich braun, sonst muß ich dir eine runterhaun!"
Anschließend meinte sie wie schade es wäre, keinen Walkman mit zu haben.
"Oh, davon hätte ich dir abgeraten! Es gerät sehr leicht Sand in das Gerät, und dann ist er hin! Ich habe leider schon eine bittere Erfahrung machen müssen!"
"Das leuchtet mir natürlich ein", gestand Sybille, und schaute sitzend, aber jetzt nicht mehr mit über die Brust verschränkten Armen, auf die vorbei schlendernden Badegäste.
Sie genoß den weiten Blick über die Ostsee!
Bei strahlendem Sonnenschein ist der weitere Hintergrund der Ostsee leider immer etwas diesig was Sybille als merkwürdiges Phänomen bekannt war.
Sie wußte, daß ihr gegenüber, im Dunst der Ostsee, der mecklenburgische Badeort Boltenhagen lag. Sie erinnerte Poel und Kühlungsborn, hier ankerten die Eltern während des letzten Sommerurlaubes mit dem Segelschiff zwei Tage, um unter anderem mit der Molly, einer historischen alten Dampflok-Eisenbahn, eine Fahrt nach 'Bad Doberan' und zurück zu starten. Ein 'Muß' für alle Segelurlauber und Eisenbahnfans! Die nächsten Häfen waren Warnemünde, Graal-Müritz und Wustrow!
Oh, ja, sie wußte sie alle noch, die ostdeutschen Häfen!
Mit Wehmut dachte sie an den letzten, gemeinsamen Urlaub, auf dem Segelschiff, mit den jetzt geschiedenen Eltern!
Ihre Gedanken wanderten ...!

In der Ferne sah sie ein weißes Segel. "Vielleicht ist es ja mein Papi", dachte sie. Möglich wäre es allemal, liegt er doch mit seinem 'Dickschiff' in diesem Jahr in Neustadt an der Ostsee.

Sie seufzte! Heimweh nach ihrem Papi hatte sie plötzlich gepackt, und beinahe hätte sie angefangen zu heulen.

"Oh, bloß nicht! Was er jetzt wohl macht? Ob er auch an mich denkt? Beim nächsten Besuch werde ich mit ihn sprechen, ob nicht eine Versöhnung im Bereich des Möglichen wäre!"

Ein neuerliches Seufzen, sie wußte ja: Ihre Mutter wollte nicht mehr. Beide Elternteile hatten sich im Laufe der Jahre auseinander gelebt, an eine Versöhnung war nicht mehr zu denken.

Sybilles burschikosen Art merkte man nicht an, welche sensible Seele sich in ihrer Brust verbarg.

Ob sensibel oder nicht, und, ob Junge oder Mädchen, wenn die Eltern sich nach vielen Jahren scheiden lassen, ist der seelische Schmerz, und der Kummer, der damit verbunden ist, riesengroß, ohne, daß es den jugendlichen Kindern äußerlich anzumerken ist!

Jedoch die Seele weint, und abends im Bett weint nicht nur die, dann weint auch das Kind. Heimlich, aber desto bitterlicher ...!

So ist es Sybille nicht nur in der ersten Zeit nach der Trennung der Eltern gegangen, plötzlich sind die Gedanken da! Plötzlich empfindet man Heimweh, und den Wunsch, nach einer gemeinsamen heilen Welt mit den Eltern.

Darum hatte Sybille schon zum lieben Gott gebetet, nur einen Mann kennen und lieben zu lernen, von dem man sich nie zu scheiden lassen bräuchte.

Alles wollte sie für eine harmonische Beziehung geben.

Zwei Kinder würde sie sich wünschen und sie sollten niemals einen Trennungsschmerz erfahren müssen!

Die Erwachsenen wissen nämlich gar nicht, wie traurig ihre Kinder über eine Trennung sind. Würden sie nicht sonst alles tun, um eine Scheidung zu vermeiden?

Sybille schlief ein und fing an zu träumen.

Sie träumte, ihr puste jemand ganz leicht in das Ohr!

Was war das? Flüsterte ihr nicht jemand etwas ins Ohr? Sie konnte ganz deutlich eine leise Stimme vernehmen ...

"Ja, ich bin es, dein kleiner Glückskobold! Ich sage dir jetzt etwas Sybille, aber behalte meine Worte, denn, wenn ich dir wieder in das Ohr puste hast du mich vergessen, aber nicht meine Worte. Sie werden immer Gültigkeit haben!

Du, Sybille, bekommst den Mann von den du nicht wieder scheiden lassen brauchst! Denn, Sybille, es lassen sich längst nicht alle Elternpaare wieder scheiden, und du gehörst auch dazu!

Nur, die vielen glücklichen und zufrieden verheirateten Paare, von denen spürst du nichts, und hörst natürlich auch wenig. Sie leben unauffällig! Höre genau zu: Zwei Menschen die sich lieben, bilden eine unzertrennbare Gemeinschaft, und kein Teufel kann mit seinen negativen Kräften dieses starke Gemeinschaftsband brechen, trennen oder zerschneiden!"

Weiter wußte der kleine Kobold mit seiner eindringlichen Stimme zu berichten: "Liebende beweisen sich im Alltag mit Toleranz, Verständnis, Rücksichtnahme und Zärtlichkeit ihre Achtung voreinander. Ich, dein guter Kobold sage dir, die Menschen, die sich so begegnen, leben im Glück! Du kannst auch sagen: sie sind glücklich miteinander. Ihr Himmel hängt voller Geigen! Sagt man nicht so?

Für beide Liebende beginnt mit dem glücklich sein eine sehr schöne Zeit!" Der Kobold räusperte sich plötzlich verlegen.

"Sybille, leider muß ich dir aber auch vom Unglücklich sein berichten und wie daß Ende einer Beziehung aussehen kann, aber tröste dich, du wirst es niemals erleben! Höre genau zu, präge dir alles ein!

Im Glück der Gemeinsamkeiten, bemüht sich jeder um den Anderen. Liebe Worte verschönern den Alltag! Es ist, als lebe man in einem Rauschzustand.

Die glücklich jung vermählten Paare spüren es jeden Tag: Allein gelebt zu haben, das war auch nur ein halbes Leben!

Jetzt erst, durch meinen geliebten Partner, bin ich ein Ganzes ...!

Weiter möchte ich dir sagen, daß die Einheit, das Glück und die Harmonie von Liebenden so groß ist, wie der nächtliche Firmament mit all seinen unzähligen Sternen. Die Partner sind, wie ihr Menschen sagt: ein Herz und eine Seele!

Weißt du, was die Menschen sich in dieser Zeit wünschen?", der Kobold lachte freundlich: "daß diese Euphorie ein Leben lang anhalten möge! Und in der Tat können sehr viele Jahre ungetrübten Glücks in das Land gehen! Intelligent verstehen sie es ihre alltäglichen Probleme zu bewältigen, sie entwickeln sich im Laufe ihres Lebens gemeinsam in eine Richtung ...! Jedoch, die Intelligenz ist nicht das Maß aller Dinge, Sybille, die etwas über den Menschen aussagt! Die Gefühle des Anderen erkennen und zu verstehen, klingt zwar wie selbstverständlich , ist aber p r a k t i s c h nicht immer einfach zu leben ...! Ich möchte von einer emotionalen Intelligenz` sprechen, und dir diesen Begriff ein wenig erläutern: Merke daß die Hinwendung zu mehr Kreativität in allen Lebensbereichen mehr Platz in unseren Köpfen einnehmen sollte. Ja und lernen muß man dem Partner mit seiner eigenen Meinung, seine vorher gelebten Lebensweise aufzuoktroyieren – und daß das Wort Toleranz immer neu definiert werden muß.

So wirkt man dem notorischen Gewohnheitsrhythmus wirkungsvoll entgegen! Eine weitere Lebensweisheit ist dem notorischen Gewohnheitsrhythmus entgegen zu wirken.

Sybille, ich flüsterte es dir bereits: es kann auch folgendes passieren, und leider passiert es auch viel zu häufig: irgendwann, und nun klang die Stimme des Koboldes traurig, tritt die anfängliche Verliebtheit, die durchaus Jahre halten kann, etwas zurück. Sie weicht einer allgemeinen Ernüchterung. Plötzlich sieht man nicht nur mehr die Vorzüge seines Partners, sondern erkennt auch seine Schwächen!"

Der Kobold zögerte mit seiner Erzählung, dann fuhr er mit weicher Stimme fort: "Aber auf dich wird es nicht zutreffen, da wiederhole ich mich gern! Jedoch, wissen mußt du schließlich alles!"

Ja, ja, Sybille wollte alles wissen: "Erzähle weiter, lieber Kobold, erzähle..."

Der Kobold lächelte: "Ja, fuhr er fort. War die Gesprächsfähigkeit in der ersten Zeit der großen Liebe immer vorhanden, die Toleranz und das Einfühlungsvermögen stark ausgeprägt, die Kooperation, das Verständnis eine Selbstverständlichkeit, schleicht sich von Jahr zu Jahr der Teufel in Form von Nüchternheit in die Beziehung. Die Kritik des Partners nimmt zu, eine Wende der Beziehung beginnt den Alltag zu belasten, die sich mehr und mehr auf eine Ehekatastrophe zu bewegt!"

Der Kobold seufzte: "Manche Menschen machen sich das Leben unnütz schwer, Sybille, nur du bist davon ausgenommen!"

Die Stimme klang leise, jedoch sehr eindringlich.

"Die plötzlichen gegenteiligen Meinungen können nicht mehr mit einem Kompromiss ausdiskutiert werden, sie eskalieren zu einem unüberwindbaren Problem und zu unversöhnlichen Standpunkten.

Die Partner können jetzt grausam zueinander sein ...!"

Die Stimme des Kobolds klang traurig: "Vielleicht versucht sogar der Eine oder Andere seinen Partner mit Psychoterror matt zu setzen. Alle Mittel scheinen Recht zu sein, um sich psychologische Vorteile zu erstreiten.

Die angeblichen Defizite, die er glaubt in der Tiefe der menschlichen Persönlichkeit gefunden zu haben, werden bloßgelegt und dienen als Streitpotential.

Leben heißt, sich entwickeln! So hatten beide von Anbeginn die große Liebe begriffen!

Sich gemeinsam in eine Richtung zu entwickeln, das waren die Worte des Herrn Pastors in der Kirche.

Was ist nun daraus geworden?

Die Ehe, die im Himmel geschlossen wurde, droht nun in der Hölle zu enden!

Die Eheberatung ist in einer Partnerschaftskrise der letzte Strohhalm, aber meist nur eine Herauszögerung einer eskalierenden Ehekrise! Die Kontakte der Partner bestehen nur noch aus gefühlsarmen und auf das Notwendigste beschränkte Sprachniveau."

Dem Kobold schien es leid zu tun diese Sätze aussprechen zu müssen. Es flüsterte jetzt nur noch: "Ich hoffe, du kannst mich noch ertragen? Dein Leben wird voller Erfüllung sein so wie du es dir wünscht!

Ich bin gleich am Ende meiner Erzählung! Du hast jetzt einiges von den Unzulänglichkeiten gehört, mit denen sich die Menschen umgeben.

Du wirst mich gleich wieder vergessen haben, aber nicht meine Worte."

Dann setzte der Kobold zum Schlußpunkt an: "All die Menschenkenntnisse, die die Liebenden zu Beginn ihrer Partnerschaft gehabt zu haben glaubten, haben sich als trügerisch erwiesen.

Der Beginn der Krise war ein schleichendes, sich langsam entwickelndes, unbefriedigendes Sexualleben!

Konsterniert stellen die beiden Partner fest: Wie hat sich alles bloß bei uns verändert! Die Kunst des Verführens, des Gesprächs, die Kunst der verbalen Auseinandersetzung bei Meinungsverschiedenheiten, das alles ist auf der Strecke geblieben!

Den größten Teil der Dialoge bilden die gegenseitigen Vorwürfe.

Es wird sich abgekapselt, die Unsicherheit, die Angst vor der Zukunft beginnt!

Die Menschenkenntnis, an die man so fest glaubte, hat sich als sehr trügerisch erwiesen! Wäre man doch damals schon so schlau wie heute, vielleicht stände man jetzt nicht in so schmerzvoller Weise am Ende einer gescheiterten Beziehung, jedoch deine Zukunft wird erfüllt sein mit Liebe...!"

Sybille träumte, daß der Kobold ihr ganz leicht ins Ohr pustete ...

Sie schlug die Augen auf. Neben ihr lag ganz ruhig Lucie.

'Habe ich geschlafen und geträumt?', dachte sie benommen.

'Ja, ich bin eingeschlafen und habe von Liebe und einer glücklichen Zukunft geträumt, genau!'
Alles andere hatte sie ja wieder vergessen!

Sie setzte sich aufrecht hin und weckte damit Lucie wieder auf, die ebenfalls eingenickt war.

Lucie kam mit dem Kopf ein wenig hoch, verdeckte ihre Augen mit dem linken Handrücken und blinzelte Sybille an: "Ich bin eingeschlafen, du auch?"

"Ja", sagte Sybille, "und ich habe von Liebe und Glücklichsein geträumt und es war so, als hätte mir jemand etwas von einer glücklichen Zukunft ins Ohr geflüstert! Das war richtig schön!"

Sie seufzte.

"Möchtest du einen Apfel?", lenkte Lucie Sybille von ihren schönen Träumen ab.

"Ja, gerne."

Schweigend aßen sie jeder einen Apfel und schauten gedankenverloren auf das Wasser.

Ein älteres Paar ging so, wie der liebe Gott sie geschaffen hatte, an ihnen vorbei.

"Schau mal, Lucie, die beiden alten Leute da. Du, die denken auch man ekelt sich vor nichts!"

Lucie war ganz entsetzt: "S y b i l l e, so etwas darfst du doch nicht sagen, wir werden alle mal älter. Schau, das sind echte FKKler und jetzt schon nahtlos braun!"

Sybille nahm den Tadel an und entschuldigte sich: "Das ist mir einfach so rausgerutscht! Im Grunde genommen ist es ja sehr mutig, in dem Alter nackt herumzulaufen."

Lucie stand auf und reckte sich.

"Komm, wir gehen in Richtung Kiosk und kaufen uns noch ein Eis. Dieses Mal geb' ich eins aus!"

Mit den Geldbörsen in der Hand liefen nun die beiden zunächst im Dauerlauf in Richtung Wasser, dabei die Handtücher in der Luft schwenkend.

Zum wichtigstem Requisit eines FKKlers gehört sein Handtuch! Es dient genauso als unauffälliger 'Sichtschutz', wie zum abtrocknen oder als hygienische Unterlage beim hinsetzen.

Als die 'großen Onkels' das Wasser berührten, signalisierten sie dem Gehirn: K a l t !

Schon brüllte Sybille: "IIIh, ist das kalt", und schwupps brachte sie ihren großen Onkel wieder aufs Trockene.

Lucie war mutiger!

Bis zu den Knöcheln im Wasser stehend, grinste sie Sybille an. Die hätte jetzt ahnen müssen, was die Freundin vorhatte ...! Ahnungslos näherte sich Sybille zu einem zweiten Versuch die großen Zehen in die Ostsee zu tauchen, als Lucie sich blitzschnell bückte, und Sybille mit einer Hand naß spritzte.

"Du bist gemein, na warte, ich werde mich rächen! Rache ist süß!"

Lucie lachte, Sybille lachte, und andere Badegäste, die durch den Schrei aufmerksam wurden, schmunzelten ebenso.

Irgendwann aber wurde es Ernst: Sybilles erster FKK-Spaziergang, nur mit einem Bikinihöschen bekleidet, begann!

Die Sonnenbrillen wurden zurechtgerückt und in Kampfstellung gebracht! Für Sybille bedeutete es jetzt: cooler Gesichtsausdruck und dann durch! Ziel war der Kiosk, die Pommesbude mit Eisverkauf!

Mit vielen, immer wieder ermunternden Worten von Lucie, daß doch gar nichts dabei sei am Strand nackt zu laufen, kam so langsam der Kiosk mit dem leckeren Eis in Sicht.

Sybille mußte feststellen, daß es ihr nichts mehr ausmachte 'Oben Ohne' zu gehen!

In der Tat gab es niemanden, der unseren beiden während einer Begegnung mehr Aufmerksamkeit schenkte, wie eben ein Mann diskret schaut, der zwei junge Mädchen an sich vorbeimarschieren sieht ...!

Nun, ja, der coole abweisende Blick sprach ja auch Bände ...!

"Ich wollte dich noch einmal daran erinnern, Sybille, vergesse nie dein Handtuch und deine Sonnenbrille! Sie sind die wichtigsten Utensilien des FKKlers, wenn er einen Spaziergang am Strand unternimmt!"
Sybille nickte mit ernstem Gesichtsausdruck, denn es näherten sich nämlich zwei junge Männer.
Sie schätzte die beiden vielleicht auf achtzehn Jahre.
"Es ist das erste Mal in meinem Leben, daß ich zwei nackte Männer spazieren gehen sehe", zischte sie halblaut durch die Zähne!
Die Sonnenbrille erlaubte einen kurzen flüchtigen Blick von oben nach unten, und schon waren die Jungen vorbei.
"Sahen cool aus, oder?", Sybille sagte dies leichthin, in Wirklichkeit war sie irgendwie beeindruckt, sie wußte selbst nicht warum, jedenfalls fielen ihr in diesem Moment die ersten Pettingerlebnisse mit Andy ein ...!
Sie behielt diese Gedanken aber für sich!
"Ja", lächelte Lucie, "hast du gesehen wie die uns angegrinst haben?"
"Natürlich, was meinst denn du!"
Ihre Empfindungen beim Anblick der nackten Jungen verschwieg sie.
Sybilles Gedanken wurden von einem jungen Pärchen abgelenkt, die unweit von ihnen um einen großen blauen Ball mit der Aufschrift 'NIVEA' rauften. Der Junge hatte auffallend blonde Haare.
"Schau mal Lucie, da vorn die beiden mit dem Ball, den Jungen finde ich süß!"
"Stehst du auf weißblond?", wollte Lucie wissen.
"Eher nicht, aber den finde ich irgendwie süß! Du, schau mal, unten ist er auch ganz blond!"
Sie hatte das Gefühl bei diesem Satz zu erröten ...
"Wo du nicht überall gleich hinschaust", kam es auch prompt von der Freundin, "aber ich habe es natürlich auch bemerkt."
Sie waren so ziemlich auf der Höhe der beiden, und konnten, ohne den Kopf besonders zu verdrehen, das Pärchen beim rumtoben beobachten.
Auch Lucie machte sich so ihre Gedanken ...
Jetzt kam ihnen ein Pärchen 'mittleren Jahrgangs' entgegen.
Mit abschätzenden Blick wurden Sybille und Lucie von der Frau ungeniert gemustert.
"Hast du bemerkt wie die uns angesehen hat?"
"Ja", wunderte sich Sybille, "warum hat sie das getan?"
"Ja, warum wohl? Weil wir jünger sind und besser aussehen ...", war ihre selbstbewußte Meinung.
Sybille fielen Familien auf, die gemeinsam mit ihren kleinen Kindern einträchtig mit Eimer und Schaufel im Sand spielten.
Diese Beobachtung teilte sie Lucie mit.
Mit der Erfahrung einer alten FKK-lerin wußte Lucie natürlich eine Antwort: "Die FKKler fühlen sich hier als eine große Familie. Die Menschen, die sich hier der Freiheit des Nacktseins erfreuen und verschrieben haben, kommen nicht hierher, um sich den ganzen Tag in der Sonne braten zu lassen, sondern verbringen ihre Zeit aktiv mit den Kindern. Dies weiß ich auch aus meiner eigenen Erfahrung. Meine Eltern haben immer mit mir die schönsten Burgen gebaut."
"Na, dann weiß ich jetzt auch, warum du so gerne FKK machst."

"Ja, und noch einen großen Vorteil bietet dir das FKK! Du brauchst keine nassen Badeklamotten anhaben, in denen man sich leicht erkälten kann!"
Sybille nickte mit dem Kopf.
In nassen Badehosen zu spielen, da konnten die Nieren schon ganz schön protestieren!
"Na, Sybille, wie fühlst du dich nun an diesem Strand?"
"Echte Spitze", konnte Sybille zugeben, "von dieser familiären Atmosphäre spürt man schon etwas. Das natürliche Verhalten der Leute gefällt mir, ehrlich!"
Lucie lachte Sybille an!
"Warum lachst du so?"
"Soll ich dir mal was sagen?"
"Was jetzt wohl kommt?", Sybille schaute Lucie skeptisch an.
Diese überlegte wie sie anfangen sollte, und meinte dann: "Mal angenommen, jemand beobachtet uns und macht sich Gedanken, warum du eine Bikinihose anhast und ich nicht."
"Da bin ich gespannt, was derjenige denken soll!"
"Ganz einfach, Sybille", und Lucie mußte plötzlich lachen, "der denkt, du hast deine Tage!"
"Waaaas? Sag mal, spinnst du? Ich habe doch nicht meine Tage!"
Lucie hielt sich mit beiden Händen an Sybilles Arm fest und mußte noch immer lachen.
Sybille fand es überhaupt nicht witzig, lachte dann aber auch und sagte: "Gib mir jetzt bitte endlich eine Erklärung."
"Paß auf: meine Eltern haben früher immer Urlaub am 'Lenster-Strand' gemacht. Natürlich auch FKK! Wir hatten jedes Jahr das gleiche Ferienhaus für drei Wochen gemietet."
"Komme bitte auf den Puhunkt!"
Sybille zog den Punkt extra in die Länge.
"Ja, warte doch ab! Mit der Zeit kannten wir auch alle Nachbarn und es wurde viel am Strand gemeinsam gemacht. Als mir, so als Elfjährige: auffiel, daß eine Nachbarin plötzlich mit einer Bikinihose am Strand auftauchte. Natürlich fragte ich unbefangen nach dem Warum? Meine Mutter hat mich etwas beiseite genommen und mich aufgeklärt, daß die Frau ihre Monatsblutung habe. Seitdem hat jede Frau bei mir 'ihre Tage', wenn sie mit einem Bikinihöschen herumläuft!"
Mit süßsaurem Gesicht schaute Sybille an sich herunter, dabei ihr Bikinihöschen ansehend.
"Du bringst mich noch dazu die Hose auszuziehen", äußerte sie sich widerstrebend und nachdenklich. "Jetzt muß ich natürlich immer denken, alles schaut mich an und denkt, ich habe meine Dingsbums!"
Sie wußte nicht ob sie lachen oder ärgerlich sein sollte.
"Mache dir mal keine Gedanken, Sybille, an diesem Strand kommen überwiegend nur Tagesgäste, da vermischen sich die 'Textiler' und die 'FKKler'. Manche Frauen behalten auch aus dem gleichen Grund wie du ihren Slip an."
So wanderten sie also weiter den schönen Sandstrand entlang, sich hin und wieder nach einem schönen Stein oder einer Muschel bückend, und Sybille fand Freude am 'Ditschen'!
Die Kunst des Ditschens besteht darin, einen kleinen, flachen Stein so geschickt und flach über das Wasser zu werfen, daß dieser bis zu zehn Mal aufditscht, bevor er versinkt.
"Weißt du eigentlich an welcher Seite Backbord bzw. Steuerbord ist?", kam es wie aus dem heiteren Himmel von Sybille.
"Ja, selbstverständlich, du nicht?", die Frage verwunderte Lucie

"Ich verwechselte die Seiten immer wieder! Also sagte eines Tages mein Vater zu mir: 'so, stell dich mir gegenüber! Wenn ich dir jetzt mit meiner rechten Hand eine Backpfeife haue, welche Wange wird dann rot?' 'Die Linke natürlich,' antwortete ich. 'Na, siehst du, da ist Backbord. Und Backbord ist immer rot!'
Du, und das vergesse ich genau so wenig, wie du die Story mit dem Bikinihöschen!"
Lucie lachte, und meinte dann: "Das war eine gute Eselsbrücke, die dein Vater gebaut hat. Finde ich ganz toll."
"Ja, seitdem gebe ich mir immer im Stillen eine Ohrfeige, wenn mein Vater nach Backbord oder Steuerbord fragt."
Lucie wußte auch noch ein Beispiel: "Bei Autofahrten mit meinen Eltern sitze ich gewöhnlich hinten! Wenn wir nun von irgendwelchen Verwandschaftsbesuchen zurückkommen, fährt meine Mutter, weil mein Vater ein paar Bierchen getrunken hat.
Bei einem Ampelstopp steht meine Mutter grundsätzlich mit dem Fuß auf der Kupplung mit eingelegtem Gang und wartet auf Grün! Jedes Mal sagt dann mein Vater: 'Erika, bitte, stehe nicht immer mit getretener Kupplung an der Ampel, davon geht mit der Zeit das Drucklager kaputt, und die Kupplung kann auch schleifen!'
Meine Mutter antwortet dann in gleichmäßiger Regelmäßigkeit: 'Ich habe es nun mal so in der Fahrschule gelernt immer mit dem Hinweis, so sei es vorschriftsmäßig!"
Und lachend fügte Lucie noch hinzu: "Bei jeder Autofahrt kam mindestens einmal dieser Vorwurf von meinem Vater, und die stereotype Antwort meiner Mutter! Ist doch witzig, oder?"
"Ja", Sybille gab sich nun philosophisch, "es gibt Ereignisse im Leben, die einem irgendwann bewußt oder unbewußt beigebracht werden, die nie vergessen und so wie sie verinnerlicht wurden, automatisch, unbewußt praktiziert werden."
Lucie dachte bei sich: 'so ist es mit dem ABC-der-Liebe auch!'
Laut sagte sie aber: "Du, seitdem meine Oma mir mal als kleines Kind erzählte, ich sollte nie unter eine U-Bahn-Brücke hindurchgehen, wenn eine U-Bahn darüber hinwegfährt, warte ich, fast ohne über mein Verhalten nachzudenken, vor der Brücke, bis der Zug vorüber ist!"
"Das ist aber ein seltsamer Aberglaube", wunderte sich Sybille.
"Ja, ich weiß, aber dieses Verhalten steckt so tief in mir drin, ich reagiere ohne nachzudenken, ganz automatisch!"
In Gedanken versunken trödelten sie weiter, darüber nachdenkend, welche Verhaltensmechanismen bei ganz bestimmten Situationen unbewußt und ohne nachzudenken gelebt werden.
Plötzlich erregte eine ihnen entgegen kommende ältere Dame ihre Aufmerksamkeit.
Das wäre weiter nicht erwähnenswert gewesen, jedoch d i e s e Dame!
"Schau mal Lucie, die alte Frau die dort kommt !"
Und in der Tat, diese Dame lief natürlich völlig ohne, und war auch schon ein bißchen faltig am Körper, aber nahtlos braun gebrannt unter einem aufgespannten großen rosa Regenschirm, einen überdimensionalen Strohhut auf dem Kopf, und an den Füßen knallrote Sandalen, mit einer verschnörkelten auffälligen Sonnenbrille von Colanie auf der Nase, hocherhobenen Hauptes an ihnen vorbei!
Sybille und Lucie staunten mit offenem Mund! Man kam auf den gemeinsamen Nenner, daß diese Dame doch Selbstbewußtsein zeigt!
Langsam kam der Kiosk, das leckere Eis und die Trennungslinie der beiden Weltanschauungen in Sicht!

Nackt oder nicht nackt! Hier mußte es sich entscheiden!

Die Grenze bildete eine Slip-Anlage.

Über diesen ca. drei Meter breiten Betonstreifen konnten die Wassersportler ihre Boote zu Wasser lassen. Auf dieser Slip-Anlage stand ein riesiges 'Gespann'!

Ein PS-starker Geländewagen versuchte rückwärts fahrend seinen Anhänger mit einem Ungetüm von Motorboot sicher in das Wasser der Ostsee zu bringen.

Es schien ein schwieriges Unterfangen zu sein. Immer wieder drohte durch die Lenkfehler des Fahrers der Anhänger in den Sand zu geraten. Inzwischen blieben auch immer mehr Leute stehen, um zu sehen, wie es dem Fahrer wohl gelingen würde sein Schiff sicher ins Wasser zu dirigieren.

Aus respektvoller Entfernung sahen auch Sybille und Lucie zu. Der Fahrer des Gespanns stellte sich ungeschickt an.

Kam es, weil immer mehr Neugierige stehen blieben und durch ihr zuschauen den Fahrer verunsicherten, oder konnte der Fahrer einfach schlecht rückwärts fahren.

Zum wiederholten Male mußte er seine Rückwärtsfahrt stoppen, wieder vorwärts fahren bis Auto und Hänger eine Linie bildeten. Die Kommandos eines Helfers drangen bis an die Ohren der beiden Mädchen.

"Links einschlagen - Halt - Gut - langsam zurück - wieder rechts - Halt, das war zuviel", und so weiter!

Plötzlich ging ein Raunen durch die Menge!

Was alle erwartet hatten trat ein!

Kurz vor Erreichen des Wassers rutschte ein Reifen von der Betonpiste in den Sand, und blieb dort hoffnungslos stecken!

"Hier kann nur noch die Feuerwehr helfen", meinte Sybille fachmännisch! Mit Slipanlagen kannten sich beide Mädchen aus.

Lucie spendierte das Eis.

Bei der Rückkehr blieb sie weit vor Sybille wie angewurzelt stehen!

"Was ist denn nun los?", sie kam näher und war perplex, "Wo hast du den deinen Slip?"

Sybille öffnete die linke Hand.

"Hier! Weißt du, ich bin schnell zum Klo gelaufen! Du, ich habe tatsächlich das Gefühl, mich schauen alle Leute an!"

"Da hast du dich aber verdammt schnell akklimatisiert, das muß ich schon sagen! Hier, hast du zur Belohnung ein Eis!"

Dabei gab sie ihrer Freundin einen Kuß auf die Wange und meinte schmunzelnd: "Ich bin stolz auf dich!"

Genüßlich ihr Eis lutschend, spazierten sie langsam wieder an ihren Platz zurück.

Ihre Augen waren nach unten gerichtet!

Beide suchten nach Bernstein!

Plötzlich bückte sich Lucie und rief: "Ich habe einen gefunden!"

Sie hob aber nur einen bernsteinfarbenen Stein auf, und war enttäuscht.

"Ich habe noch nie Bernstein gefunden ...", sagte sie ganz traurig.

"Tröste dich Lucie, ich habe während meines gesamten Urlaub keinen Bernstein gefunden!"

Sybille erinnerte Lucie an den letzten Segelurlaub.

"Nirgendwo fanden wir bei unseren langen Strandwanderungen zwischen Boltenhagen und Zingst Bernstein!"

"Übrigens", erinnerte sich Sybille, "im Osten gibt es sehr viel FFK!"

Und sie erzählte von herrlichen weißen Sandstränden in der Boddenlandschaft, Ribnitz—Damgarten, Wustrow, Fischland und Darss.

Nur FKK mochten die Eltern nicht !

"Hast du schon einmal von Ahrenshoop gehört?" Lucie mußte verneinen.

"Es ist ein kleines Ostseebad zwischen Wustrow und Darß! Viele kleine, schneeweiß angestrichene, reetgedeckte Häuser stehen wie geduckt in den Dünen fast am Strand. Sie bilden eine wunderschöne Kulisse zu dem breiten Sandstrand, den Wellen der Ostsee, und dem blauen Himmel darüber. Für Landschaftsmaler bestimmt immer wieder eine Herausforderung!"

"Hast du wenigstens schöne Bilder gemacht?"

"Ja, selbstverständlich! Ich zeige sie dir zu Haus mit anderen Urlaubs- bildern."

"Dieser Segeltörn war euer letzter gemeinsamer Urlaub, nicht wahr?"

"Ja, leider", seufzte Sybille hörbar.

Auf einmal fiel ihr etwas ein!

"Ich werde am nächsten Wochenende mit meinem Vater segeln. Sein Schiff liegt gar nicht weit von hier in der Neustädter Bucht. Hättest du nicht Lust mitzusegeln?"

"Gerne, wenn dein Vater nichts dagegen hat. Ich muß mich nur mit meiner Mutter abstimmen."

Daß aus dem Segeln, mangels Zeitmasse nichts werden würde, ja, davon wußten beide Mädchen im Moment noch überhaupt nichts ...!

Sie näherten sich wieder ihrem Platz und machten es sich anschließend auf der Decke bequem.

Im Zusammenhang mit dem Segeln, fiel Sybille Fred ein.

"Meinst du, ob Fred seiner Freundin von eurem Unterricht, dem 'ABC-der-Liebe', erzählt hat?"

"Ehrlich gesagt, ich weiß es nicht! Ich glaube aber eher nicht. Jedoch eines Tages werden wir bestimmt darüber sprechen."

"Du hältst viel von Fred, nicht wahr?"

"Ja, er ist ein absolut zuverlässiger, korrekter und verschwiegener Freund unserer Familie, dem ich voll vertraue."

"Mein Vater sagt immer zu mir: 'Sybille, schau den Menschen in die Augen, dann wirst du es bald gelernt haben, zuverlässige Rückschlüsse auf seinen Charakter zu ziehen'! Wenn ich dir also länger in die Augen schaue, prüfe ich gerade deinen Charakter ...!"

Lucie lachte, und meinte dazu: "An der Aussage deines Vaters ist aber schon etwas dran! Unternehmt ihr eigentlich auch mal etwas gemeinsam?"

"Ja, doch, mein Vater wohnt jetzt in Farmsen, dort komme ich schnell mit der U-Bahn hin. Er hilft mir oft bei den Schularbeiten. Anschließend gehen wir gern zum Essen! Mal zu Mc. Donald, oder mal zu einem Chinesen, je nachdem worauf wir Appetit haben."

"Bekommst du auch Taschengeld von ihm?"

Lucie mußte ja immer alles ganz genau wissen!

"Fünfzig Mark bekomme ich im Monat, und zwischendurch schon mal einen Zehner extra. Und du?"

"Ich bekomme zwar siebzig Mark im Monat, aber dafür wenig Extra ...!"

Die Zeit verging plaudernd wie im Flug.

Plötzlich war es 13 Uhr und Zeit für eine Mittagsmahlzeit!

Beide Mädchen waren sich in der Tatsache einig, daß die Konfektionsgröße '36' das Alleräußerste aller erlaubten Größen darzustellen hätte!
Das 'opulente' Mittagsmahl bestand also aus reichlich Knäckebrot mit Kräuterquark, Mineralwasser und zum Nachtisch einen Apfel!
Jedes Gramm an Körpermehrgewicht käme einer Katastrophe gleich!

Daß einem an solch schönen Tage die Schule einfällt, liegt begründet in der Tatsache, daß die Anforderungen auf den Gymnasien leider sehr hoch sind ...!
Und somit erinnerte sich Lucie plötzlich: "Ach, du meine Güte, da fällt mir ein, morgen haben wir Bio! Du, unser Bio-Lehrer versprach uns einen interessanten Unterricht, erwartet aber eine Top Vorbereitung von uns!"
"Um welches Thema handelt es sich?"
"Es geht um das Thema der immer schneller schwindenden Ressourcen."
"Oh, kannst du viel über dieses Thema referieren?"
"Aus dem Stegreif könnte ich schon einiges bringen, aber ich benötige dringend noch Zahlen und Fakten. Ich muß wohl oder übel noch einiges pauken", seufzte sie.
"Lucie?", Sybille spielte Lehrerin, "wie hoch sind die Steigerungsraten des Erdölverbrauches der letzten zwanzig Jahre in Deutschland?"
"Oh, bitte jetzt nicht, im übrigen weiß ich es nicht!
Zur Zeit brauche ich Zahlen über die Bevölkerungsexplosion, und ob im 21sten Jahrhundert die Menschen die sechsmilliarden Grenze erreichen! In diesem Zusammenhang hat unser Biolehrer ein interessantes Luftballonexperiment angekündigt, auf das die Klasse sehr gespannt ist."
"Ich finde es echt stark, wenn die Pauker den Unterricht leicht verständlich, spannend und lebendig gestalten! Bei uns läuft zur Zeit ein interessantes Experiment: die Schüler sollen viel mehr in eine Unterrichtsgestaltung einbezogen werden! Alle Schüler sind begeistert!"
"Ach so, das wollt' ich noch sagen: bis zur Jahrtausendwende werden sechs Milliarden Menschen die Erde bevölkern ...!"
"Ja? Bist du sicher?", Lucie konnte es kaum glauben!
"Und proportional zum Anwachsen der Bevölkerung, erschöpfen sich unsere Ressourcen!"
Sybille überlegte, dann meinte sie nachdenklich: "Es interessiert mich wirklich, wie unsere Politiker das Problem der ständig wachsenden Bevölkerung mit den schwindenden Ressourcen in Einklang bringen wollen!"
"Frag' mich morgen Nachmittag, dann bin ich schlauer", lächelte sie ihre Freundin an.
Sybille, die unterrichtsmäßig mit diesem Thema auch schon konfrontiert war, erinnerte die Stellungnahme ihres Vaters, der zu Schulthemen gern von seiner Tochter herangezogen wurde: 'Sei froh Kind, daß du auf dem Nordteil unseres Planeten das Licht der Welt erblickt hast und nicht in Uganda, Zaire, Burundi und wie die ärmsten der armen Länder dieser Erde alle heißen' !
Dieses Thema wollte so gar nicht zu diesem schönen Tag passen!
Viel lieber genossen sie die gesunde, salzhaltige Luft und die wohlige Wärme.
Bevor sie sich bäuchlings auf der Decke breit machten, cremten sich beide gegenseitig den Rücken ein, und lagen anschließend, den Blick auf die Ostsee gerichtet, in der warmen Sonne.
Natürlich war klar, daß nicht nur die Segelschiffe und Surfer ihre Aufmerksamkeit erregten, einige interessante Jungs liefen schließlich auch!

Der hellblonde Junge von vorhin gehörte auch dazu.

Arm in Arm mit seiner Freundin scherzend, spazierten sie direkt an den Mädchen vorbei.

'Ob die wohl schon miteinander geschlafen haben,' dachte Lucie.

Sie würde gern von einigen Freundinnen und Freunden wissen, welche sexuellen Erfahrungen sie schon hatten!

Noch war das Pärchen nicht aus ihrem Blickwinkel entschwunden, da schwebte aus Lucie's Ideenhimmel eine, wie sich später herausstelle folgenschwere Eingebung herbei!

Sie fuhr ganz schnell hoch.

Sybille dachte zunächst, Lucie wäre von irgendeinem Tier gestochen worden, als diese auch schon loslegte: "Sybille, der blonde Typ dahinten, der eben mit seiner Freundin vorbei lief ...!"

"Ja, was ist mit den Beiden?"

"Weißt du was ich da dachte?"

"Nein, Lucie, nu' sag' schon!"

"Ob die schon miteinander geschlafen haben!"

"Du hast vielleicht Gedanken! Und warum interessiert es dich?"

"Wie die wohl Sexualität erleben, na, du weißt schon was ich meine ...!"

Sybille wußte!

Der Ideenhimmel entläßt seine Gedanken: "Was hältst du davon wenn wir uns mit den verschiedenen Schulfreundinnen mal zum Meinungsaustausch treffen! Ich möchte zum Beispiel über das 'ABC-der-Liebe' genau so sprechen, wie zum Beispiel über unsere persönlichen, ja nicht gerade ruhmreichen Erfahrungen! Also alles in allem, was haben die Anderen erlebt!

Sind unsere negativen Erfahrungen mit den Jungen nur Zufall?? Was hältst du von meiner Idee?"

"Hhm, was soll ich davon halten? Meinst du die Freundinnen unterhalten sich so offen mit dir wie wir es miteinander können?"

"Zum Beispiel." m Stillen hatte Lucie sich schon häufiger geärgert, weil ihre Schulfreundinnen sich immer nur in Andeutungen äußerten, wenn es um die Liebe ging! Ja, und direkt fragen mochte sie natürlich nicht! Aber eine Diskussion über sexuelle Fragen in einer lockeren Zusammenkunft könnte einen ungeahnten Aufschluß geben!

Von den Erfahrungen der Anderen könnten interessante Rückschlüsse auf die eigenen Erlebnisse gezogen werden! Alle würden profitieren ...!

Lucie überlegte angestrengt!

Mit dem rechten Zeigefinger malte sie Kreise in den Sand, das erhöhte die Konzentration!

Sybille hatte sich inzwischen wieder hingelegt und hielt die Augen geschlossen.

Nur wer genau hinsah konnte sehen wie die Augenlider zuckten!

In ihrem Kopf arbeitete es ...! Jedoch, so angestrengt sie das Gehirn auch zermarterte, es wollte ihr n o c h nicht das richtig Kreative einfallen!

Sie setzte sich wieder hin, schlang ihre Arme um die Knie und hielt den Blick starr auf die Ostsee gerichtet.

"Meinst du nicht, daß es blöd ist, die Freundinnen einfach zu fragen, was sie schon mit ihrem Freund erlebt haben?", Sybille war sehr skeptisch.

"Von der Einen weiß ich zwar, dass sie die Pille nimmt, aber so direkt fragen? Also, ich weiß nicht ...!"

Da hatte Lucie eine andere Idee!

"Du, wir fragen einfach die Freundinnen und die Klassenkameradinnen, mit denen wir auch privaten Kontakt halten, ob sie, und wie lange schon, die Pille nehmen! So kämen wir doch ins Gespräch! Oder was meinst du?" Ohne eine Antwort abzuwarten sprach Lucie weiter: "Was hältst du von einem Gesprächskreis 'nur für Mädchen'?"
Bei diesen Gedankengängen waren ihre Augen fest auf das Wasser gerichtet. Und plötzlich, als hätte sie das Non-Plus-Ultra entdeckt, rief sie triumphierend: "Ich hab's, wir werden ein Manifest herausgeben ...!"
"Ein Mani..., was? Ich glaub' du spinnst..", sagte Sybille trocken.
Lucie, deren Blick immer noch starr auf das Wasser der Ostsee gerichtet war, ließ Sybille jetzt hören: "Nein, nein, höre mir genau zu, ich spinne nicht, ich habe schon die konkrete Vorstellung einer guten Idee! Die Mädchen, die wir näher kennen, mit denen man auch privat zusammen kommt, die bekommen von uns eine Einladung mit einer von uns herausgegebenen Erklärung was wir zu diskutieren gedenken! Wir bilden also eine Diskussionsrunde, die sich wechselweise bei den Diskussionspartnern zu Hause treffen könnten! Woooow, ist das keine gute Idee? Na, sag' schon ja, Sybille!"
Diese schaute ihre Freundin verwundert über deren Enthusiasmus an!
"Ja, deine Idee ist realisierbar, aber vergesse nicht unser tägliches Zeitproblem ...!", Sybille dachte an die Schule!
"Du, das müssen wir einfach schaffen!"
"Hast du eigentlich eine Idee w a s du konkret diskutieren möchtest?"
Sybille hatte jedenfalls noch keine Vorstellungen, welche Themen auf den Tisch gebracht werden könnten! Zwar hatte sie auch Phantasie und konnte schnelle Gedankengänge in die Tat umsetzen, aber hier waren die Gedanken einer gemeinsamen Vorgehensweise noch ein bißchen diffus!
Dafür ließ Lucie weiterhin ihren Gedanken freien Lauf: "Wir stellen einen Themenkatalog mit verschiedenen Fragen auf, die sich mit Freundschaft, Liebe, Sex, Konflikte, Probleme und der Pille befassen, ja, und das ergibt den Gesprächsstoff nicht nur für einen Abend ...!"
"Und die Themen für weitere Zusammenkünfte werden vor dem nächsten Treffen vereinbart ...", konnte Sybille gedankenschnell ergänzen!
"Ja, genau, Super, das ist sogar eine tolle Idee von dir", lobte Lucie ihre Freundin überschwenglich!
"Und", wußte Sybille jetzt noch weiter überlegend, "wenn sich irgendwann ein richtiger Gesprächskonsens herauskristallisiert hat, müssen wir genau überlegen, wie wir das Ergebnis verwerten können!"
Fast stolz schaute sie Lucie an. Diese sparte auch nicht mit Lob: "Sybille, du bist Klasse ...!"
Erwartungsvoll schauten sie sich jetzt gegenseitig an, aber im Moment ließen weitere intelligente Ideen auf sich warten ...!
"Ach, irgendwann fällt uns schon noch etwas Fruchtbares ein", tröstete Lucie!
Sybille fiel dafür etwas ganz anderes ein: "Wer hat Schuld daran, daß wir uns etwas vornehmen wollen, von dem wir vor einer halben Stunde überhaupt noch nichts wußten?"
"Der blonde Typ mit seiner Freundin", lachte Lucie, "aber jetzt freue ich mich auf so einen Gesprächskreis, jeder kann davon lernen, meinst du nicht auch?"
Sybille bestätigte selbstverständlich!

Und mit treuherzigen Augen traf sie dann die Feststellung: "Ja, und wir beide, haben mit unseren Jungserfahrungen schon eine gehörige Menge zum Thema beizutragen!"

Lucie lachte.

Die Sonne brannte zwar auf der Haut der Mädchen, aber durch den kühlen Wind, der über die Uferbefestigung strich, spürten sie die leichte Rötung nicht. Die brannte erst, wenn man abends im Bett lag ...!

Trotzdem waren die beiden Mädchen so schlau, sich später ihre Handtücher auf den Rücken zu legen.

Auf der Ostsee war der Wind aufgefrischt. Jetzt befanden sich mehr Segelboote, Jollen, Surfer und Dickschiffe auf dem Wasser.

"Schade, daß wir kein Fernglas dabei haben", bedauerte Sybille, "irgendwo da draußen könnte auch mein Vater segeln!"

Raumschots rauschte ca. zweihundert Meter vom Ufer ein großer Katamaran vorbei.

"Schau mal, Lucie, das sind bestimmt fünfundzwanzig Knoten, da kannst du schon Wasserski hinter laufen, unglaublich!"

Beide schauten staunend dem Katamaran nach.

Schließlich meinte Lucie: "Ich bin schon auf Freds Schiff bei fünf Beaufort achterlichen Wind und Vollzeug ins surfen gekommen!"

Für den Nichtsegler heißt Lucies Feststellung soviel wie: Bei Windstärke fünf den Wind von hinten und bei allen gesetzten Segeln auf einer Welle reitend, die genau so schnell ist wie das Segelschiff.

Inzwischen war der Katamaran eine neunzig Grad-Wende gefahren und rauschte jetzt, auf einer Kufe, in Richtung Nord-Ost, immer kleiner werdend und aus den Augen der Mädchen verschwindend.

Fast zwangsläufig richtete sich das Augenmerk der Mädchen auf die Surfer, die in ihren dunklen Neoprenanzügen und bunten Segeln im nahen Uferbereich geschickt durch das Wasser kreuzten.

"Surfen möchte ich auch gerne lernen", ließ Sybille vernehmen, "aber meine Mutter sagte darauf hin zu mir: 'Tick, tick an Birne, du absolvierst erst die Schule, bringst ein ordentliches Abi-Zeugnis nach Hause, danach steht dir bis zum Berufseintritt genügend Zeit zur Verfügung.' Da nützte mein betteln überhaupt nichts ....!"

"Viel Freizeit wird uns bei unseren neuen Aktivitäten auch kaum bleiben", mußte Lucie eingestehen.

"Gehst du noch mit deiner Mutter regelmäßig schwimmen?"

"Aber eisern", Lucie lachte, "jeden Donnerstag Abend im Holthusenbad an der Kellinghusenstraße. Ob Sommer oder Winter, wir schwimmen immer draußen!"

"Toll, alle Achtung!", konnte Sybille da nur sagen.

"Ja, meine Mutter möchte unbedingt immer in Form bleiben, vielleicht für den nächsten Mann, wer weiß!"

Beide lachten.

Ganz unvermittelt wechselte Sybille das Thema und sagte plötzlich: "Du, wollen wir in unserem zukünftigen Diskussionskreis dein Erlebnis mit Fred einbringen?"

"Das hängt als erstes von dem Personenkreis ab, der sich bildet. Grundsätzlich hätte ich aber nichts dagegen, schon weil ich auf die Reaktion gespannt wäre."

"Du, wir erzählen einfach, daß wir Kenntnis von einem Fall hätten, wo ein älterer Mann ein junges Mädchen in das ABC-der-Liebe einweihte, und somit ein junges Mädchen eine praktische Aufklärung bekommen hat. Anschließend führen wir darüber eine kontroverse Diskussion. Was hältst du von meinem Vorschlag?"

Voller Stolz schaute Sybille ihre Freundin an!

"Habe ich etwa keine guten Ideen ...?"

"Sybille! Tief bewegt nehme ich deinen unglaublichen Einfall zur Kenntnis, und möchte dir dafür dankbar die Hand reichen ...!"

Feierlich ergriff sie die Hand der Freundin und schüttelte sie.

"Und dann", Sybilles Einfallsreichtum ging noch weiter, "benachrichtigen wir die Schülerredaktionen unserer beider Schulen, und dort sehe ich schon die Aufmacher der Umschlagseiten: 'Ist unsere heutige Aufklärung noch zeitgemäß'?"

Lucie konnte noch ergänzend hinzufügen: "Als Untertitel sehe ich schon den Satz: 'Sollen Aufklärungsberater in der Zukunft eine praktische Anleitung für die gängigen Pettingpraktiken vermitteln'?"

Beide mußten wie über einen guten Witz laut lachen.

Sybille setzte noch einen Spaß obenauf: "Lucie, ich lese dir jetzt meinen heutigen Stundenplan vor: Mathe, Englisch, Bio, Petting ...!"

Weiter kam sie nicht! Beide schüttelten sich vor Lachen! Die Lachtränen liefen ihnen dabei über die Wangen ...!

Mathe, Englisch, Bio, Petting - es war der Witz des Tages!

Sie brauchten sich nur anzusehen, schon ging das Gepruste wieder los!

Irgendwann fingen sie sich aber wieder, putzten die Nasen, wischten sich die Lachtränen aus den Augen und kamen zu dem Ergebnis, daß s i e es sein würden, die als Protagonisten für die Idee einer erweiterten Aufklärungsarbeit in die Geschichte eingehen würden ...!

Scherzhaft folgerte Lucie dann auch: "Es wird nicht lange dauern, und wissenschaftliche Erkenntnisse untermauern unsere geniale Idee!"

Auch darüber wurde natürlich erst mal wieder gelacht! Der Faden ließ sich aber auch so herrlich weiterspinnen ...!

"Alle Fernsehsender reißen sich um Interviews mit uns ...!"

Sybille unterbrach Lucie mit den Worten: "Und zu Hause vor dem Fernseher sitzen mit vor Schreck geweiteten Augen und offenen Mündern unsere Eltern! Und der Freund meiner Mutter sagt zu seiner Freundin: 'mach'n Mund zu, es zieht'!" Wieder prusteten beide los!

Daß sie, zumindestens verbal, ihre Ideen umsetzen würden, davon ahnten sie zu diesem Zeitpunkt noch nichts ...!

Einen Entschluß faßten sie aber nach ihren geistigen Ergüssen: sie wollten ihre Füße in der Ostsee baden!

Für ein 'Vollbad' war die Ostsee noch zu kalt!

Sie packten die Decken über alle Taschen und marschierten in Richtung Wasser.

Durch den feinen, weißen Sand war auch in Ufernähe das Wasser sehr klar.

Bis zu den Knien stand Lucie schon drin. Nach einer kleinen Eingewöhnung watete sie weiter.

Sie drehte sich zu Sybille um: "Nun komm schon, wenn sich die Füße erst mal an das kalte Wasser gewöhnt haben, ist es gar nicht mehr so kalt!"

Bis zu den Oberschenkeln reichte Lucie jetzt das Wasser! Sie tauchte die Hände ein, und mußte sich im Stillen eingestehen, daß es wirklich noch zu kalt für ein 'Vollbad' war!

Sie drehte sich abermals zu Sybille um, die es laut quietschend nur bis zu den Knöcheln im Wasser gebracht hatte, als sie, an Sybille vorbei, einen Mann sah, der gerade im Begriff war, die Decke von ihren Taschen zu ziehen.

"Heeeehh ! Weg da von unseren Klamotten ...!", Lucie brüllte so laut sie konnte und watete so schnell, wie es ihr im Wasser möglich war, zurück an Land.

In den nächsten Sekunden standen beide vor dem verhinderten Dieb.

Der Mann hatte die Decke wieder zurückgelegt, hob beide Hände und sagte entschuldigend: "Sorry, ich dachte es sei mein Platz! Nichts für ungut!"

Sprach's und verschwand mit schnellen Schritten.

"Dieser Gauner", schimpfte Lucie, "einen Moment später, und unsere Wertsachen wären weg!"

"Mensch, gut daß du dich nach mir umgesehen hast! Ich habe fünfzig Mark in meiner Geldbörse mit!"

"Ich auch! Na ja, und unsere Uhren sind auch noch in der Tasche!", Sybille gab der Freundin spontan einen Kuß auf die Wange.

"Da haben wir noch einmal Glück gehabt! Wollen wir noch einmal ins Wasser?"

"Nö", sagte Sybille, "ich paß auf die Sachen auf, du kannst gerne wieder rein gehen!"

"Allein habe ich auch keine Lust!"

Der Uhrzeiger war inzwischen auf fünfzehn Uhr vorgerückt.

Wer es nicht glauben möchte, muß sich jetzt eines besseren belehren lassen: auch vom süßen Nichtstun bekommt der Mensch Hunger!

Nach einer kurzen Diskussion, was denn wohl gegen den Hunger getan werden könne, stand sehr schnell fest: wir gehen zum Imbiß!

Dieses Mal zogen beide ihre Bikinis an, banden ihre Armbanduhren um, nahmen die Geldbörsen in die Hand, und deckten sorgfältig die Taschen mit den Decken zu.

"So", meinte Sybille, "jetzt kann der Gauner nur noch unsere Klamotten klauen, nur anfangen kann er damit nichts!"

"Doch, er könnte sich freuen, wenn wir in den Bikinis die Heimfahrt antreten müssen!"

"Mal nicht den Teufel an die Wand", lachte Sybille.

Auf dem Weg zum Imbiß sahen sie wieder viele Kinder am Strand, teilweise mit den Eltern, im Sand buddeln.

'Es ist noch gar nicht so lange her, da habe ich am Lenster-Strand noch selbst im Sand gespielt', dachte Lucie!

Und Sybille sah eine Frau mit ihrem Kind im Sand spielen und dachte: 'vielleicht spiele ich in ein paar Jahren auch hier mit meinem Kind ...!

Von weiten konnte man erkennen, dass die Slip-Anlage wieder frei war. "Das Riesenboot hat scheinbar sein nasses Element erreicht", folgerte Sybille.

Der Duft von Pommes-frites stieg den Mädchen in die Nase.

Vergessen waren all die guten Vorsätze ...!

Warum mußten Pommes mit Mayo aber auch so viel besser schmecken als Knäckebrot und Apfel!

"Was nimmst du?", kam die obligate Frage von Lucie.

"Ich glaube, ich nehme Pommes mit Mayo und Ketchup! Wenn schon eine Kalorienbombe, dann richtig!"

Lucie lief das Wasser im Munde zusammen: "Gut, ich nehme das Gleiche!"

Geduldig warteten sie in der Schlange der Hungrigen und beobachteten dabei die 'Pommesmacher'.

Plötzlich sagte Lucie: "Schau mal, was da steht!"

Sie wies mit der Hand in Richtung Straße.

Da stand das Riesenboot immer noch auf seinen Trailer.

Sybille mutmaßte, daß die Ostsee an dieser Stelle einfach zu flach für die Aufnahme dieses Riesenbootes war!

Endlich hielten unsere Grazien ihre Kalorienbomben auf einen großen Pappteller gefüllt in der Hand.

"Hhhhm, lecker", waren sich beide einig!

Die zum Knäckebrot in völligem Kontrast stehende Pommes-Mahlzeit schmeckte vorzüglich!

Daß diese kleine Zwischenmahlzeit keinen Einfluß auf die Figur haben könnte, daran wurde nur all zu fest geglaubt! Sonst müßte man ja ein schlechtes Gewissen bekommen ... Nein, diese paar Pommes ...! So ein bißchen Mayo ...!

Genüßlich futternd, schlenderten sie in Richtung des Riesenbootes.

Sie sahen jetzt, daß ein Rad am Trailer fehlte und durch eine Stütze ersetzt war.

"Die hatten heute wenig Freude", bedauerte Lucie die Besitzer des Bootes. "Die bringen ihr Schiff bestimmt nicht mehr über eine Slip-Anlage zu Wasser", ergänzte Sybille. Dabei las sie den Namen des Bootes.

'Quo Vadis'! Wohin gehst du! Ein interessanter Name für ein Boot! Ein Film dieses Namens ging in den fünfziger Jahren mit mehreren Oscars versehen, in die Film - Geschichte ein, wußte Sybille. Ihre Eltern besaßen diesen Kult-Film als Videocassette.

So wanderten Lucie und Sybille langsam wieder an den Strand zurück, vorbei an den noch immer umlagerten Imbiß.

Ihnen kamen zwei Jungen von ca. siebzehn Jahren 'völlig ohne' entgegen. Einer der beiden blieb vor Lucie und Sybille stehen und meinte ganz keck: "Oh, lecker, jetzt gibt's Pommes, und dabei öffnete er seinen Mund."

Und ehe er sich versah, hatte er, schwupps, ein langes Stück Pommes in den Mund geschoben bekommen!

"Wohl bekomm' s", rief Sybille im Weitergehen und lachte dabei.

"Der hat ganz verdutzt ausgesehen, damit hatte er nämlich nicht gerechnet!" Es gab wieder einen Grund zum kichern!

Ein Motorboot mit einem Wasserskiläufer im Schlepp zog die Aufmerksamkeit der Mädchen auf sich.

Das Motorboot hielt direkten Kurs auf den Strand. Kurz vor dem Ufer schwenkte es in einem fast 90 Grad Winkel nach Backbord.

Im gleichen Moment ließ der Wasserskiläufer die Leine los und zischte direkt auf die Mädchen zu.

Bis auf wenige Meter vor dem Ufer konnte er auf seinem Monoski stehen, dann verlor er soviel an Geschwindigkeit, daß er nur noch bis zu den Knien im Wasser zum Stehen kam.

"Na, möchtet ihr auch mal?", rief er fröhlich den Mädchen zu.

Diese bedankten sich mit dem Hinweis, ihre Pommes würden inzwischen kalt werden.

An ihrem Platz war alles unberührt geblieben.

Lucie schimpfte noch einmal: "Eine Schweinerei ist das! Nicht mal am FKK-Strand ist man vor Dieben sicher!"

Sybille wollte nun wissen ob sie schon Farbe bekommen hätte!

"Ein bißchen schon! Dein Rücken ist leicht gerötet, den wirst du bestimmt heute Nacht im Bett spüren."

Der Nachmittag rann langsam dahin, und irgendwann mußten die Sachen für die Heimreise gepackt werden.

Doch bevor es soweit war, gönnte man sich, jetzt auf den Rücken liegend, noch ein halbstündiges Sonnenbad.

Zwischen dem letzten Sonnenbad und dem Travemünder Bahnhof war nichts Aufregendes mehr passiert, und so erreichten unsere Damen noch bevor die Dunkelheit das Tageslicht verdrängte den Hamburger Hauptbahnhof.

Während Sybille um 21.30 Uhr todmüde ins Bett fiel, saß Lucie noch am Schreibtisch!

Pflichtbewußt sammelte sie die notwendigen Daten und Fakten für den morgigen Unterricht!

HERR EBBE

Ein Lehrer ist ja nicht dumm, und Herr Ebbe schon gar nicht!

So saß denn der gute Mann am Sonntag Nachmittag an seinem Schreibtisch. Er blinzelte in die Sonne.

Ja, ja, wenn Herr Ebbe wüßte, daß just diese Sonne ca Einhundert Kilometer weiter von ihm entfernt zwei jungen Mädchen die erste zarte Bräune auf den Körper zauberte, würde er sich wohl auch gern verzaubern lassen!

So aber wendete er den Blick auf seinen Vorbereitungen und seufzte leicht. Während die Menschen den schönen Sonntag Nachmittag genießen konnten, bereitete ein gewissenhafter Herr Ebbe seinen nächsten Unterricht vor.

Seine Frau hatte ihn eine volle Thermoskanne Kaffee gekocht, selbstgebackenen Kuchen auf seinen Schreibtisch gestellt und sich mit den Worten verabschiedet: "Ich fahre jetzt zu Ursel, mein Schatz! Ich bedaure, daß du am Sonntag für die Schule arbeiten mußt!"

"Danke für den Kaffee und den Kuchen, mein Schatz, und grüße dein Schwesterherz von mir!"

"Wie lange wirst du arbeiten müssen?", Frau Ebbe wollte von dieser Zeit ihre Rückkehr abhängig machen.

"Bis 20.00 Uhr möchte ich mit meinem Thema fertig sein", ließ der Gatte vernehmen, "ich habe mich auf Themen vorzubereiten wie: schwindende Ressourcen, Bevölkerungszuwachs, Armut und dem Elend dieser Welt!"

Seine Frau atmete tief durch und sagte mit liebevoller Stimme: "Viel Erfolg, mein Schatz. Also, Tschüß!"

Die Tür schloß sich, und im nächsten Augenblick war Herr Ebbe allein.

Er berücksichtigte bei seinen Vorbereitungen, daß keinerlei Emotionen in seinen Unterricht einflossen; Tatsachen und Zahlen sollten ihre eigene Sprache sprechen! Eine politische, tendenziöse Stellungnahme verbat sein Verantwortungsbewußtsein als Oberstudienrat.

Sein Unterrichtsziel war es, eine objektive Beurteilung abzugeben über:

1) die Zerstörung der Natur,
2) die Abnahme der Ressourcen,
3) die ständig wachsende Erdbevölkerung,
4) den Hunger und den Armut der unterentwickelten Länder,
5) die Ohnmacht und die Hilflosigkeit der politischen Führungen dieser   Welt!

Da saß er nun, unser liebenswerter Herr Ebbe und recherchierte, schrieb, und blätterte hin und wieder in seinen Büchern, um mit ganz bestimmten Fakten seinen Vortrag zu ergänzen.
Der Kaffee zwischendurch und der lecker gebackene Kuchen seiner Gattin schafften die Voraussetzung für eine optimale Vorbereitung zu denen auch zwanzig Luftballone gehörten, die noch verpackt neben den dazugehörigen ca. 30 Zentimeter langen kupferfarbenen Stangen lagen.
Sie sollten als Requisiten im Unterricht noch eine anschauliche Rolle spielen! Denn: Ein Lehrer ist ja nicht dumm, und Herr Ebbe schon gar nicht!

ZWEI UNTERRICHTSSTUNDEN BEI HERRN EBBE

In der Klasse herrschte am Montag Morgen ein lauteres Stimmengewirr als an den übrigen Wochentagen!
Nach einem Wochenende gab es immer viel zu erzählen.
Die Mädchen waren in der Klasse mit vierzehn in der Überzahl gegenüber den Jungen, die sich nur mit zwölf repräsentierten!
Ratschen und quatschen konnten sie aber ebenso wie die Mädchen!
Nun, ja, es war schließlich Wochenende gewesen!
Da betrat Herr Ebbe die Klasse und begrüßte seine Schüler mit einem freundlichen: "Guten Morgen, meine Damen und Herren!"
In der rechten Hand schwang er einen großen Strauß Luftballone die an kupferfarbenen Stangen befestigt waren.
Natürlich wurde er gleich gefragt ob er vom Dom käme!
"Nein, meine Damen und Herren, diese Ballone sind ein wichtiges Requisit unseres heutigen Unterrichtes! Axel, du hast nach den beiden Stunden die verantwortungsvolle Aufgabe, die Ballone zu dem Kindergarten gegenüber zu bringen. Kann ich mich darauf verlassen?"
"Jawohl, Herr Ebbe!"
Wenn Herr Ebbe um etwas bat, dann war es für die Schüler wie ein Befehl, der gerne ausgeführt wurde.
Herr Ebbe war schließlich bei allen Schülern sehr beliebt!
"Danke, Axel", sagte Herr Ebbe, und anschließend zur Klasse: "Macht mir bitte zwei Tische frei, stellt sie hier vor meinen Schreibtisch! Seid mal so nett, ja?"
Herr Ebbe war ein sehr höflicher Mensch!
Mit erstauntem Gesichtsausdruck kamen zwei Schüler dem Wunsch nach.

Nachdem die Klasse merkte, daß Herr Ebbe mit dem Unterricht beginnen wollte, trat automatisch Ruhe ein. Herr Ebbe legte los:
"1968 sind die Amerikaner im Nordosten von Alaska, in der 'Prudhoe-Bay' im nördlichen Polarmeer auf Erdöl gestoßen! Die Größenordnung betrug ca. zwei bis drei Milliarden Tonnen!
Diese Funde machen die USA natürlich nicht bis in alle Ewigkeit von anderen Erdöl-exportierenden Ländern unabhängig. Sie beweisen nur, daß Funde dieser Größenordnung die Regel sind und die Welt von einem Versiegen der Rohstoff-Ressourcen keine Rede sein kann!"
"Können im Polarmeer eigentlich Schiffe fahren?", Axel war berechtigt skeptisch.
"Ja und Nein", mußte Herr Ebbe antworten. "Der Versuch ist gemacht worden.
Ein mit Wasser beladener Tanker hatte die Behringstraße erfolgreich passiert, und die 'Prud-hoe-Bay' erreicht.
Auf der Rückfahrt jedoch, ist das Schiff von riesigen Mengen Treibeis leckgeschlagen worden und hat eintausend Tonnen seines Wasserballastes verloren! Wäre es Erdöl gewesen, hätte es eine unvorstellbare Katastrophe gegeben."
Herr Ebbe ging auf die an der Wand hängende Weltkarte zu, und zeigte mit dem Stock: "Hier ist die 'Prudhoebay', und hier", er folgte jetzt mit dem Stock den Verlauf einer Pipeline nach, die in südwestlicher Richtung auf den Hafen 'Valdez' zulief, "hier werden jetzt die Tankschiffe mit dem schwarzen Gold beladen und auf die Reise geschickt!
Die Schiffahrt durch die Behringstraße war zu riskant!"
Herr Ebbe machte eine Kunstpause und schaute erwartungsvoll in die Klasse. Niemand hatte jedoch eine Frage.
Herr Ebbe fuhr also fort: "Wenn wir jetzt davon ausgehen können, daß nicht nur im Polarmeer, sondern sicherlich auch an vielen anderen Stellen unserer Weltmeere das schwarze Gold in riesigen Mengen nur darauf wartet von den Menschen geborgen zu werden, dann weiß ich gar nicht, warum so viel Geschrei über die ständige Abnahme unserer Ressourcen gemacht wird! Hat jemand eine Stellungnahme dazu?"
Herr Ebbe fragte es herausfordernd!
Ralf meldete sich: "Die Ansprüche der Menschen werden immer größer, und darum muß die Industrie mehr produzieren. Das wiederum kostet sehr viel Energie, sprich Rohölreserven."
"Das ist schon mal richtig! Danke Ralf."
Ilona meldete sich und meinte: "Herr Ebbe, sie sagten eben, wir bräuchten uns keine Sorgen um die Rohölreserven zu machen, damit kann ich überhaupt nicht einverstanden sein!"
"Und wieso nicht?", wollte Herr Ebbe hellhörig wissen.
"Das ständige Wachstum der Menschheit kostet auch logischerweise immer mehr Energie! Im Gegensatz zu ihrer Meinung, es werden immer wieder neue Ölfelder entdeckt, glaube ich nicht, daß ihre Annahme stimmt!"
"Du hast selbstverständlich Recht, Ilona. Ihr werdet es sicherlich bemerkt haben, mit meiner Behauptung, es würden immer neue Ölfelder entdeckt und für die Menschheit nutzbar gemacht, wollte ich euch provozieren!
Ihr habt es natürlich bemerkt, und darum will ich mich schnellstens korrigieren! Die Rohölre-serven stehen uns natürlich nur noch in einem sehr begrenzten Umfang zur Verfügung! Die fossile Energie benötigt dringend wirksame Alternativen!"
"Herr Ebbe, was verstehen sie unter fossiler Energie?"

Der Frager war Slotan. Er war Jugoslawe, aber in Deutschland geboren. Seine Eltern erzogen ihn zweisprachig.

In der Grundschule lernte er erst Englisch und auf dem Gymnasium wählte er französisch als Wahlfach.

Er war der Einzige, der sich in vier Sprachen unterhalten konnte!

"Eine gute Frage, Slotan! Darauf wollte ich jetzt auch zu sprechen kommen.

Im Laufe von Jahrmillionen gab es unvorstellbare Mengen an Meeresgetier, die wir ja heute als Nahrungsmittel aus allen Weltmeeren in viel zu großen Mengen herausfischen!

Zur damaligen Zeit starben die Fische eines natürlichen Todes, und sanken auf den Meeresboden herab.

Auch alle anderen planktonisch lebenden Organismen, deren unwahrscheinliche Riesenmengen kaum vorstellbar sind, lagerten sich nach dem Absterben auf dem Meeresboden ab, immer zusammen mit Algen und Bakterien wurde alles sauerstofffrei eingeschlossen und konserviert.

Später lagerten sich höher gelegene Erdschichten in Form von Steinen, Geröll usw. auf diese Ablagerungen ab und preßten sie unter gewaltigem Druck zusammen.

In einem chemischen Prozeß entstand, im Laufe von vielen -Tausenden von Jahren, mit der Zeit Kohlenwasserstoff.

Übrigens, die Wissenschaft hat bis heute keine eindeutige Erklärung für diese chemischen Abläufe!

Bis heute weiß man nur, daß riesige Zeiträume notwendig waren und ganz bestimmte Voraussetzungen ineinander passen mußten.

Weiterhin nimmt man an, daß sich das Erdöl, und in diesem Zusammenhang auch das Erdgas, nur in günstig gelegenen Meeresgebieten bilden konnte.

Die Geologen haben nämlich die Lagerstätten der Rohölvorkommen nur in ganz bestimmten ufernahen Regionen ausgemacht. Nämlich nur dort, wo die Möglichkeit bestand, daß die Fossilien durch Erd- und Bergrutsche verschüttet, und dadurch konserviert werden konnten.

Diese kostbaren und unwiderbringlichen Rohstoffe sind vielleicht in hundert bis zweihundert Jahren erschöpft.

Jedoch unsere Bedürfnisse steigen und steigen!

Muß sich nicht etwas ändern?"

Nachdenklich schaute Herr Ebbe in seine Klasse. Betretenes Schweigen machte sich breit ...

Zu einer ausführlichen Diskussion wollte Herr Ebbe es nicht kommen lassen, dann wäre nämlich die Stunde um. Aus diesem Grund ließ er seine Frage zunächst von seinen Schülern unbeantwortet.

Er schaute auf die Uhr.

"So, kommen wir jetzt zum Nahrungsmittelverbrauch!"

Kerstin meldete sich: "Herr Ebbe, wann kommt das mit den Luftballons?"

"Gedulde dich nur, dann schenke ich dir zum Schluß einen!"

Er fuhr fort: "Ich will einmal damit beginnen aus der jüngsten Vergangenheit zu berichten, wo verläßliche wissenschaftliche Daten darüber Auskunft geben, wieviel der Mensch im Weltdurchschnitt an Nahrungsmitteln verbraucht.

Sie werden in Nahrungskalorien und Kilowattstunden gemessen.

In den siebziger Jahren waren es pro Kopf drei Kilowattstunden. Zu dieser Zeit standen dem Menschen aber noch das zwanzigfache an Kilowattstunden zur Verfügung!

Der deutsche Wissenschaftler Werner Braunbeck, Verfasser des Buches 'Die unheimliche Wachstumsformel' veranschaulicht in seinem Werk, daß jedem Menschen zu dieser Zeit umgerechnet zwanzig Sklaven in Form allermöglichen elektrischen Geräte zur Verfügung standen.
Dazu gehörte auch das Auto.
Der Mensch verdankt also seinen Aufstieg der Kreativität seines Gehirnes und dem Geschick seiner Hände.
Leider hat er es nicht verstanden, seine zügellosen Bedürfnisse, seine Gier nach Fortschritt, den Erfordernissen anzupassen.
In Unkenntnis dessen, wie begrenzt uns die fossile Energie, und seit ungefähr 1972 auch das Erdgas, für unser Überleben zur Verfügung steht, beutet der Mensch mit immer ausgeklügelteren Methoden die Ressourcen rücksichtslos aus."
Herr Ebbe stutzte. Der Sven war selig entschlummert ...
Darum legte er jetzt den linken Zeigefinger gegen seine geschlossenen, leicht geschürzten Lippen. Absolute Ruhe trat ein, und alles grinste.
Die Schüler wußten was kam.
Klatschbereit hob alles die Hände!
Jetzt zählte Herr Ebbe, nur die Lippen bewegend, Drei, Zwei Eins ... und alle Hände klatschten auf einmal zusammen!
KLATSCH ...!
Sven flog vor Schreck unter dem allgemeinen Gelächter der Klasse fast von seinem Stuhl!
"Sven, ich habe auch für DICH gestern bei dem schönen Wetter an meinem Schreibtisch gesessen!"
"Entschuldigung, Herr Ebbe", stammelte Sven. Es war ihm sichtlich peinlich eingeschlafen zu sein.
"Wir leben jetzt in einem Zeitalter, wo alles Machbare verwirklicht werden muß. Damit wird im Hinblick auf die schwindenden Ressourcen unsere Zukunft unkalkulierbar.
Die Vorteile und die Bequemlichkeit, die wir Menschen zur Zeit durch die industrielle Entwicklung genießen, müssen wir vielleicht morgen schon teuer bezahlen!"
"Können militärische Ausgaben nicht reduziert werden?", wollte Angela wissen.
"Das ist eine sehr gute Frage, Angela! Natürlich ist es der Wunsch vieler Menschen. Leider ist genau das Gegenteil der Fall. Die Militärausgaben steigen weltweit!
Wie ihr wohl aus den Medien wißt, hat jetzt sogar Pakistan beschlossen, Atomtests durchzuführen. Pakistan gehört zu den ärmsten Ländern dieser Erde mit einem Pro-Kopf-Bruttosozialprodukt von vierhundert Dollar im Jahr! Im Vergleich dazu: Deutschland mit Achtundzwanzigtausend Dollar! Zwei Drittel der Bevölkerung Pakistans sind Analphabeten."
Herr Ebbe schaute in die Runde. Er wurde nur fassungslos angesehen - niemand stellte eine Frage!!
'Die kommen noch', dachte Bio-Ebbe, und nahm seinen Faden wieder auf. "Stellt euch vor: um die Militärausgaben weltweit auf den heutigen Stand zu halten, muß jeder Mensch auf dieser Erde in seinem Leben drei Jahreseinkommen opfern!
Die entwickelten Länder geben zwanzig Mal mehr Geld für ihre Aufrüstung, als für die Entwicklungshilfe aus.
Einen Teil ihres wirtschaftlichen Aufschwungs verdanken wichtige Industrienationen dem Rüstungsexport in andere Länder.

Also, Angela, Geld bei den Militärs sparen, da wird keine Regierung auch nur am entferntesten denken, im Gegenteil!

Leider geben sich namhafte Wissenschaftler immer wieder dafür her, noch effizientere Waffen zu erfinden.

Die Auftraggeber sind natürlich die Militärs, deren Handlungen selbstverständlich politisch gedeckt sind.

Und nun sind es auch die ärmsten, der armen Länder, die mit der Entwicklung von Nuklearwaffen ihre Strategien ausbauen!

Nach Voraussagen von Spezialisten werden bis zum Jahr Zweitausend vierzig Staaten zur Atomelite gehören!

In den Labors der Supermächte entstehen, oder sind schon entstanden, chemische und biologische Waffen, die von einer solchen unvorstellbaren Wirksamkeit sind, daß bei deren Einsatz die gesamte Menschheit, und das gleich mehrmals, ausgerottet wird! Soweit sind wir schon!

Diese permanente Eskalation und Weiterentwicklung grausamster biologischer, chemischer und atomarer Waffen kann das Ende der Menschheit bedeuten!

Die Gesellschaft, die Politik und die Militärs wollen nicht begreifen, daß durch immer mehr Waffenpotential n i c h t m e h r Sicherheit geschaffen werden kann!"

"Herr Ebbe?"

"Ja bitte Lucie?"

"Sie sagten doch vorhin, daß namhafte Wissenschaftler sich für die Weiterentwicklung und Neuerfindungen von Waffensystemen hergeben. Sind diese Wissenschaftler nicht irgendwie auch unabhängig und damit verantwortungsbewußt genug, sich zu verweigern, wenn es sich um immer grausamere Waffenentwicklungen handelt?"

"Ich weiß es nicht genau, Lucie, aber es hat sicherlich schon etliche Verweigerungen gegeben, nur davon erfährt die Öffentlichkeit kaum etwas. Und, Lucie, die Wissenschaft steht ja oft im Dienste des Staates, und auftragsgemäße Forschungsprogramme sind eine Herausforderung für ehrgeizige Wissenschaftler! Und noch ein wichtiger Aspekt darf nicht außer acht gelassen werden: von der Grundlagenforschung einer neuen Technologie, bis zur angewandten Wissenschaft ist es oft kein langer Weg mehr! Praktikable Ergebnisse müssen immer schneller erzielt werden ...!"

Die Pausenglocke beendete den Unterricht!

"Halt, bevor ihr alle rauslauft, ich gebrauche zwanzig Hefte von euch, egal welche! Dann möchte ich euch bitten, die beiden leeren Schultische direkt vor meinen Schreibtisch in einem Meter Abstand aufzustellen!"

Wieder ging verwundertes Gemurmel durch die Klasse! Nun war endgültig Pause.

Einige Jugendliche standen auf und klönten Gruppenweise, andere kramten in ihren Taschen nach etwas Eßbarem. So tauchten in den Händen der Schüler hier eine belegte Scheibe Schwarzbrot, dort eine Feinbrotschnitte mit Käse auf.

Es gab auch eine Schülerin, die, weil es hier keine Pommes mit Mayo und Ketchup gab, Knäckebrot mit Apfel aß ...!

Herr Ebbe begab sich ins Lehrerzimmer, packte das liebevoll zurechtgemachte Schwarzbrot seiner Frau mit Mettwurst und Schinken aus, schenkte sich aus der Thermosflasche eine Tasse Kaffee ein und unterhielt sich dabei mit seinen Lehrerkollegen. Nebenbei schaute er aus dem Fenster und schüttelte den Kopf.

Standen doch sechs seiner Schüler auf dem Schulhof und - rauchten!

Herr Ebbe unterrichtete nicht nur 'Bio', sondern auch 'Wirtschaft und Politik', früher , Staats-bürger-', heute 'Gemeinschaftskunde' genannt.

Heute wurde also zwei Stunden über Wirtschaft und Politik gesprochen.

Nach zwanzig Minuten saß alles wieder auf seinem Platz.

Herr Ebbe nahm seinen Zeigestock, und tickte damit dezent gegen seinen Schreibtisch.

Ruhe trat ein.

"Mathe fällt nachher aus ...", so begann der Unterricht!

Er lächelte. Seine Klasse nahm diese Äußerung mit Wohlwollen zur Kenntnis.

Herrn Ebbe zuzuhören, war angenehmer, als bei Herrn Köhler über das Reflektionsgesetz zu sprechen.

"Sollten wir heute also ein bißchen überziehen, und ich nehme an, daß es so kommen wird, werdet ihr nicht böse sein."

Und nun ging es los: "Also, vom Beginn der Industrialisierung bis heute sind ca. einhundert-zwanzig Millionen Jahre vergangen. Für unser Thema klinken wir uns in die Nachkriegsjahre, so um 1950 ein.

Daß wir unser heutiges Leben so gestalten können, verdanken wir der Tatsache, daß wir auf Vorräte zurückgreifen können, die uns die Natur in Jahrmillionen in Form von fossiler Energie bis jetzt zur Verfügung stellt, das alles wißt ihr! Aber erst als es dem Menschen gelang, sich dieser Schätze zu bemächtigen und nutzbar zu machen, konnten also, um jetzt den Sprung in die fünfziger Jahre zu machen, gewaltige Produktionssteigerungen möglich werden. Die Indust-rie, die bis dahin ihre Energien überwiegend aus der Kohleproduktion bezog, fand im Erdöl, und später auch im Erdgas, eine ideale Ergänzung!

In den Jahren von 1958 bis 1967 betrug die Steigerungsrate des Bruttosozialproduktes jährlich sage und schreibe 7,3%!

Übrigens, einen nicht unwichtigen Teil trug die Rüstungsindustrie dazu bei!

Vor dem hemmungslosen Verbrauch von Ressourcen warnen immer wieder Wirtschaftswissen-schaftler, der 'Club of Rome', und eine Vielzahl von Zeitkritikern.

Jedoch weder politische Vernunft, noch wirtschaftliche Einsicht konnten erwartet werden! Im Gegenteil!"

Ramon meldete sich: "Herr Ebbe, wenn wir auf dem Niveau der fünfziger Jahre stehen geblie-ben wären, dann müßten sie heute eine kleine BMW-Isetta fahren!"

Alles lachte, Herr Ebbe auch.

"Naja", meinte er schmunzelnd, "etwas mehr könnte es schon sein. Doch nun zurück zu den Fakten. Die Industrieleistungen waren nicht zu bremsen. Immer höhere Produktionsleistungen wurden angestrebt.

Keine der führenden Industrienationen machte, und macht sich heute noch über die schwin-denden Erdöl-Ressourcen Gedanken!

Was uns in den 50ger Jahren genau so fehlt wie heute, ist eine gesetzliche Grundlage zur Limi-tierung der fossiler Energie!

Und sollten diese Gesetze noch so schwierig sein auszuarbeiten und wirksam durchzusetzen, sie wären ein Garant dafür, daß auch spätere Generationen mit Energien abgesichert sind.

Bis dahin wird es den etablierten Wissenschaftlern gelungen sein, ausreichende Mengen an Alternativenergien zu entwickeln, die langsam die fossilen Energien ablösen.

Die Generation, die den zweiten Weltkrieg miterlebte, entwickelte mit der Nachkriegsgeneration gemeinsam einen richtigen Nachholbedarf.

Nach den Kriegsentbehrungen mußte nun alles größer, schöner, besser und bequemer werden!

Die Wünsche wurden immer anspruchsvoller. Alles wollte man, haben!

Nein, alles m u ß t e man haben!

Beide Elternteile arbeiteten, und die Omis und Opis übernahmen die Aufsicht der Kinder. So ist es sicherlich auch heute noch.

Das Wirtschaftswunder blühte und wurde zu einer alles beherrschenden Macht! Bis heute!

Es war egal ob der mündige Bürger die SPD oder die CDU wählte, das Wirtschaftswunder war kaum von einem Wahlergebnis abhängig, es entwickelte sich unaufhaltsam weiter!"

Bio-Ebbe machte eine Pause und wartete auf Fragen seiner Schüler.

Olaf meldete sich: "Es gehört zwar nicht zum unmittelbaren Unterricht; ist es vielleicht indiskret sie zu fragen, ob sie einer Partei angehören?"

"Na, indiskret will ich nicht sagen. Am Stammtisch, bei einem Glas Bier würde ich von meiner politischen Einstellung erzählen und dir sagen, welche Partei ich wähle."

Bio-Ebbe kratzte sich mit der linken Hand hinter seinem Ohr, als würde er überlegen. Dann sagte er: "Also, einer Partei gehöre ich an! In letzter Zeit aber mehr als passiver Liberaler. Ein Politiker, ein großer noch dazu, hat diese Partei nach dem zweiten Weltkrieg gegründet. Meine Frage lautet also: Wie heißt die Partei, und wie heißt der Gründer?"

"Könnten sie noch einen Hinweis geben?"

Dieser lachte: "Nein, mein Junge, du bist gebildet genug, es zu erraten. Nur so viel: Man nannte ihn 'Papa'!"

Herr Ebbe schmunzelte sein schönstes Schmunzeln.

"Na, wer weiß es?"

Angestrengtes Grübeln in der Klasse!

"Papa, Papa", ging es durch die Reihen, "wer soll das bloß sein?"

Ein bißchen zögerlich meldete sich Ramona, aber Herr Ebbe deutete ihr an, noch nichts zu sagen.

"Also, noch eine Hilfe will ich gewähren: Er rauchte gerne Zigarren!"

Ramona grinste, der Rest war schweigen!

"Na, Ramona, dann sage es uns."

"Es war Papa Heuss!"

Herr Ebbe deutete ein Händeklatschen an, während die Klasse, mit der flachen rechten Hand auf den Tisch schlagend, ihr Bewunderung zollte.

"Wie bist du drauf gekommen?"

"Meine Eltern sprachen des öfteren von Papa Heuss. Dieser Name ist in meinem Kopf einfach haften geblieben."

"Und kennst du auch die Partei, die er gründete?"

"Nein, das weiß ich leider nicht."

"Dann will ich diesen Punkt auch noch offen lassen, ich bin gespannt, wer zuerst drauf kommt!"

"Ach, Herr Ebbeeeeeee", rief die Klasse.

Dieser ließ sich erweichen: "Es war die FDP!

So, und nun laßt uns wieder ernst werden, wir müssen weitermachen.

Wo war ich denn stehen geblieben - ich sagte, die Wirtschaft entwickelt sich unaufhörlich weiter und wollte hinzufügen: Wie ein Krebsgeschwür. Die Wissenschaftler decken mit ihren Forschungen alle Lebensbereiche erfolgreich ab, um der Wirtschaft mit immer neuen Erkenntnissen dienlich zu sein. Es erscheint heute so, als hätte der Mensch alle Maßstäbe verloren.
Die wirtschaftliche Macht ist sehr stark, und entsprechend groß ist ihr Einfluß auf die Politik.
Für den nimmersatten Konsumenten wird das Auto zum Statussymbol, zum liebsten Kind des Mannes.
Das schnellere Auto ist natürlich besser als das langsamere, das teure ist natürlich besser als das billigere usw. usw.!
Die Werbeversprechungen sind geschickt formuliert, und der Konsument befriedigt Bedürfnisse, die er eigentlich gar nicht bräuchte.
Was ich jetzt zu sagen habe, möchte ich verallgemeinert wissen! Proportional zum Reichtum eines Landes, steigt auch dessen militärische Präsenz.
Raketen, Bomben, oder die Weltraumfahrt; auf allen Gebieten will jeder der Beste sein! Der erste auf dem Mond, der erste bald auf dem Mars; überall gelten die gleichen Kriterien: Macht demonstrieren, unter allen Umständen. Die Vormachtstellung festigen, um jeden Preis!
Ich will euch einen Beweis dessen geben, wie wenig Rücksicht auf unsere Ressourcen genommen wird, wenn es gilt Interessen durchzusetzen.
Im folgendem Beispiel geht es darum: Da stehen im großen Rund eines Rennplatzes eine große Anzahl Autos, die mehr oder weniger darauf schließen lassen, daß sie, auf Grund ihres lädierten Aussehens, nicht mehr am öffentlichen Straßenverkehr teilnehmen dürfen.
Auf ein Zeichen hin, brausen diese aber recht munter los.
Nicht aber, um als erster im Ziel zu sein, was ich mir ja noch gut vorstellen könnte, nein, sie versuchen möglichst viele ihrer Mitstarter durch absichtliches Rammen außer Gefecht zu setzen! Müssen diese Herren sich nicht fragen lassen, ob sie noch ganz richtig im Kopf sind? Ihr lächelt?
Natürlich kennt ihr diesen Unsinn auch, seit begeistert und über meine negative Kommentierung erhaben.
Ich will mein Beispiel auch nicht weiter beleuchten, nur soviel: je weiter sich eine Überflußgesellschaft entwickelt, je ausgefallener werden ihre Bedürfnisse!
Das Macht- und das Profitstreben fördert eine gnadenlose Ellenbogengesellschaft und läßt den Einzelnen einsam werden ...
Müssen wir uns nicht fragen: Wo bleibt die Moral?
Ich kann euch nur sarkastisch sagen: Ihr braucht sie nicht zu suchen, sie bleibt auf der Strecke!
Ja ja, die Moral!
Die Automation wird immer perfekter. Immer neue Maschinen produzieren immer effizientere Produkte, die wir vielleicht gar nicht brauchen. Immer nach dem Motto: Die Masse macht ´s!
Die regierende Partei sagt: 'Das Bruttosozialprodukt konnten wir wieder steigern! Wählt uns, dann wächst auch euer Wohlstand!'
Die Parteien agieren mit geschickten Überredungskünsten, um unsere Stimme zu gewinnen.
Wie ihr euch denken könnt, nimmt die Landwirtschaft eine sehr bedeutungsvolle Rolle in unserer Gesellschaft ein.

Als nach dem zweiten Weltkrieg die Bauern wieder mit ihren Pflügen die Äcker bestellten, mußten sie bald feststellen, daß sie modernere Geräte brauchten, um den ständig wachsenden Anforderungen an landwirtschaftlichen Erzeugnissen gerecht zu werden.

Über die Raiffeisenbanken wurde den Landwirten zu günstigen Konditionen Kredite für alle wichtigen modernen landwirtschaftlichen Geräte eingeräumt, und aus dem kleinen bäuerlichen Betrieb wurde alsbald ein mittelständisches Unternehmen.

So weit, so gut! Jetzt konnte er produzieren! Und das tat er auch!

Schließlich mußte ein hoher Berg Schulden abgetragen werden!

Wie sehr hat mich da eine Notiz in der Zeitung erstaunt, daß ich sie auch meiner Frau vorlas.

Da stand doch tatsächlich, daß ein Bauer bei der Abgabe seiner Milch an einer Höchstabgabemenge gebunden ist! Die darüber hinaus abgegebene Litermenge wird mit einem 'Milchstrafgeld' belegt!

Ist das nicht eine verkehrte Welt? Erst werden Anreize durch Kredite geschaffen, und nun muß für die Produktion eine Strafe gezahlt werden!

So kann es also einem Investor bei seinem Kapitaleinsatz ergehen!

In diesem Zusammenhang muß ich der Vollständigkeit halber erwähnen, daß täglich, ich wiederhole, täglich, Millionenbeträge für viele Arten von Molkereiprodukten, die in den Kühlhäusern lagern, aufgebracht werden müssen.

Doch apropos: Der Kapitaleinsatz für immer bessere, teurere und effizientere Maschinen in der Industrie, die damit verbundene Ausstoßmenge eines Produktes, unter gleichzeitiger Einsparung von Arbeitskräften, beinhaltet zwei tragische Faktoren:

1) Durch den immer größer werdenden Einsatz von Maschinen entsteht   auch zusätzlicher erhöhter Energiebedarf!
2) Es werden immer mehr Arbeitsplätze wegrationalisiert und dafür Arbeitslose 'produziert'! Also ist das Fazit: Proportional zur Automatisation steigen auch die Zahlen der Arbeitslosen!

Wenn also durch ständige Rationalisierungsmaßnahmen die Unternehmer erhöhte Gewinne machen, müssen an den Staat die entsprechenden Steuern abgeführt werden, die dieser auch dringend zur Weiterverteilung benötigt.

Die Bedürfnisse des Staatshaushaltes sind, außer bei seinem Sozialsystem, wie auch in der Wirtschaft, auf Steigerung ausgelegt!

Damit nun auch möglichst viele Steuern in die Staatskassen fließen, subventioniert der Staat schwächere Unternehmen in Form von sehr günstigen Krediten, Steuerabschreibungen, Steuervergünstigungen, verbilligten Strom und Wasser und so weiter, und so weiter!

Darum ist also an der Produktionssteigerung der Unternehmer niemand stärker interessiert, als der Staat selbst!"

Sandra meldete sich.

"Bitte, Sandra?"

"Mir ist aufgefallen, daß in der Politik oft von einer Talsohle gesprochen wird, die man endlich erreicht hat und es nun wieder bergauf gehen würde. Was kann ich mir darunter vorstellen?"

"Da hast du aber gut nachgedacht", lobte Herr Ebbe seine Schülerin . "Politikern ist es zu einer lieben Gewohnheit geworden alles schön zu reden. So wird von den Problemen abgelenkt!

Jedoch glaube mir, Sandra, auch unsere Politiker machen sich große Sorge wegen der immer bedrohlicheren Arbeitsmarktlage und den Arbeitslosenzahlen.

Ein Patentrezept zur Schaffung neuer Arbeitsplätze hat niemand in der Tasche.

Meines Erachtens ist es inzwischen verantwortungslos von einer Talsohle zu sprechen, deren Ende erreicht sei! Da spürt der mündige Bürger, daß dem Politiker nicht immer alles zu glauben ist!

Nun aber zu einem anderen Thema.

Stellt euch einmal vor, auf dem Weltmarkt würde plötzlich das Rohöl teurer!

Ja, Kinder, und nach dem Gesetz von Angebot und Nachfrage würde was passieren ... S V E N !"

Der Junge drohte gerade wieder sanft zu entschlummern, aber er wußte gerade noch worüber gesprochen wurde!

"Herr Ebbe, ich habe nicht geschlafen, natürlich würde das Rohöl teurer werden ...!"

"Das ist richtig Sven, aber nun sage mal, wann bist du gestern Abend ins Bett gegangen?"

"Oh, leider sehr spät. Da gab es auf SAT-1 so einen affentitten-geilen ... oh, Verzeihung."

Die Klasse brüllte vor lachen!

"Einen was?", mußte Herr Ebbe fast brüllen.

"Das war mir eben so rausgerutscht, ich meine natürlich einen spannenden Film."

Sven hatte mit seiner trockenen humorvollen Art, oft die Lacher produziert, die ihn so sympathisch machten.

Herr Ebbe hatte das Wort nicht richtig verstanden, und so konnte Sven unter dem Gelächter der Klasse das Wort noch einmal wiederholen.

Jetzt wußte Bio-Ebbe aber noch einen 'obenauf' zu setzen!

"Heute Abend, nach dem Abendessen, werde ich mir ganz demonstrativ mit der Serviette den Mund abwischen und zu meiner Frau sagen: 'Das hat affentittengeil geschmeckt!"

Die Klasse johlte, und zollte Herrn Ebbe mit den Händen auf den Tisch schlagend einen langen Beifall!

Nach dieser Unterbrechung, die mit einer ordentlichen Lacheinlage gewürzt war, wurde wieder mit Aufmerksamkeit dem Unterricht gefolgt. Herr Ebbe war eben ein guter Pädagoge, und vor allen Dingen, er hatte viel Humor. Alle mochten ihn!

"Sven, du hattest natürlich Recht! Wird auf dem Weltmarkt eine Ware knapp, erhöhen sich selbstverständlich die Preise. So, und jetzt möchte ich mit euch eine Katastrophe inszenieren!"

Alles lauschte!

"Was passiert eigentlich mit unserer Lebensqualität, wenn uns plötzlich nur noch vierzig Prozent unserer täglich zu verbrauchenden Energie zur Verfügung steht? Kann sich jemand eine Vorstellung machen? Wer möchte etwas sagen?"

Lucie meinte: "Als erstes würde ich wohl das Autofahren, bis auf Feuerwehr, Krankenwagen und Polizei verbieten.

Die Menschen müßten mit öffentlichen Verkehrsmitteln oder dem Fahrrad zu ihrer Arbeitsstelle fahren."

"Arbeit?", rief Franziska, "die Menschen wären doch zum großen Teil arbeitslos, weil den Fabriken nur noch vierzig Prozent an Strom zur Verfügung gestellt werden könnte!"

Jetzt rief Olaf: "Wie wird es mit den Bäckereien? Das Brotbacken verbraucht doch enorm viel Energie?"

"Wie arbeiten die anderen Fabriken, die zum Beispiel Grundnahrungsmittel herstellen?", rief Angela aufgeregt dazwischen.

"Wie werden die Krankenhäuser geheizt?"

"Brennen abends die Straßenlaternen?"

"Was geschieht bei den öffentlichen Verkehrsmitteln? Können Bahnen und Busse noch fahren?"

Die Fragen schwirrten durcheinander.

Herr Ebbe schwieg. Er ließ der Klasse Zeit, sich in dieses Szenario hinein zu versetzen.

Er selbst pumpte im Geiste schon sein Fahrrad im Keller auf, so sehr nahm ihn der Katastrophengedanke gefangen!

"Was wird mit Fernsehen und Radio?", rief Pierre-Sebastian, "können wir jetzt nur noch eine Stunde am Tag fernsehen und Radio hören?"

"Dann ist nix mehr durch Einhundertsiebzehn Programme zappen!", unkte Marco.

Herr Ebbe machte auf sich aufmerksam, indem er mit seinem Stock gegen den Schreibtisch klopfte.

"So", sagte er dann, "jetzt bekommt ihr so langsam eine Vorstellung dessen, was für unglaubliche Folgen eine zwangsweise Energiesperrung mit sich bringen kann!

Unsere nur auf Wachstum programmierte verschwenderische Konsumgesellschaft muß plötzlich Einschränkungen hinnehmen, die an den letzten Weltkrieg erinnern. Da heißt es wieder abends bei Kerzenschein, sofern es überhaupt noch Kerzen gibt, im Wohnzimmer sitzen und die Wände anstarren!

Fernsehen und Radio gab es nur eine Stunde, jetzt heißt es sich selbst, oder mit der Familie beschäftigen, und ab zweiundzwanzig Uhr wird der Strom abgeschaltet!

Über die Probleme, die innerhalb einer Familie entstehen, wenn die Flimmerkiste nicht mehr für die sozialen Kontakte verantwortlich ist, möchte ich mich gar nicht weiter auslassen!"

Herr Ebbe schaute mit nachdenklichem Gesicht seine Schüler an. "Sicherlich werden die dann abends wieder spazieren gehen und die frische Luft genießen", wollte Sandra optimistisch wirken.

"Im Sommer gern", ließ Ramon verlauten, "aber im Winter bleibe ich lieber auf meiner warmen Bude!"

"Die aber nur für ein paar Stunden geheizt werden kann", belehrte ihn Sven.

"Oh Schitt, das stimmt ja!", Ramon war zerknirscht.

Ganz spontan rief Thomas in die Klasse: "Wißt ihr, wieviel Programme ich auf meiner Satellitenschüssel empfange? Einhundertsiebzehn!

Und jetzt steht mir vielleicht nur noch ein einziges Programm zur Verfügung, und das nur für eine Stunde am Tag!" Thomas stöhnte, "Wahnsinn."

Herr Ebbe hob die Hand. Es trat Ruhe ein.

"Das war unser Katastrophenszenario! Wir wollen es schnell wieder vergessen!

Zu unser aller Trost möchte ich jedoch hinzufügen: in den nächsten Jahrzehnten ist mit einer Energieeinschränkung dieses Ausmaßes nicht zu rechnen! So, und damit komme ich noch einmal zu Thomas!"

"Huch", sagte der Angesprochene.

"Thomas, zunächst meinen herzlichen Glückwunsch zu einhundertsiebzehn zu empfangenen Programmen. Du bist in der beneidenswerten Lage, mehr in den Programmen herum zu zappen, als einen Film von Anfang bis Ende zu sehen."
Der leichte Zynismus in der Stimme war nicht zu überhören.
"Wenn ich die Glücklichen wie dich, in Anführungszeichen, einmal außen vor lassen möchte, so kann ich wohl davon ausgehen, daß ein Großteil der TV-Konsumenten in unseren Großstädten so ca. sechsundzwanzig Programme empfangen kann!
Sechsundzwanzig Programme ..., mir persönlich ist das schon viel zu viel! Und außerdem sind die ständigen Reklameeinblendungen wirklich störend!"
"Das haben sie aber vornehm ausgedrückt, Herr Ebbe!"
"Wie meinst du das, Sven?"
"Weil mein Vater immer gleich schreit: 'verdammter Mist, immer wenn es gerade spannend wird, kommen die mit ihrer Sch... Reklame'!"
Über die gelungene Einlage von Sven konnten mal wieder alle lachen, Herr Ebbe eingeschlossen!
"Meine Frau hat das Problem aber gelöst! Filme die uns interessieren, werden von meiner Frau aufgezeichnet. Bei der Wiedergabe der Filme, spult sie die Reklameeinblendungen einfach vor!
Ich möchte in diesem Zusammenhang noch einige kritische Anmerkungen loswerden.
Wie in dem Medienbereich Fernsehen und Rundfunk gedankenlos, rücksichtslos mit unseren Energien umgegangen wird, dafür finde ich kaum noch ein Vokabular! Tag und Nacht senden dutzende Kanäle, ihre zum Teil inhaltlosen Programme aus, für eine Minderheit, jedenfalls nachts!
Würde die Anzahl der TV-Sender, die nachts ihre Programme ausstrahlen, durch die Anzahl der Zuschauer, die diese Programme auch tatsächlich sehen, geteilt, dann müßte jeder vernünftige Mensch zu dem Ergebnis kommen, daß eine, allerhöchstens zwei Fernsehanstalten den Zuschauerbedarf abdecken könnten.
Nur auf wessen Kosten geht diese riesige Stromverschwendung?
Sie geht zu Lasten unserer wertvollen Ressourcen!
Wie war das eigentlich noch? Wollten wir nicht in zwanzig Jahren aus der Atomenergie aussteigen? Wollten wir nicht Strom sparen?
Muß sich nicht also langsam etwas ändern?
Was aber sagt unser Staat heute?
Wir hörten gerade vorhin, wie sehr dieser daran interessiert ist, daß das Unternehmertum wächst! Aber hat sich erst einmal ein privater Fernsehsender zu einem profitablen Unternehmen gemausert, partizipiert der Staat durch Steuereinnahmen ganz erheblich davon mit.
Ja, und wer zählt die regionalen Radiosender, deren Werbebotschaften uns bald mehr in den Ohren klingen, als das eigentliche Programm ...!
Was ist das Fazit?
Aus kommerziellen Gründen werden gedankenlos wertvolle Energien verschleudert.
Zusammengefaßt ist die Behauptung, daß sich unser Staat mitschuldig macht an dem Raubbau der Natur, nicht falsch!
Seien wir mal ehrlich, welcher Durchschnittsbürger kennt schon die Zusammenhänge zwischen Ursache und Wirkung in diesem sensiblen Bereich der Steuereinnahmen und der Energieverschwendung? Einhundertsiebzehn Programme zu empfangen empfindet der Bundesbürger auf

Grund der innovativen Entwicklung doch ganz normal, schließlich zahlt er ja auch dafür, oder?"

Der bitterer Sarkasmus in der Stimme von Herrn Ebbe stimmte die Schüler nachdenklich.

Er fuhr fort: "Wir leben auf Grund unserer Ansprüche in einer Zeit der allerhöchsten Energieverschwendung, die jemals stattgefunden hat!

Allein die Stadt Las Vegas, eine aus der Wüste gestampfte Spielhölle, bereitet den Amerikanern Sorge wegen des megagigantischen Wasser- und Stromverbrauchs!"

Es klingelte zur Pause.

Der Unterricht war beendet.

"Also, die Raucher bitte auf den Schulhof", ließ Herr Ebbe vernehmen, "ich möchte niemanden auf dem Flur rauchen sehen!"

Damit waren die Schüler in die Pause entlassen.

Als Angela an seinem Schreibtisch vorbei ging hielt er sie an: "Wieviel Zigaretten rauchst du am Tag?"

Die Angesprochene war auf diese Frage nicht vorbereitet, deswegen konnte sie nur verblüfft, aber auch schnippisch antworten: "Wieso?"

"Ja, weißt du, ich hatte dich in der letzten Pause schon rauchen sehen und wollte dich nur warnen!"

"Warnen? Wovor wollen sie mich denn warnen?" Angela schaute Herrn Ebbe ganz verwirrt an.

"Vor Blausäure und Nitrosamine, zum Beispiel"

"Blausäure und Nitrosamine?", stotterte Angela, "so etwas habe ich doch gar nicht!"

"Nein? Du bist gerade dabei dir nicht nur diese Gifte im wahrsten Sinne des Wortes 'reinzuziehen', sondern Teer und Nikotin noch dazu! Diese, und noch viele andere hochgiftige Kondensate führst du deinem Körper durch das rauchen zu! Weißt du das eigentlich?"

"Ja, zum Teil schon", mußte Angela zugeben.

"Laß es", zwinkerte Bio-Ebbe Angela zu, "du möchtest doch eines Tages gesunde Kinder zur Welt bringen, nicht wahr?"

Nachdenklich wurde Angela in die Pause entlassen.

Zwanzig wertvolle Pausenminuten sind schnell verstrichen, aber schon nach einer viertel Stunde fanden sich die ersten Schüler wieder in der Klasse ein.

Lucie und Nicole saßen auf ihren Tischen und unterhielten sich über ihre   Segelabenteuer. Ein unerschöpfliches Thema zwischen den beiden!

Nicole wurde der Segelsport durch die Eltern quasi in die Wiege gelegt. Ihre Mutter hatte sie sogar schon als Baby bei Windstärke sieben auf der Ostsee gestillt!

Herr Ebbe betrat die Klasse, und die beiden mußten ihr Lieblingsthema beenden.

Ohne große Umschweife begann der Unterricht.

"Der Bevölkerungszuwachs unserer alten Mutter Erde steht wie ein Damoklesschwert über uns Allen ...!"

Kaum begonnen, unterbrach sich Bio-Ebbe selbst: "Matthias, du bist ein eifriger Leser der griechischen Sage, was bedeutet eigentlich dieser Sinnspruch mit dem Damoklesschwert?"

Matthias berichtete bereitwillig: "Damokles war Diener des Tyrannen Dionysius in Syrakrus. Er bekam die erlesensten Speisen zu essen, mußte sie aber unter einem an einem Pferdehaar auf gehängtem großen Schwert einnehmen."

"Jawohl, das hast du Super gewußt. Danke, Matthias!"

Es gab von allen Seiten Applaus, dann konnte es weitergehen!

"Die Bevölkerungspolitik sollte viel öfter Gegenstand öffentlicher Diskussionen sein! Warum?"

Bio-Ebbe schaute kurz aus dem Fenster, als ob es erst eine Inspiration von Außen bedurfte!

"Ich sprach vorhin mit Angela über die Schädlichkeit des Zigaretten rauchens, ja", und er überlegte noch einmal, "das scheint mir ein gutes Beispiel zu sein! Jeder weiß um die Schädlichkeit der Zigarette!

Auf jeder Packung warnt der Gesundheitsminister vor den Gefahren, aber solange der Raucher keine Einschränkung seines Gesundheitszustandes verspürt, gibt er sich ohne schlechten Gewissens dem Rauchgenuß hin! Stimmts?"

"Stimmt!", alle Schüler nickten mit dem Kopf

"So, und nun eine ganz andere Frage: spürt ihr in eurem täglichen Tagesablauf etwas von einem Bevölkerungszuwachs?"

Verdutzt schüttelten die Schüler verneinend den Kopf.

"Seht ihr, so ist es auch mit dem Rauchen! Die krankmachenden Symptome häufen sich erst durch den jahrzehntelangen Nikotingenuß zu einer unheilvollen Krankheit in unserem Körper an! Ihr spürt sie nicht sofort

und das ist das Gefährliche!

Die Zahlen der Menschen auf der Erde wachsen und wachsen, wir bemerken es kaum ... Das ist genau so gefährlich.

Bevölkerungswissenschaftler können uns bis heute nämlich keine zuverlässige Antwort geben, wann es zu einem Stillstand der ständig wachsenden Erdbewohner kommt!

Wie unser Körper, nach Jahrzehnte langen Zigarettengenuß, wird irgendwann die Erde krank: sie kann die wachsende Bevölkerung nicht mehr ernähren ...!"

Herr Ebbe war bekannt für außergewöhnliche Vergleiche wie diese eben beschriebenen! Einen hatte er noch!

"In ganz dunklen Erinnerung lagert in den tiefsten Windungen meines Gehirns ein Film, der bei mir in meiner Jugend einen großes Eindruck hinterließ!

Also, ich erinnere einen bösen Chemiker der in seinem Hexenlabor eine gallertartige Masse in einen großen Topf zusammen brutzelte und diese nach Fertigstellung in ein Regal stellte, aber versäumte, den Topf richtig zu verschließen!

Spät in der Nacht fing es im besagten Topf an zu brodeln!

Der Deckel wurde abgesprengt, und die gallertartige Masse quoll hervor, ergoß sich auf den Kellerboden und fing an, sich zu vermehren.

Im Nu war alles mit der ekelhaften, sich immer weiter ausbreitenden Masse bedeckt und drang durch alle Türritzen schließlich auf die Straße!"

Sven meldete sich: "Herr Ebbe, ich weiß wie ihr Film hieß!"

"Na, da bin ich aber gespannt!"

"Rotkäppchen!"

Alles brüllte vor Lachen!

Sven wurde nachsichtig gerügt: "Sven, lass' gefälligst diesen Quatsch! Also, unvorhersehbar, Richtungslos verbreitete sich unter ständiger Veränderung der molekularen Substanzen dieser kaugummiähnliche Brei immer weiter! Nichts und niemand konnte ihn aufhalten!

Schließlich wurden Straßen, Parks, die Häuser und zum Schluß die gesamte Stadt von dem Brei verschlungen!

Ich hoffe, eure Phantasie ist ausgeprägt genug sich diese Katastrophe vorzustellen!
Noch eine Bemerkung zur gallertartigen Masse, sie war grau!"
Alles lachte.
"So, meine Herrschaften, bitte wieder herhören!
Zugegeben, mein letztes Beispiel entbehrt jeder Aktualität und ist an den Haaren herbeigezogen
und Menschen mit dieser gallertartigen Masse zu vergleichen ist fast pietätlos, jedoch, um es
auf den weltweiten Bevölkerungszuwachs zu beziehen, ist es nicht unrealistisch, oder übertrie-
ben dokumentiert!
Damit kommen wir zu unserem Luftballon-Experiment!"
Jetzt traten die Tische in Aktion! Sein Experiment konnte beginnen!
Er nahm die zwanzig Hefte, verteilte sie auf den einen Tisch so, daß die gesamte Tischplatte
bedeckt war.
Interessiert und erwartungsvoll sahen die Schüler zu!
Einen Luftballon nahm er in die Hand und hielt ihn hoch. Er lächelte als er sagte: "Jeder Luft-
ballon soll zehntausend Menschen darstellen ...!"
Prompt stand Sven auf, kam nach vorn, und tat so, als würde er etwas vor dem Schreibtisch
suchen.
Die vorderen Sitzreihen schauten ebenfalls auf die Erde ...!
"Was suchst du denn da, Sven !", Herr Ebbe ahnte böses ...!
"Ach, wissen sie Herr Ebbe, es war mir so, als wäre einer der zehntausend Menschen herunter-
gefallen."
Sven konnte ganz schön keck sein! Und entsprechend wurde er getadelt...!
Bio-Ebbe nahm die Luftballone von der Erde auf und verteilte sie vorsichtig auf den einen
Tisch! Sie paßten gerade drauf!
"Also, ich wiederhole noch einmal", und dabei zeigte auf den Ballontisch, "hier sind die Men-
schen, und hier" er wies auf die Hefte, "das sind die Nahrungsmittel! Lucie, du bist meine As-
sistentin!
Ich nehme jetzt einen Luftballon und lege ihn auf die Hefte.
Du nimmst bitte dafür ein Heft weg und schiebst ihn unter die Luftballone." Er lächelte.
Gehorsam schmunzelnd plazierte sie das Heft auf den Ballontisch.
"Ihr erkennt schon das Prinzip?"
Der um die Tische versammelte Halbkreis nickte mit dem Kopf und Angela sagte: "Der frei
gewordene Platz auf den Heftetisch soll die verbrauchten Nahrungsmittel von zehntausend
Menschen darstellen!"
Der Luftballon wirkte etwas verloren auf den mit den Heften bedeckten Tisch!
"Genau, Angela! Ihr seht auf dem Heftetisch sind proportional zur Bevölkerung, immer noch
reichlich Nahrungsmittel vorhanden."
Herr Ebbe legte den zweiten Ballon auf den Heftetisch, und Lucie schob das zweite Heft zwi-
schen die Ballone.
"Ihr seht, auch bei diesem Verhältnis konnten die Menschen sorglos leben; ich sage einfach
mal: die nächsten zehntausend Jahre weiter existieren, ein großes Bevölkerungswachstum war
überhaupt noch nicht abzusehen!"
Er schaute in die Runde.

"Na, warum gab es nur wenig Bevölkerungswachstum? Ich will es euch sagen: Leben und Sterben gehörte damals zu einem natürlichen Regelfaktor.
Die Säuglingssterblichkeit war sehr hoch. Von zehn Geburten erreichten nur vier das fünfzehnte Lebensjahr.
Es gab keine Medizin, und die Malaria war für eine hohe Sterblichkeitsrate verantwortlich!
So, wir legen den nächsten Ballon auf den Heftetisch."
Herr Ebbe zeigte auf den Tisch mit den Heften.
"Die freien Stellen, die durch die weggenommenen Hefte entanden, wurden langsam mit den Ballonen bedeckt. Das bedeutete, hier war der Boden durch die Menschen unfruchtbar geworden. Schuld war das Abholzen der Wälder. Immer wieder schwemmten riesige Mengen Tropenregen urbar gemachtes Ackerland hinweg, und die Menschen waren gezwungen weiterzuziehen, bis sie das gleiche Schicksal wieder traf! In diesem Zusammenhang möchte ich an die alten Mayakulturen erinnern!
Nach neuesten Interpretationen wurde letztlich ihr Schicksal, durch eben diesen beschriebenen Raubbau an der Natur, besiegelt.
In Nordafrika begann sich langsam die Wüste auszudehnen, während in den asiatischen Ländern eine riesige Versteppung begann. Wir wollen dieses Thema aber nicht im Einzelnen beleuchten.
Hier kommt nun der vierte Ballon auf deinen Tisch, Lucie."
Und wieder verschwand ein Heft vom Heftetisch auf den Ballontisch ...!
"Die Menschen fingen langsam an, sich auf dem Erdball zu verteilen. Intelligent begannen sie, sich der natürlichen Ressourcen zu bedienen!
Die großen Religionen erreichten so nach und nach die Menschen.
Sie lebten in bäuerlichen, oder Nomadengesellschaften im direkten Kontakt zur Natur.
In dieser Zeit kreisten des Menschen Gedanken um die Wunderwerke der Natur: Sonne, Mond, Sterne und Vulkanausbrüche. Blitz und Donner verbanden sie mit der realen Existenz eines lebenden Gottes! Religionsgemeinschaften manifestierten sich, und der Mensch festigte seinen Glauben an Gott."
Somit legte Herr Ebbe den nächsten Ballon auf den Tisch seiner Assistentin.
Lucie sorgte für den nächsten frei werdenden Platz auf dem Heftetisch!
"Wir machen jetzt einen Sprung, so in das Jahr 1820 bis 1830!
Für diese Zeit errechneten die Mathematiker die erste Milliarde Menschen auf unseren Erdball.
In den sogenannten 'goldenen zwanziger Jahren' unseres Jahrhunderts, registrierten die Bevölkerungswissenschaftler schon die zweite Milliarde, und seit 1980 leben etwa 4,5 Milliarden Menschen auf unserem Globus. Die Zahl der Menschen wächst, und wächst, ein Ende ist bisher nicht abzusehen!
Von dem aufblühenden Welthandel profitierten die Menschen in den ärmsten Regionen der Erde insofern, als daß sie Medizin und Nahrungsmittel in einer Größenordnung zur Verfügung hatten, die gerade noch ein Überleben ermöglichten!
Die Folge war, daß sonst die Kinder, die bisher ohne medizinische Versorgung gestorben wären, jetzt am Leben blieben, und ihrerseits später Kinder gebaren, die immer am Rande zwischen Leben und Tod dahin vegetierten!

Eine Sterblichkeitsregulierung konnte zwar durch Nahrung und Medizin von Außen erreicht werden, nur eine Geburtenregelung, beziehungsweise eine Geburtenbeschränkung, fehlte im Bewußtsein der Menschen.

Wie ihr wißt, leistet die Organisation 'BROT FÜR DIE WELT', um an dieser Stelle nur eine zu nennen, Entwicklungshilfe.

Im globalen Sinne gesehen bietet sie unter anderem Hilfe zur Selbsthilfe an. Mit welchem Erfolg, wer kann mir darüber etwas erzählen?"

Herr Ebbe schaute erwartungsvoll in die Runde.

Alles plapperte auf einmal los!

"Psssst, so geht es wirklich nicht. Bitte Susanne, was meinst du?"

"Ich möchte vorschlagen den unterentwickelten Ländern mehr, als nur Hilfe zur Selbsthilfe anzubieten. Sie kommen sonst nie aus dem Dilemma heraus, am Randes des Existenzminimums leben zu müssen!"

"Danke, Susanne! So, jetzt kommt Marco! Bitte!"

"Ich bin der gleichen Ansicht wie Susanne. Wenn die Menschen Hilfe bekämen ihre bescheidene Industrie auszubauen, lebten sie auch nicht mehr am Rande des Existenzminimums!"

"Danke, Marco. Lucie, was möchtest du uns sagen?"

"Durch eine geförderte Industrialisierung, wie Marco es eben vorschlug, und durch entsprechende Entwicklungshilfen, auch im Hygiene- und Gesundheitsbereich, ergeben sich ganz neue, und wie ich meine, negative Perspektiven! Die medizinische Versorgung trägt dazu bei, die Sterblichkeitsrate vielleicht auf das Niveau der nördlichen Halbkugel zu senken.

Das gäbe eine Bevölkerungsexplosion ungeahnten Ausmaßes! Das könnte ich mir jedenfalls so vorstellen!"

Da hatte sie aber etwas gesagt!

Pierre-Sebastian reagierte ganz aufgeregt: "Lucie, willst du etwa die Entwicklungshilfe ganz im Allgemeinen in Frage stellen?"

Bevor Lucie antworten konnte, rief Christiane: "Lucie, der Gedanke an Humanität und Menschlichkeit muß an erster Stelle stehen. Dazu gehört unter anderem nun mal eine vernünftige medizinische Versorgung!

Willst du die Menschen vielleicht verrecken lasen, nur damit es uns hier gut geht?" Christianes Gesicht lief rot an vor Zorn!

Das Thema drohte zu einer kontroversen Diskussion auszuarten!

Herr Ebbe beschwichtigte seine Klasse, und legte den nächsten Ballon von einem Tisch auf den anderen.

Es war der Sechste!

Wie schon gewohnt, nahm Lucie wieder ein Heft von ihrem 'Heftetisch'! Die Freifläche wurde größer und langsam von den Luftballonen ausgefüllt!

"Dieses Mal mußt du zwei Hefte wegnehmen", sagte Herr Ebbe.

"Zwei? Warum?"

Alles sah Bio-Ebbe erwartungsvoll an.

"Folgende Situation ist nun eingetreten. Ich werde es ganz global versuchen zu erklären.

Bevor die Medizin bekannt war, hatten die Menschen nur eine geringe Lebenserwartung. Nach und nach wurde ja durch die Hilfsorganisationen in den weniger entwickelten Regionen dieser

Erde durch Nahrungsmittel und der medizinischen Versorgung die Sterblichkeitsrate gesenkt. Lucie erwähnte es bereits. Dadurch nahm der Trend zum Anwachsen der Bevölkerung stark zu! Zwangsläufig entstand nun der doppelte Verbrauch an natürlichen Ressourcen! Die Bevölkerungsexplosion begann!"

Vorsichtig plazierte Herr Ebbe aus diesem Grund SECHS Ballone von einem Tisch zum anderen. Lucie mußte dafür zwölf (!) Hefte von ihrem Tisch auf den Ballontisch plazieren ...!

Zwei Hefte blieben übrig! Es waren die restlichen Nahrungsmittel ...!

Einsam lagen sie da. Sie waren jetzt für die Nahrungsmittelversorgung der vielen Menschen verantwortlich, die in Form von Luftballonen auf den anderem Tisch lagen ...! Es sah wirklich traurig aus ...!

Die Schüler starrten angespannt auf die Tische, als säßen sie vor einer Partie Schach.

"Ja, dieses kleine Beispiel veranschaulicht deutlich, wie sehr durch die proportionale Zunahme der Menschheit die Ressourcen abnehmen ...!"

Mit einer fast hilflosen Geste zeigte er noch einmal auf den Heftetisch.

Die sonst so muntere Klasse schwieg.

Jeder hing ziemlich betroffen seinen Gedanken nach.

Draußen schien die Sonne, man hörte ein Flugzeug im Anflug auf den Hamburger Flughafen Fuhlsbüttel, der Autoverkehr drang gedämpft bis in die Klasse und an die Ohren der Schüler.

'Draußen verläuft das Leben ganz normal', dachte Lucie, 'und wir malen uns hier ein Endzeitszenario aus, wie es schlimmer gar nicht vorstellbar ist'!

In den stummen Halbkreis kam erst wieder Bewegung, als Bio-Ebbe bat sich wieder hinzusetzen.

Wie versprochen bekam Kerstin einen Luftballon von Herrn Ebbe geschenkt!

Axel bescherte dem Kindergarten mit dem großen Strauß Luftballone eine riesige Freude!

Herr Ebbe schaute seine Klasse an.

"Der Arzneimittelforscher und Humanist Paul Ehrlich sagte einmal: 'Eine menschliche Atombombe bedroht unseren Planeten!'

Wir werden uns wohl darauf einzustellen haben, daß in absehbarer Zeit große Veränderungen ins Haus stehen. Ich drück' mich da ganz vornehm aus! Die Menschen aus den sogenannten Dritte-Welt-Ländern wie China, Indien, Indonesien, Brasilien, Mexiko, Bangladesch, Pakistan, und vielen mehr, werden Krisen herbeiführen, die die Großmächte vor unlösbaren Aufgaben stellen werden!

Und sie werden die modernsten Waffen besitzen!

Denken wir nur an Indien oder Pakistan, die mit einem Atombombeneinsatz drohen können und damit eine Gefahr für die westlichen Industrienationen darstellen.

Die bäuerliche Bevölkerung, die in den unterentwickelten Ländern Afrikas, Lateinamerikas und Asiens lebt, wird in immer größer werdendem Maße die Großstädte bevölkern.

Es fällt schwer, sich die riesigen Großstädte der Zukunft vorzustellen, wie diese Massen von Menschen ernährt werden sollen, wie die Stadtverwaltungen die Nahrungsmittelversorgung sicher garantieren können, wie Hygiene und Abfallbeseitigung und so weiter funktionieren soll. Die Kriminalität wird Größenordnungen annehmen, die wir uns heute in kühnster Phantasie nicht vorstellen können.

Vielleicht ist euch bekannt, daß Jugendliche in Rio de Janeiro nachts schon mal gezielt erschossen werden, wenn sie bei ihren Raubzügen erwischt werden! Diese gängige Praxis wurde schon vor zehn Jahren angewendet und macht deutlich, wie ohnmächtig und hilflos der Staat reagiert.
Da wären wir wieder bei Christianes Forderung.
Wiederholst du sie bitte noch einmal?"
"Der Gedanke an Humanität muß immer an erster Stelle stehen!"
"Richtig, danke Christiane. Du hast vorhin recht temperamentvoll auf Lucies Standpunkt reagiert.
Stelle dir bitte jetzt vor, du bist eine politische Entscheidungsträgerin einer großen Stadt mit dreißig Millionen Einwohner. Du entscheidest zwar nicht allein über alle Maßnahmen die dem Wohle einer Stadt dienen, aber du trägst als Bürgermeisterin die größte Verantwortung.
Du wirst in einer Resolution vom Volk aufgefordert, gegen die ständige Zunahme von Flüchtlingen etwas zu tun. Was würdest du veranlassen?"
"Puh", machte Christiane, "ich glaube die Frage kann ich nicht beantworten. Dafür bin ich noch zu jung und auch keine Politikerin.
Ich kann mich überhaupt nicht mit dem Gedanken anfreunden, als Bürgermeisterin wissentlich zu dulden, daß junge Diebe von staatlichen Organen einfach erschossen werden! Und ich kann auch nicht verstehen den unterentwickelten Ländern eine medizinische Versorgung vorzuenthalten! Tut mir leid!" Um ihre Meinung zu untermauern, hatte sie auch ein treffendes Beispiel anzuführen: "Wenn ich zufälligerweise Zeuge eines schweren Autounfalles werde, mache ich mich rechtlich strafbar, würde ich keine erste Hilfe leisten!"
Christiane hatte Recht, und selbstbewußt schaute sie Herrn Ebbe an. "Danke, Christiane, du brachtest ein sehr gutes Beispiel!
Seht ihr", meinte jetzt ein sehr nachdenklicher Herr Ebbe, "wir können diese Frage nicht beantworten! Die politisch Verantwortlichen in diesen übervölkerten Städten sind wirklich nicht zu beneiden.
Ich will euch jetzt noch einmal die Frage stellen: Ist es wirklich christlich, die unterentwickelten Länder durch humanitäre Hilfe auf das Niveau der nördlichen Halbkugel zu bringen? Sollte die natürliche Auslese nicht eine von Gott gewollte und von den Menschen als selbstverständlicher Regelfaktor empfundene Tatsache angesehen werden?"
Betretenes, nachdenkliches Schweigen beherrschte die Klasse.
Auch Christiane war jetzt sehr nachdenklich geworden.
Trotzdem hatte Herr Ebbe hatte das Gefühl, Christiane würde mit ihren Backenknochen mahlen.
Schließlich sagte Herr Ebbe in die Stille hinein: "Wir können, wollen und dürfen uns diese Frage gar nicht beantworten, ohne uns dabei der unterlassenen Hilfeleistung schuldig zu machen."
Die Stimme klang traurig! Herr Ebbe war ein mitfühlender Mensch.
Genau so leise sagte er jetzt: "Damit ist das heutige Thema abgeschlossen."
Die Schüler trommelten mit ernstem Gesicht leise und sehr verhaltend ihren Beifall mit den Händen auf die Tischplatte ...!
Mit einem Kopfnicken bedankte sich Herr Ebbe bei seinen Schülern.
Dann formulierte er noch einen Nachtrag: "Was ich euch heute unterrichtet habe, ist nur ein kleiner Teil der Realität in der Welt in der wir leben.

Euch soll das Gehörte Bewußtseinsbildung und Bewußtseinserweiterung verschaffen.

Ihr alle, die ihr hier sitzt, besitzt die geistige Voraussetzung nach eurem bestandenen Abitur zu studieren und später Arbeitgeberpositionen zu bekleiden. Der Eine oder Andere von euch wird vielleicht als Manager einer großen Firma unter dem permanenten Druck stehen, den Umsatz stetig zu steigern, ohne an die Überlegung zu denken: Ist mein Produkt eigentlich sinnvoll am Markt?

Sicherlich könnt und dürft ihr solche Gedanken niemals zulassen eure eigene Position wäre damit in Frage gestellt, und es gibt sicherlich schnell jemand, der euch ersetzen kann!

Ja, und in diesem Dilemma zwischen Angebot und Nachfrage leben wir hoffentlich noch lange und friedvoll zusammen. Danke."

LUCIE LERNT ANJA KENNEN.

Am nächsten Tag, es war Mittwoch, saß Lucie wie gewöhnlich an ihrem Schreibtisch bei den Schularbeiten.

Plötzlich klingelt das Telefon: "Hier ist Lucie."

"Hier ist Anja Meissner, Lucie, wir hatten uns letzte Woche im Hagenbecks Tierpark kennengelernt."

"Ah ja, stimmt, grüß' dich, Anja!"

Nach den üblichen Floskeln wie es denn geht, und ob der Besuch im Tierpark erfolgreich für Lucie gewesen sei, kam Anja zu ihrem Anliegen: "Lucie, du warst mir von Anfang an sympathisch und ich spürte sofort daß ich Vertrauen zu dir haben werde, darum wollte ich mich gerne mit dir unterhalten, bei mir ist nämlich so einiges passiert in der letzten Zeit, da würde ich mich gerne einmal mitteilen, ja, und ...!"

Lucie unterbrach Anja, der es nicht leicht fiel ihre Bitte zu formulieren: "Na klar können wir uns sehen, ich muß nur vorausplanen!

In der letzten Zeit habe ich privat und für die Schule viel zu arbeiten", nebenbei schaute sie auf ihren Stundenplan, "kannst du am Freitag nachmittag, so gegen sechszehn Uhr?"

Anja überlegte einen Augenblick: "Das kläre ich gleich ab! Du, wenn ich mich nicht gleich wieder melde geht der Termin in Ordnung!"

Lucie erklärte genau wo sie wohnte, mit welcher Bahn Anja fahren sollte, und daß sie den Haus-Fahrstuhl ohne Angst benutzen könne.

Beide freuten sich auf den kommenden Freitag!

Anja war fast sechzehn Jahre alt. Sie hatte die gleiche Größe wie Lucie, war aber um eine kleine Nuance dunkler. Ihre langen Haare lagen auf der Schulter, und ihre großen braunen Augen schauten sich interessiert in Lucies Zimmer um.

Sie besuchte die Volksschule, war seit kurzem Waise, und lebte mit ihrer Oma und der dreizehn Jahre alten Schwester auf einem umgebauten alten Wohnschiff.

Einst diente es als Wohnunterkunft für Arbeiter, die auf einem Schaufelbagger ihren Dienst verrichteten. Nach der Außerdienststellung wurde es zu einer großzügigen Fünf-Zimmerwohnung umgebaut und vom Hamburger Staat als Sozialwohnung zur Verfügung gestellt.

"Woher bekommt ihr euer Trinkwasser und euren Strom?", wollte Lucie wissen, nachdem sie staunend erfuhr, wie Anja wohnte.

"Eine Wasserleitung ist entlang des Bootssteges gelegt worden. Es ist sogar dick verkleidet, damit das Wasser im Winter nicht einfrieren kann. Der Strom wurde auf die gleiche Weise verlegt."

Lucie stellte es sich unheimlich romantisch vor, auf einem Wohnschiff leben zu können, und meldete gleich ihren Besuch an.

Anja lachte: "Für einen Romantiker ist das Leben auf einem Wohnschiff vielleicht schön, jedoch der Liegeplatz in der tristen Umgebung einer manchmal stinkenden Raffinerie, umgeben vom Brackwasser eines Stichkanals, bringt eine euphorische Stimmung gleich wieder auf den Boden der Realität zurück!" Anja lachte dabei.

Sie schaute sich um und kam zu der Feststellung: "Du hast aber ein schön großes Zimmer!"

Interessiert betrachtete sie die Bilder von Leonardo DiCaprio, Tom Cruise, Kevin Costner, die Moffats und Michael Jackson.

Die Bilder, die dekorativ mal gerade, mal schräg befestigt waren, fanden die volle Zustimmung von Anja. Als letztes grüßten die 'Phantastischen Vier' von der Wand herunter.

Lucie ging in die Küche, um Orangensaft zu holen.

Beim Rausgehen rief sie über die Schulter zurück: "Das sind so meine Lieblinge!"

Anja stand jetzt auf der anderen Seite des Zimmers, und betrachtete die kleineren Ölgemälde, die über dem Schreibtisch aufgehängt waren.

Lucie kam zurück und reichte ihr das Glas Orangensaft.

"Danke, Lucie, erklärst du mir bitte diese schönen Bilder?"

"Interessiert dich Kunst?", war die Gegenfrage.

"Ja, sehr, nur wir haben wenig Platz und auch kein Geld für echte Bilder."

"Also, das Bild welches du gerade anschaust heißt einfach 'Segelschiffe' und wurde von Paul Klee gemalt. Mein Onkel ist Segler, weißt du, daher auch das Segelmotiv. Es war mal ein Geburtstagsgeschenk!"

Lucie erklärte bereitwillig die Bilder, soweit sie sie kannte, und vergaß auch nicht zu erwähnen, daß sie schon die berühmte 'Mona Lisa' mit ihren Eltern im Louvre gesehen hätte.

"Die kenne ich auch, die ist von Leonardo da Vinci gemalt!"

"Ja, da hast du Recht! Lucie lachte, wenn du erst ein paar mal hier warst, wirst du auch den Rest der Bilder in der Wohnung kennen."

"Danke für dein Angebot, ich werde davon bestimmt Gebrauch machen."

Anjas Erstaunen wuchs erneut, als sie zwei aufgeschlagene Schulhefte auf Lucies Schreibtisch liegen sah.

Halblaut las sie: "Die axiale Symmetrie, zwei Punkte liegen symmetrisch zu einer Geraden oder Ebene! Axial symmetrische Figuren sind ungleichmäßig kongruent ! Damit kenne ich mich überhaupt nicht aus ...!", Anja staunte.

"Du, ich auch noch nicht, aber irgendwann schnallt man es schon!"

Anja schaute in das andere aufgeschlagene Heft.

Auf der sonst leeren Seite stand nur die Überschrift: "Homer! Wer war noch Homer?"

"Homer war wohl der bedeutendste Dichter der Antike", klärte Lucie auf.

Da hatte Lucie einen Einfall: "Anja, auch du kennst etwas von Homer!"

"Da muß ich dich enttäuschen, Lucie. Ich habe den Namen schon gehört, aber daß er ein berühmter Dichter war... .sorry!" Sie grinste verlegen. Lucie machte es spannend, als sie fragte: "Aber was eine 'Achillesferse' ist, das weißt du?"
"Ja, natürlich!"
"Siehst du. Und ein Mann namens 'Achill' ist der Hauptdarsteller in Homers Geschichte 'Illias'! Dieser Krieger 'Achill' ist durch die Bekleidung eines Kettenpanzeranzuges so gut wie unverwundbar! Nur seine Fersen war nicht geschützt! Just dort wurde er aber von einem Pfeil seines Gegners tödlich getroffen! Siehst du, so findest du die alten griechischen Dichter in unserem Wortschatz wieder!"
"Das finde ich absolut überraschend!"
Natürlich mußte Lucie jetzt von weiteren Einzelheiten ihres Homer-Schulthemas berichten.
Nebenbei wurde die Porzellanschüssel wieder mit Kartoffelchips als geistige Nahrung aufgefüllt.
Beide setzten sich damit auf den weichen Teppich, und irgendwann begann Anja von ihren Sorgen zu erzählen.
Ihr Vater war vor zwei Jahren mit seinem LKW tödlich verunglückt. Ihre Mutter, die immer viel Alkohol trank, aber trotzdem halbtags als Buchhalterin arbeiten konnte, verfiel nach dem Tod ihres Mannes total dieser Gesellschaftsdroge! Letztlich starb sie.
Anja berichtete: "Sie hat eine Überdosis Schlaftabletten genommen! Ja, und da standen wir allein! Wenn meine Oma nicht gewesen wäre, hätten wir in einem Heim unterkommen müssen!"
"Darf ich fragen wovon ihr lebt?"
"Meine Oma bekommt eine Rente, und für meine Schwester und mich gibt es eine Waisenrente! Ich gehe nachmittags mit meiner Schwester Zeitung austragen, das ist unser Taschengeld."
Lucie rührte bedrückt in der Porzellanschüssel die Chips hin und her. Schließlich fragte sie: "Hast du schon einen Berufswunsch?"
Bei der Frage hellte sich Anjas Gesicht auf: "Ja, stell dir vor, ich kann ein Praktikum just in dem Büro absolvieren, wo meine Mutter als Buchhalterin beschäftigt war!"
"Das finde ich ganz toll für dich! Bist du in Mathe einigermaßen?"
Anja schaute Lucie ernst an: "Es soll nicht angeberisch klingen, aber in den wichtigsten Fächern bin ich Klassenbeste!"
"Toll! Du, daß du in dem ehemaligen Büro deiner Mutter arbeiten kannst, ist ein gutes Omen für dich", war Lucie fest überzeugt.
"Hoffentlich, drücke mir fest die Daumen!"
Das versprach Lucie!
"Wie kommst du mit deinen Schulkameradinnen nach dem Vorfall in Hagenbecks Tierpark zurecht?" wollte Lucie schließlich wissen.
"Die meisten sind mir schlicht zu doof! Sie berichtete von Diebstählen der Klassenkameradinnen in Kaufhäusern, von der vulgären Ausdrucksweise der Mädchen, und meinte dazu: du hast es ja selbst gehört!"
"Ja, das war ganz schön deftig! Ehrlich, so etwas habe ich von Mädchen noch nie gehört! Hast du einen Freund?", war die nächste neugierige Frage.
"Ja, nein, entschuldige, aber ich hatte einen Freund ... es ist aus!" Anja sagte es kurz und bündig.

"Magst du ihn noch?"

"Ja!"

"Wie lange seid ihr zusammen gewesen?"

Es hörte sich an wie ein Verhör

"Elf Monate ..."

"Oh, das ist ja ganz schön lange! Magst du über die Trennung sprechen?" fragte Lucie ganz vorsichtig!

"Ich bekam ein Kind von ihm!"

"Waaas", Lucie schaute Anja an, als glaubte sie nicht recht gehört zu haben, "du hast ein Kind?"

"Nein, nicht mehr."

Anja erzählte nun, daß sie sich ihrer Oma anvertraut hätte, nachdem sie ihre Tage nicht mehr bekam.

"Hat deine Oma nicht fürchterlich gemeckert?"

"Nein. Im Gegenteil", sagte Anja, "sie hat mir die Tränen abgewischt und ist mit mir sofort zu einem Frauenarzt gefahren. Der hat aber gemeckert! Der schimpfte mit mir, und fragte warum wir uns nicht geschützt hätten.

Du, weil der so doof mit mir meckerte, habe ich ihm die volle Wahrheit gesagt, nämlich: weil wir den Kondom nicht übergezogen bekamen!

Da hat der mich aber erstaunt angesehen. Weißt du, und dann fragte er mich noch, ob wir keinen Aufklärungsunterricht in der Schule gehabt hätten! Da habe ich ganz schnippisch geantwortet, daß wir die Kondome n u r über Bananen gezogen hätten! Daraufhin hat er nichts mehr gefragt!"

"Mit dem 'n u r' hast du ihn bestimmt schockiert!", Lucie konnte sich das Gesicht des Arztes vorstellen.

"Übrigens", meinte sie dann, "Kondome über Bananen ziehen, das kenne ich auch. In der Klasse haben aber alle so gekichert, daß der Lehrer das Experiment abbrach, und wir die Bananen noch im Unterricht aufessen mußten."

Unser Lehrer meinte dann, daß die Anatomie einer Banane wohl nicht mit dem Dingsbums eines Mannes zu vergleichen sei!"

Natürlich wollte Lucie nun auch wissen, wie es mit dem Arztbesuch weiterging.

"Nach einer weiteren Untersuchung kam ich ins Krankenhaus. Dort wurde mir die Gebärmutter ausgeschabt, und nach vier Tagen Bettruhe wurde ich wieder nach Hause entlassen."

"Hattest du viel Schmerzen?", Lucie schaute Anja sehr besorgt an.

"Zuerst nicht! Ich bekam eine Vollnarkose und anschließend habe ich nichts mehr verspürt. Erst später bekam ich ein schmerzhaftes Ziehen im Unterleib, das hatten mir die Ärzte aber schon vorausgesagt."

"Mensch, du hast ja wirklich viel mitgemacht", konnte Lucie ehrlich mitfühlen, "wie hat sich denn dein Freund verhalten?"

Anja schaute auf den Boden.

Die Erinnerung an ihren Tom hatte sie noch nicht überwunden: "Als er hörte, ich sei schwanger, ist er vor Schreck kreidebleich geworden!" Anja erzählte jetzt von ihrem Freund, dessen Eltern eine große Möbeltischlerei besitzen und ihren Sohn streng und pflichtbewußt erziehen.

"Er, als der einzige Erbe, sollte eines Tages traditionsgemäß die Firma weiterführen! Das war Gesetz! Die Lebensmaxime des Vaters war: erst wenn der Sohn die Firma übernommen hatte, war auch an dessen Familienplanung zu denken!

Unter diesem Druck stehend, fragte er mich natürlich gleich, wie schnell ich das Abtreibungsproblem lösen könne! Was die Abtreibung für eine Frau bedeutet, ließ er dabei völlig unberücksichtigt!"

Anja hatte mit den Tränen zu kämpfen, als sie weitererzählte, ihr Freund solle sich keine Sorgen machen, denn sie möchte auch noch kein Kind ...!

"Aber lieb hast du ihn immer noch?"

Anja seufzte. "Ja, ich glaube schon, aber ich komme mit der Zeit drüber hinweg!"

Lucie bot Anja an, sich immer an sie wenden zu können, wenn sie sich aussprechen möchte.

"Danke, Lucie, daß finde ich sehr nett von dir!"

Lucie lenkte das Thema auf Sybille und erzählte, wie sie die Freundin kennengelernt hatte.

In dem weiteren Verlauf des Gesprächs, fiel ihr plötzlich ein, daß Anja wohl d e r Gesprächsteilnehmer für ihre am kommenden Dienstag geplante Zusammenkunft war.

Sie erzählte andeutungsweise davon, brachte auch natürlich ihr erstes Liebeserlebnis mit Jens in das Gespräch mit ein.

Zwar konnte Lucie sich vorstellen, daß Anja wenig Lust verspürte, und vielleicht auch Hemmungen hatte, in einer lockeren Gesprächsrunde über ihren Freund und über den Schwangerschaftsabbruch zu sprechen.

Lucie war dann auch über Anjas Skepsis nicht überrascht.

"Was für einen Sinn soll diese Gesprächsrunde haben, Lucie?"

Auf diese Frage war Lucie vorbereitet, und antwortete mit einer Gegenfrage: "Kannst du mir erst von deiner Schulaufklärung errichten, dann beantwortet sich die Frage vielleicht schon von selbst."

Obwohl Anja die Frage genau verstand, wußte sie nicht, worauf Lucie hinaus wollte!

"Das erkläre ich dir nachher haargenau ...!", Lucie tat geheimnisvoll.

Anja überlegte noch einen Moment, doch dann begann sie:

"Im Aufklärungsunterricht kam eines Tages die Lehrerin mit einer großen weißen Rolle in die Klasse. Sie legte die Rolle auf ihren Schreibtisch und sagte: 'Auf eurem Stundenplan steht das Thema Aufklärung! Am Ende des Unterrichts bekommt ihr ein Schreiben von mir mit, daß ihr an diesem Aufklärungsunterricht teilgenommen habt!

Morgen bringt ihr mir das Schreiben unterschrieben zurück! Ist das klar?' die Schüler nickten alle eifrig mit dem Kopf.

'Ich will während des Unterrichtes weder Gekichere noch Gegackere hören! Wer auffällt fliegt raus, und bekommt eine Eintragung in das Klassenbuch, darüber hinaus werden die Eltern unterrichtet!

Bin ich verstanden worden?'

Wieder nickten die Schüler heftig mit dem Kopf!

Die große weiße Rolle entpuppte sich; es waren zwei Bilder darin eingerollt in der ungefähren Größe eines Zeitungsblattes.

Nun rief die Lehrerin einen Schüler zu sich und ließ eins von den beiden aufgerollten Bildern an die Wandtafel hängen.

'Ihr seht hier die männlichen und weiblichen Geschlechtsorgane ,' begann die Lehrerin.

'Hier', sie zeigte mit ihrem Stock auf eine gelb gekennzeichnete Ader, 'verläuft der Harnleiter und mündet in die Harnblase. Wie ihr seht, hat sie die Form einer großen Birne.'

Jetzt zeigte sie mit ihrem Bambusstock auf eine Stelle hinter der Harnblase. 'Von hier verläuft der Samenleiter in den Hodensack. Die zwei eiförmigen Hoden, wie ihr sie hier im Schnitt seht, sind äußerst druckempfindlich.' Jetzt zeigte sie mit dem Stock auf die Spitze des Gliedes. 'Das ist die Eichel. Es ist ein empfindliches Körperorgan und wird von der Vorhaut bedeckt!' Von der Vorhaut wanderte der Stock langsam bis in die Schambehaarung. 'Das Glied besteht aus drei Schwellkörpern! Soll der Geschlechtsakt mit der Frau vollzogen werden, füllen sich zwei der Schwellkörper mit Blut. Das Glied erigiert, das heißt, es wird ganz steif.

Wir kommen gleich noch einmal darauf zu sprechen!

Nun die weiblichen Geschlechtsorgane!

Ihr seht, der Harnleiter verläuft genau wie bei dem Mann, und wieder wanderte der Bambusstock!

'Hier, es ist sehr gut zu erkennen, liegt direkt in der Mitte des Körpers die Gebärmutter.

Ganz vorn ist die linke und etwas oberhalb die rechte Einmündung der Eileiter zu sehen.

Der Bambusstock wanderte tiefer. 'Dies sind die äußeren Geschlechtsmerkmale. Da gibt es die großen und die kleinen Schamlippen, an deren oberen Ende der Kitzler, auf griechisch Klitoris, zu erkennen ist.

Auf diesem Bildquerschnitt ist die Scheide sehr gut als dünner Kanal zu erkennen.

Das Baby, welches neun Monate in der Gebärmutter heranwächst und sich entwickelt, wird eben durch diesen dünnen Kanal der Scheide geboren.'

Die Lehrerin mußte mehrmals wiederholen, wie dehnungsfähig die Scheide ist.

Und natürlich wollten einige Schüler wissen, woher der Name Kitzler kommt. Die Erklärung der Lehrerin, daß eine Frau an diesem Organ die gleichen Empfindungen verspürt, wie der Mann an seiner Eichel, war sehr einleuchtend!

'Noch eine Frage?' Ein Mädchen wollte wissen, was es heißt: miteinander zu schlafen. 'Da kommen wir gleich noch drauf,' versprach die Lehrerin.

'Hat sonst noch jemand eine Frage bis hierher? Nein ?'

Sie nahm die zweite Rolle, hängte sie sorgfältig neben die erste.

Die Schülerinnen und Schüler sahen das Bild. Es wurde mucksmäuschenstill in der Klasse, die ein Durchschnittsalter von zwölf Jahren zu verzeichnen hatte.

Das zweite Bild war auch eine Zeichnung. Es zeigte einen Mann und eine Frau bei einem Geschlechtsakt! Das Bild zeigte die Normalstellung. Das bedeutet, die Frau lag unten, der Mann obenauf.

Der Betrachter konnte genau erkennen, und dies war der Sinn der Zeichnung, wie das erigierte Glied in der Scheide der Frau steckte.

Die Lehrerin schaute mit ernstem, unbeweglichem Gesicht in die Klasse und ließ das Bild in den Köpfen ihrer Schüler wirken.

Das Bild war in Zusammenarbeit mit der Schulbehörde und mit den der Elternschaft vertretenen Elternratsvorsitzenden erarbeitet und von den verschiedensten gemalten Entwürfen ausgewählt worden.

'Wer hatte vorhin gefragt, was es heißt, miteinander zu schlafen?'

Das Mädchen meldete sich.

Die Lehrerin tippte mit ihrem Bambusstock gegen das Bild. 'Hier hast du eine von den Antworten, wie der Beischlaf, dies ist eine weitere Bezeichnung für: Miteinander schlafen, aussehen kann!

Der Geschlechtsakt ist eine weitere, nicht allzu übliche Bezeichnung!'

Der Bambusstock ruhte noch immer auf dem Bild.

'Welche Bezeichnung kennt ihr denn noch?'

Ein Junge sagte: 'bumsen'.

Ein weiterer kannte den Ausdruck vögeln.

Die Lehrerin hatte sich verschiedene Bezeichnungen nennen lassen, meinte dann aber, daß die Bezeichnung 'miteinander schlafen' doch die netteste Formulierung sei.

'Die anderen Ausdrücke nenne man vulgär, erklärte sie.

'So', fuhr die Lehrerin fort, 'wenn also ein Ehepaar, oder ein junges Liebespaar miteinander schlafen möchten, tauschen sie vorher viele Zärtlichkeiten aus.

Sie küssen und streicheln sich am ganzen Körper und genießen wechselseitig die schönen Gefühle der streichelnden Hände!

Selbstverständlich sind die Geschlechtsorgane beim Streicheln mit einbezogen! Vorspiel sagt man dazu. Das Streicheln erregt beide Partner.

Irgendwann kommt nun der Wunsch, sich so nahe zu sein, wie ihr das auf dem Bild sehen könnt.

Die Lehrerin zeigte wieder mit ihrem Stock auf das Bild.

'Der Mann bewegt jetzt sein Glied in der Scheide hin und her. Für beide ist dieser Vorgang ein schönes Gefühl, und das Gefühl steigert sich, je länger diese Bewegungen ausgeführt werden.

Sie enden schließlich in dem Höhepunkt. Während des Höhepunktes, er wird auch Orgasmus genannt, spritzt der Mann eine Samenflüssigkeit tief in die Scheide der Frau.

Das Sperma, so wird die Flüssigkeit genannt, wandert durch die Scheide bis zur Gebärmutter.

Ist die Frau empfängnisbereit, dann seid ihr eben Zeuge geworden, wie ein neues Leben entsteht!

Die Fruchtbarkeit der Frau ist auf wenige Tage im Monat beschränkt. Nur an diesen Tagen ist die Frau empfängnisbereit. Über dieses Thema werden wir noch gesondert sprechen. Hat noch jemand eine Frage?

Nein? Gut.

Boris, nimm bitte die Bilder ab, und rolle sie mir ordentlich wieder zusammen; für alle ist Pause!'

Ja, Lucie, nun weißt du in etwa wie ich aufgeklärt worden bin.

Wobei ich aber noch sagen muß, daß über Empfängnisverhütung eine extra Stunde mit den berühmten Bananen angesetzt war."

In Erinnerung an das Bananenspiel mußten beide lachen.

"Du bist also richtig nach Schulauftrag aufgeklärt worden", stellte Lucie fest, "zwar ist die heutige Schulaufklärung ehrlicher Weise ausführlich und umfangreich, leider jedoch viel zu sachlich aufgezogen, hier gäbe es noch viel zu ergänzen!"

"Die Schule kann in dieser Hinsicht inhaltlich kaum mehr bieten", meinte

Anja, "mit der Vermittlung der Fortpflanzungstechnik, der Verhütung, der Ansteckungsgefahr und der Hygiene, ist der Schulauftrag erfüllt. Ja, du, die Aufklärung habe ich jedenfalls begriffen! Es war ja unheimlich spannend einen Geschlechtsakt auf dem Bild zu sehen und dann auch noch erklärt zu bekommen!"

Lucie lachte, kam aber gleich zur nächsten Frage. "Nun mußt du mir von deiner Aufklärung im Elternhaus berichten!"

Anja schüttelte den Kopf: "Du, nachdem meine Mutter eine Kopie des Aufklärungsunterrichts der Schule durchgelesen hatte sagte sie nur, daß sie mir auch nicht mehr erzählen könne. Punkt aus, das war's!"

Lucie nickte verständnisvoll mit dem Kopf.

Jetzt war der Zeitpunkt gekommen, die Katze aus dem Sack zu lassen ...! "Anja, du hattest mich vorhin nach dem Sinn der Gesprächsrunde gefragt, die sich mit der Aufklärung und mit allen sexuellen Problemen befassen soll, die Jugendliche miteinander haben."

Unwillkürlich mußte sie an Fred denken. 'Durch ihn habe ich mehr Selbstvertrauen bekommen', ging es ihr durch den Kopf.

Sie überlegte, ob sie schon jetzt von ihrem Erlebnis mit Fred berichten sollte. 'Nur nichts übereilen,' ermahnte sie sich selbst, 'es sollen zwar Nägel mit Köpfen gemacht werden, aber bitte alles eins nach dem anderen...!'

Anja wurde neugierig, der Sinn einer solchen Gesprächsrunde interessierte sie schon!

"Du, ich hatte auch schon einen Freund", begann Lucie, "natürlich hatten wir auch Petting miteinander. Mir hat es aber nicht gefallen, da er mir beim streicheln mit seinen Händen, du weißt schon wo, weh tat. Ich empfand das Ganze als 'Grabschen'. Ich wollte. dich nun fragen: wie hast du deine ersten Pettingerlebnisse empfunden?"

"Hhhhm ...", machte Anja, "weißt du, beim ersten Mal fand ich es angenehm, aber beim zweiten und dritten Mal, da mußte ich ihm die Hand wegdrücken, weil er mir weh tat! Ich glaube die Jungen denken, je stärker sie, wie sagtest du, grabschen, je schöner würden wir es empfinden! Meinst du nicht auch?"

"Da bin ich der gleichen Meinung! Na, dann hatten wir ja das gleiche Problem, und das macht irgendwie erschrocken, oder erstaunt, ganz wie du willst!"

"Wie soll ich das verstehen?", Anja begriff den Zusammenhang nicht so ganz.

"Also", und Lucie erzählte wieder einmal von dem Frau-zu-Frau Gespräch mit der Mutter, der Arie mit dem nächsten Freund und von Sybilles Abenteuer!

"Fällt dir auf, du, meine Mutter zweimal, Sybille und ich, haben praktisch die gleichen negativen Erfahrungen des ersten Males machen müssen!"

Anja schaute Lucie nun wirklich erstaunt und ungläubig an.

"Meinst du es gibt dort Zusammenhänge?", antwortete sie skeptisch, "ich würde es als Zufälle bezeichnen! Es können doch nicht alle Jungen ihren Mädchen Schmerzen zufügen, wenn sie sich lieb haben!"

"Natürlich glaube ich es auch! Das aber genau heraus zu bekommen ist der Grund, warum wir einen Gesprächskreis bilden wollen!

Je mehr Antworten wir auf unsere Fragen der heutigen Aufklärungsmethoden bekommen, je besser können wir erkennen, ob die Schul- und Elternaufklärung überhaupt noch zeitgemäß ist!"

Anja schaute gedankenverloren aus dem Fenster. Sie dachte an Tom. Zweifellos fühlte sie sich von ihn geliebt, aber im Stillen hatte sie sich oft gefragt, warum seine Finger, jedenfalls im Schambereich, so wenig zärtlich streichelten!

Sie hatte wiederholt seine Hände weggeschoben, zwar ganz behutsam, aber immerhin!

Er respektierte es natürlich, wußte aber sicher nicht, warum sie seine Hände 'da' nicht dulden wollte.

Darauf, daß er ihr in seiner Erregung mit den Fingern weh tat, darauf wäre er nie gekommen, und sagen mochte sie ihm das nicht ...!

Also stand für sie fest: "Deine Idee ist Klasse. Und, Lucie, ich bin voll dabei! Angenommen, der Gesprächskreis bestätigt deine Vermutungen, wie sehen deine weiteren Schritte aus?"

"Eine gute Frage, Anja! Sollte sich eine reformbedürftige Tendenz herauskristallisieren, habe ich schon eine gewisse Vorstellung!"

Der Satz klang geheimnisvoll.

"Willst du mir noch nichts verraten?" Anjas Stimme klang enttäuscht.

"Doch schon, nur bisher sind meine Ideen noch ein bißchen verschwommen!"

Sie erklärte Anja die Zusammenhänge ihrer Vermutungen, und fing, wieder einmal, bei ihrer Mutter an!

"Die Partnerschaft meiner Mutter ging zum großen Teil auch darum auseinander, weil mein Vater n i e das Zärtlichkeitsbedürfnis meiner Mutter befriedigen konnte!"

"Das mußt du mir bitte genauer erklären ...!"

"Gern. In unserem Frau-zu-Frau Gespräch erklärte meine Mutter mir, daß sie meinen Vater immer liebte und auch glücklich war.

Daß sie unter den mangelnden Zärtlichkeiten, beziehungsweise dem fehlendem Fingerspitzengefühl litt, im wahrsten Sinne des Wortes, d a s verschwieg sie meinem Vater!

Sie ertrug das unbefriedigende Liebesvorspiel und war zutiefst überzeugt, daß im Verlauf der Partnerschaft a u c h die Sexualität sich, durch kleine verbale Andeutungen, steigern lassen würde."

"Und? Hat er durch diese Andeutungen nicht hinzu gelernt?"

"Nein! Seine sexuellen Praktiken konnte er kaum ändern, weil er irgendwie unwissend war! Die kleinen Andeutungen hat er nicht umsetzen können, und weißt du warum? Niemals hatte mein Vater in seiner Aufklärung etwas von einem klitoralem Höhepunkt gehört!

Ja, und ein gewisses Schamgefühl verhinderte, daß meine Mutter hierzu die klaren Worte fand, vielleicht nach dem Motto: bitte streichle mich so und so mit deinen Fingern, damit ich einen Höhepunkt bekomme, nein, das konnte sie nicht formulieren!

Sie setzte auf die Zeit, die in dieser Hinsicht durch gefühlvolle Andeutungen die fehlenden Kenntnisse ersetzen sollte!

Jedoch das Gegenteil war der Fall!

Aus der euphorischen Liebe seinerseits wurde mit der Zeit bequeme Gewohnheit. Die schüchternen Andeutungen meiner Mutter auf ein ausgedehnteres Vorspiel wurden nur zeitweise, und dann auch nur halbherzig, praktiziert!

Vordergründig gedacht scheint dem Manne bei seinen Eheverpflichtungen nur der eigene Höhepunkt wichtig zu sein ...!

Aber, Anja, ob dies nun für viele Ehemänner zutrifft ..., das weiß ich leider auch nicht! Meine Mutter hat sich jedenfalls dahingehend geäußert, daß zu einer Aufklärung unbedingt gehören sollte, sich über gewisse Tabuthemen wesentlich ausführlicher und ganz ohne Scham zu äußern!

Bessere Partnerschaftsvoraussetzungen würden dadurch garantiert geschaffen!"

"Toll, wie offen du mit deiner Mutter sprechen kannst! Hast du den Ausdruck 'klitoraler Höhepunkt' von deiner Mutter? Der Ausdruck war mir bisher unbekannt!"

"Nein", lachte Lucie, "den Ausdruck kenne ich von einem älteren Freund meiner Familie, mit ihn kann ich über alles reden, und du wirst ihn auch noch kennenlernen!" Und nach einer kleinen Pause: "Du, Anja, mir fällt gerade etwas ein: ist dir eigentlich aufgefallen wie offen wir beide über Sexualität sprechen?"

Anja schaute Lucie offen in die Augen als sie antwortete: "Wir sind uns einfach, sympathisch", und dabei lächelte sie die neue Freundin an.

Es war eine einfache, fast selbstverständliche Antwort von Anja, die Lucie beeindruckte, und schlicht bestätigen konnte!

"Hast du deine Mutter von der Gesprächsrunde und von deinen Plänen erzählt?", wollte Anja jetzt wissen.

"Ja, natürlich! Sie hat sich gefreut und mir jede Unterstützung zugesichert! Stell dir vor Anja, wir bekommen irgendwann heraus, daß es einen Zusammenhang gibt zwischen ungenügender Aufklärung, der Partnerschaftskonflikte und den Scheidungen! Die Sensation wäre perfekt!"

Lucies Gesicht hatte sich gerötet, der Gedanke faszinierte sie!

"Also, wenn deine Aktivitäten so richtig ins Laufen kommen, muß ich mir wohl bald eine Monatskarte kaufen."

Beide lachten wie über einen guten Scherz.

Wie schnell Anja zu einer Monatskarte kommen sollte, ahnte sie im Augenblick noch nicht ...!

Lucie stand auf. Der Blick auf die leeren Gläser und die schon wieder leer gefutterte Porzellanschüssel machten einen Gang in die Küche notwendig!

"Darf ich mich in der Wohnung umschauen?", fragte Anja, die ebenfalls aufstand.

"Na, klar!" Lucie kam aus der Küche zurück, stellte Cola und Chips auf den Tisch, nahm lächelnd Anja an die Hand und führte sie in das Arbeits- und Bücherzimmer.

Anja schaute in einen ca. zwanzig qm großen Raum, unter dessen Fenster ein sehr großer wuchtiger Schreibtisch aus Eiche auffiel. Handgedrechselte, konusförmige Säulen bildeten an allen vier Ecken den Kantenabschluß, und kunstvolle Landschaftsschnitzereien füllten die Türflächen aus. Die Schreibtischplatte war mindestens drei cm stark und die Kanten waren ringsherum mit filigranen Tiermotiven ausgearbeitet.

Lucie erklärte die Herkunft des Schreibtisches.

"Der ist von meinem Ur-Großvater mütterlicherseits. Bis vor einem halben Jahr stand er noch in unserer alten Wohnung, da wohnt jetzt die Cousine meiner Mutter. Dann erst fanden wir einen Tischler, der ihn bei unserer Cousine fachgerecht zerlegte und hier wieder zusammenbaute.

An diesem Schreibtisch hat mein Großvater seine Doktorarbeit erfolgreich geschrieben."

Anja streichelte das ehrwürdige alte Stück und meinte: "Toll, so ein traditionsreiches Möbelstück zu besitzen."

Ihr interessierter Blick ruhte danach auf den Ölgemälden an der rechten Wandseite des Zimmers.

"Es sind echte Ölbilder, Anja, und meine Mutter kann sie dir genau erklären, ich kenne mich da nicht so aus."

Anjas Blick galt nun dem Bücherregal auf der anderen Seite. Die linke Hand unter das Kinn gestützt, betrachtete sie die Bücher, in dem vollgestelltem, aus massiver Eiche bestehenden Regal.

Sie nahm ein dickes rotes Buch zur Hand und las: "Enzyklopädie der deutschen Geschichte! Was heißt denn En-zy-klo-pä-die?"

Sie mußte das Wort langsam sprechen!

Anja war gar nicht böse, als sie Lucie lachen hörte, sie kannte das Wort einfach nicht!

"Das heißt einfach nur: Nachschlagewerk."

"Und in diesen fünf Bänden ist die gesamte deutsche Geschichte abgehandelt?"

"Ja, hier findest du alles! Ich habe die Bücher oft für meine Schularbeiten im Gebrauch."

Die dem Fenster gegenüber liegende Wand wurde ausgefüllt von einem kleinen runden Tisch auf dem eine Leselampe stand. Zwei gemütliche Ledersessel mit Armlehnen luden zum verweilen mit einem Buch ein.

"Hier würde ich auch gern nachmittags sitzen und Bücher lesen, statt Zeitung auszutragen!"

"Wenn es dir zeitlich möglich sein sollte, bist du gern zum lesen eingeladen! Komm, wir gehen ins Wohnzimmer!"

So lernte Anja die Wohnung ihrer neuen Freundin kennen und wußte zum Schluß auch, daß dieses ehrwürdige Haus 1910 gebaut wurde, und gutsituierten Hamburger Kaufleuten nur als Stadtwohnung diente. Ihre Villen standen außerhalb der Stadtmauern Hamburgs.

Im Bad mußte Lucie das Bidet erklären!

"Wie soll ich das erklären? Wenn du auf Klo warst, kannst du dich hier raufsetzen und waschen", brachte sie die notwendige Erklärung zustande! "Übrigens, als Fußbadewanne ist es auch zu benutzen!"

Beide lachten.

Anja äußerte, schon öfter ein Bidet gesehen zuhaben, sich aber dessen Funktion nicht so recht vorstellen konnte ...!

Die Nachmittagsstunden verrannen schnell. Viel zu schnell!

Auf der Heimfahrt dachte Anja an die Stunden bei Lucie zurück.

Sie wußte, daß sie wirklich eine tolle Freundin kennengelernt hatte!

UNTERRICHT BEI HERRN EBBE? - IMMER GUT

"Ihr wollt wissen, warum viele Jugendliche so sind wie sie sind?"

Es versprach wieder spannend zu werden bei Herrn Ebbe!

"Ja, da kann ich euch einiges erzählen! Hört genau zu."

Er lächelte bei den letzten Worten, und die Klasse schaute ihren Lehrer erwartungsvoll an.

Wie gewöhnlich schaute er aus dem Fenster, wenn er sich konzentrierte. So war es auch Heute!

Den Blick in die Ferne gerichtet, begann er: ''Glückliche Eltern können die Geburt ihres ersten Kindes gar nicht erwarten ...

So sind denn auch in den ersten Jahren des neuen Erdenbürgers Liebe, Zuwendung, Zärtlichkeit, Geborgenheit und Anerkennung die entscheidenden positiven Einflüsse auf sein gesamtes zukünftiges Leben. Die Fähigkeit zur Besorgnis, zum Mitgefühl, der Empathie, entsteht schon ab eineinhalb Jahren bei einem Kind, und sollte bis zum Vorschulalter vermittelt worden sein.

Wenn es bis dahin nicht gelernt hat, daß man zum Beispiel getröstet werden kann, wird das Kind für den Rest seines Lebens es schwer haben selbst trösten zu können!

Das alles wissen die Eltern. Sie lassen ihr Kind in einer familiengerechten Atmosphäre heranwachsen. Sie schaffen die Voraussetzung, ihr Kind auf ein gesundes Erwachsenenleben vorzubereiten. Diese Kindererziehung ist die Normalität und bildet sozusagen die Eck- und Grundpfeiler für eine Zukunft, die gleichzeitig ein Garant ist für das Fortbestehen unserer Gesellschaft und unserer Kultur!

Dieses von mir beschriebene Kind wird im Erwachsenenalter ebenso gesunde Kinder haben und sie im Geiste der eigenen Erziehung in unsere Gesellschaft integrieren.

Obwohl für eine gesunde Weiterentwicklung unserer Gesellschaftsstrukturen, unseres Kulturlebens viele positive Voraussetzungen vorhanden sind, ist der prozentuale Anteil derjenigen jungen Menschen, die mit Aggressionsbereitschaft, Brutalität, fehlendem Unrechtsbewußtsein, politischem Haß, Vandalismus, Gewalt und so weiter die Gesellschaft unterminieren, außerordentlich hoch.

Die gesellschaftlichen Spielregeln für ein erträgliches Zusammenleben zwischen Jung und Alt werden immer mehr in Frage gestellt.

Ein Kulturvolk, mit einem so hohen Anteil einer Subkultur, muß sich kritisieren lassen, nicht alles getan zu haben, eine gesunde Gesellschaftsstruktur zu schaffen, zu halten und zu garantieren!

Warum muß die hohe Anzahl von unzufriedener und krimineller Jugendlicher sein?

Woher kommt das politische Gewaltpotential?

Es ist heute wissenschaftlich abgesichert, aber auch sehr leicht von einem Laien nachvollziehbar: Wenn ein Kind von den Eltern zuwenig Liebe, Zuwendung, Aufmerksamkeit und Geborgenheit erfährt, wenn also die sozialen Kontakte auf ein Mindestmaß reduziert sind, weil die Elternteile keine Zeit haben und für die oft unangemessenen hohen Lebenshaltungskosten wie Miete, Strom, Wasser und all den Nebenkosten arbeiten müssen, dann ist das Kind viel zu lange auf sich gestellt und viel allein.

Die einzigen sozialen Kontakte sind ersatzweise stundenlanges fernsehen mit seinen zum Teil brutalen Inhalten.

Es ist sicherlich nicht schwer nachzuvollziehen, daß ein Kind mit dem TV-Konsum, welches es geistig nicht verarbeiten kann, restlos überfordert ist. Die negativen Einflüsse des geballten TV-Konsums, lassen die geistigen Fähigkeiten total verkümmern.

In der Schule fallen diese Kinder durch erhöhte Unkonzentriertheit auf. Sie reagieren auf Lehrer wie auf Schüler, gleichermaßen aggressiv. Sind sie nachmittags wieder allein im Haus, machen sie wieder ihren Fernseher zum Kommunikationspartner!

Der TV-Konsum befriedigt ihre Einsamkeit.

Sie flüchten in eine Welt, die so gar nichts mit dem zu tun hat, was das Alltagsleben in Form von kleinen Pflichten von ihnen abverlangt!"

Herr Ebbe redete fast ohne Punkt und Komma.

Es hatten sich zwischendurch einige Schüler zu Wort gemeldet, jedoch wurden sie abgewinkt, was sonst gar nicht seine Gewohnheit war.

Jetzt machte er eine kleine Pause. Was war geschehen?

Er lächelte plötzlich verschmitzt, und sein Lächeln konnte doch wirklich nicht in den Unterricht passen?

Natürlich lächelte die Klasse zurück ..!

"Ehe ich es vergesse, vor zwei Tagen hatte ich einen netten Spaß mit meiner Frau! Nach dem Abendbrot habe ich mir genüßlich den Mund mit der Serviette abgewischt. Meine Frage an euch: was habe ich anschließend zu meiner Frau gesagt?"

"Das hat affentittengeil geschmeckt", schallte es ihm wie aus einem Munde wie einstudiert entgegen! Ein fürchterliches Lachgebrüll folgte! Plötzlich ging die Tür auf, und eine Lehrerkollegin schaute mit offenen Mund in die Klasse.

Zuerst stutzten die Lacher, Herr Ebbe eingeschlossen, dann sah er das verdutzte Gesicht der Lehrerin und fing wieder an zu lachen und mit ihm wieder die ganze Klasse!

Die Lehrerin schloß ganz schnell die Tür ...!

Als sich die Lacher wieder beruhigten, wischte sich Herr Ebbe die Lachtränen aus den Augen und sagte: "Wißt ihr was meine Frau mir anschließend sagte? Sie sagte nur 'wie bitte?', sie hatte den Satz einfach nicht verstanden!"

Ja, Herr Ebbe hatte Humor.

Die Klasse bekam noch die Erklärung nachgeliefert, er würde, laut seiner Frau, wohl nie erwachsen werden!

"Jetzt wollen wir uns aber wieder auf unser ernstes Thema konzentrieren! Wußtet ihr, daß Kinder, daß Kinder zwischen fünf und sieben Jahren in einem Stadtteil mit einer hohen Arbeitslosenquote, bis zu neun Stunden vor dem Fernseher hocken!

Bei so viel Fernsehkonsum wird ein Kind natürlich hoffnungslos überfordert! Die Folge: Sein Sprachschatz wird mit der Zeit vernachlässigt, denn es konsumiert ja nur!

Das am Bildschirm Gesehene kann mit den Eltern oder sonstigen Erziehungsberechtigten nicht verbal verarbeitet werden, da diese zur Sicherung der Existenz das Geld verdienen müssen ...!

In diesem Zusammenhang fällt mir ein: Ist euch schon einmal der hohe Anteil von Zeichentrickfilmen aufgefallen, der sonntags morgens gesendet wird? Unsereins zappt ja schließlich auch mal ...!

Während die Kinder die oft fragwürdigen Trickfilme konsumieren, haben die Eltern ihre Ruhe ...!

Ich sehe, ihr macht euch eifrig Notizen, die ihr mit dem Substantiv Bewegungsmangel noch ergänzen müßt!

Am Wochenende mit den Eltern im Freien herumtoben, auf Spielplätzen tollen, wandern, Radtouren machen, auf Bäume klettern und so weiter, wird vielen Kindern mit dem Hinweis verweigert, sich vom Arbeitsalltag erholen zu müssen.

Auch wenn dafür Verständnis aufgebracht werden muß, vergessen die Eltern, daß den Kindern die so wichtigen freizeitlichen Gemeinsamkeiten mit ihren Eltern vorenthalten werden, und auch der ausgelassene Spieltrieb vernachlässigt wird.

Die Schwierigkeiten Kindertagesplätze und Freizeiteinrichtungen zu erhalten, läßt schnell die Erkenntnis aufkommen wie wenig Lobby doch unsere Jugend hat!"

Thomas Handzeichen unterbrach Herrn Ebbe: "Unsere Tagesfreizeitstätte wurde vor einem halben Jahr geschlossen, trotz eines massiven Protestes von uns!"

Herr Ebbe hob warnend seine Hand als er sagte: "Die Belange der Bürger im Allgemeinen und natürlich der Kinder und Jugendlichen werden immer mehr eingeengt! Ich kann euch nur raten: Protestiert gemeinsam mit den Schülern der anderen Schulen über eure Schülerparlamente!

Weist auf die Notwendigkeiten der Freizeiteinrichtungen hin. Es sind wichtige Kommunikationszentren für die Jugend - für euch!

Schreibt eure Sorgen eurem Stadtteilabgeordneten! Nacht ihm deutlich, daß ihr selbst bald wahlberechtigte Bürger seid. Macht Druck!

Die erzieherische Aufgabe, die im Schulauftrag enthalten ist, der pädagogische Auftrag, euch auf ein Erwachsenenleben vorzubereiten, kann nur noch andeutungsweise gelehrt werden! Warum? Sparsamkeitsgründe sind auch hier die ausschlaggebenden Faktoren.

Die Stundenzahl der Lehrer hat sich erhöht, die Klassenstärken steigen, und Geld für Anschauungsmaterial wird weniger.

Der humanistische Lehrauftrag an den höheren Schulen, kann nicht einmal mehr andeutungsweise in seinen Einzelheiten vermittelt werden.

Wie gerne würde ich mit euch den Begriff Humanität definieren und die Lehre von der Würde des Menschen, die Emanuel Kant zur Diskussion stellt, sprechen!

Zu meiner Zeit war der große Philosoph Kant ein fester Bestandteil sehr ausführlichen Unterrichtsstoffes.

Wir wollen zumindest eine philosophische Feststellung des großen Mannes in unseren Unterricht einfließen lassen."

Damit klappte er die Tafel hinter sich auf, und die Schüler konnten lesen: 'Handle so, daß die Maxime deines Willens jederzeit zugleich als Prinzip einer allgemeinen Gesetzgebung dienen könnte!'

Diese philosophische Betrachtung wurde von ihm als kategorisches Imperativ bezeichnet.

Während die Schüler schrieben, nutzte Herr Ebbe die Zeit, mit einem Blick auf seine Vorbereitungen zu klären, wie er fortfahren sollte.

"Herr Ebbe?"

"Ja, Angela."

"Können sie mir den Kantsch'en Satz in ein verständliches Deutsch übersetzen?", das hörte sich wie ein Witz an.

Alles lachte, auch die, die den Satz gleichfalls nicht verstanden hatten!

"Ihr braucht gar nicht zu lachen! Angela, deine Frage ist absolut berechtigt. Also, Angela: Lebe und spreche immer so, daß das, was du tust oder sagst, so vorbildlich ist, daß daraus ein Gesetzestext formuliert werden könnte!"

Angela schaute immer noch ein wenig ratlos.

Sven meldete sich.

"Herr Ebbe, das ist gemein!"

"Wieso, was ist gemein, ich verstehe dich nicht!"

"Ja, nun darf Angela nie mehr etwas sagen ...!"

"Oh, Sven ...!" Angela sprang auf und knuffte den Sven mit ihren Fäusten auf die Schulter. Dieser ging lachend in Deckung!

Jens machte Quatsch, es gab immer einen Grund zum lachen, die Welt in Herrn Ebbes Klasse war in Ordnung.

"Ob Sokrates, Platon, Leibnitz, Hegel oder Kant, um nur einige der großen Philosophen zu nennen, es werden in unserer pluralistischen Gesellschaft humanphilosophische Themen an den Schulen leider viel weniger als früher gelehrt. Unser Pragmatismus heute führt euch möglichst schnell zu den an wirtschaftlichen Interessen orientierten Fähigkeiten.

Ihr werdet nach eurer Abiturprüfung, und nach Abschluß eines Studiums, in eine von reinem Materialismus ausgerichtete Welt entlassen.

Jedoch, auch dies ist zu sagen: Die Arbeit und die Wirtschaft verändern sich beängstigend schnell!

Zu definieren ist ein neuer Begriff: der totale Kapitalismus!

Seinen triumphalen Siegeszug trat er in den USA an, und hat Europa auch schon fast im Griff!

Der Glaube, daß der Wert des Menschen sich nur aus seinen wirtschaftlichen und materiellen Erfolgen rekrutiert, treibt ihn zu immer neuen Höchstleistungen an! Der Motor seiner Aktivitäten ist die Angst, den täglichen Herausforderungen nicht mehr gewachsen zu sein. Seine Selbstachtung verlangt von ihm, sich immer auf der Höhe der technologischen, innovativen Entwicklung zu bewegen!

Die globale wirtschaftliche Entwicklung gebiert viele Sieger, aber leider auch viele Verlierer! Zu viele!

Ihr werdet es zu materiellen Erfolgen bringen, was ich euch von ganzen Herzen wünsche, vergeßt aber nicht die Menschlichkeit! Bewahrt euch ein Herz für die liebenswerte Dinge des Lebens, die da sind: Nächstenliebe, Humor, Bescheidenheit und Toleranz!

Lebt ein Leben, welches eure Seele, euren Geist und euren Körper zum Schwingen bringt!

Besucht mit euren Familien ruhig mal einen Kirchen-Gottesdienst und dankt euren Schöpfer für die Gesundheit und das im Leben Erreichte!

Glaubt mir, daß Leben und die Gesundheit sind keine Selbstverständlichkeit!"

Herr Ebbe nahm seine Brille ab und schaute ernst in die Klasse: "Ich hoffe, ihr versteht meine Worte richtig und denkt nicht, der alte Ebbe wird langsam spinnert! Aus meinen Worten spricht nur ein bißchen Lebenserfahrung die wollte ich nur weitergeben, sonst nichts!"

Bio-Ebbe putzte kurz seine Brille.

Mucksmäuschen still verfolgte die Klasse diesem kleinen Ritual. Es schien, als würden die letzten Worte von allen im Gehirn gespeichert.

Dann sprach Herr Ebbe weiter: "Nun aber etwas ganz anderes! Es ist eine Tragik, daß mit einem niedrigen Bildungsniveau die Chancen in der Berufswelt katastrophal sinken.

Das schlechte Abschlußzeugnis der Hauptschule bedeutet für einen jungen Menschen häufig der Start in die Arbeitslosigkeit. Das Erwachsenenleben beginnt mit der Hoffnungslosigkeit! Es gibt keine Zukunftsperspektive, der Sozialstatus entspricht der untersten Stufe der Erfolgsleiter.

Die finanziellen Hilfen des Alleinerziehenden für den Sohn, beziehungsweise die Tochter, stehen im umgekehrten Verhältnis zu den Wünschen des Jungarbeitslosen!

Die Alleinerziehende, es ist meistens die Mutter, kann die Wünsche ihres Kindes nicht erfüllen!

Ohne jetzt über den Werdegang eines arbeitslosen Schulabgängers zu spekulieren, werdet ihr schon bemerkt haben, daß zu dem Zeitpunkt der Schulentlassung, auch die kriminelle Karriere eines Jugendlichen in all seinen Schattierungen beginnen kann!

Wir sprachen schon ausführlich über das Thema; und auch die Medien, vor allem die Boulevardpresse, berichtet gerne groß aufgemacht von diesem Phänomen!

Wollen wir also Morgen unseren gesellschaftlichen und kulturellen Status erhalten, müssen heute die politischen Maßnahmen greifen, die die Beschaffungskriminalität, denn um solche handelt es sich meistens, möglichst gering hält. Schneidet doch bitte, als Schulaufgabe sozusagen, vierzehn Tage lang die Zeitungsartikel aus, die Jugendkriminalität zum Inhalt haben. Nach diesem Zeitraum wollen wir das praxisnahe Anschauungsmaterial durcharbeiten - OK?"

Alles nickte mit dem Kopf.

"In dieser Stunde wollen wir nicht vergessen die Skins und die Hooligans in unseren Betrachtungen mit einzubeziehen. Weiterhin denken wir an die extremen Rechts- und Linksradikalen!

Es wird wohl nicht schwer zu erraten sein, daß all diese Randgruppen in unserer Gesellschaft aus den konfliktbeladenen Elternhäusern stammen. Es gibt also den Zusammenhang zwischen einer geringen Schulbildung und der radikalen Szene.

Unser Rechtsstaat hat hier einen besonders schweren Stand!

Betrachten wir einmal die jüngsten Ereignisse in Hoyerswerda, Mölln, Rostock und so weiter, da möchte man doch den Politikern zurufen: 'wehret den Anfängen!'

Die Zahl derjenigen Jugendlichen, die ohne Schulabschluß sind, die ohne Zukunftsorientierung in den Tag leben, die keine Aussicht auf eine Ausbildung haben, deren Haß sich gegen alle diejenigen richtet, die es zu mehr gebracht haben als sie selbst, die aus der Szene der Neonazis, der Chrashkids und so weiter kommen, diese Zahl wird immer größer!

Zum Teil liegt die Ursache darin begründet, daß eine Gesellschaft, die immer reicher wird, auf der anderen Seite viele Verlierer produziert.

Wenn also eine Horde Neonazis Veranstaltungen aller Art überfällt, friedliche Bürger in die Flucht schlägt, und selbst die Polizei machtlos zusehen muß, dann genießen diese Jugendlichen ihre Machtüberlegenheit und befriedigen ihre Rachegelüste.

Es ist eine traurige Entwicklung der wir gegenüber stehen!

Jedoch - diese Menschen in unserer Gesellschaft zu integrieren, ist eine Herausforderung für unseren Staat!"

Die Schüler machten ihre Notizen, Herr Ebbe schaute aus dem Fenster. Er beobachtete mindestens ein Dutzend Mauersegler, die auf der Jagd nach fliegenden Insekten hoch oben in der Luft ihre Kreise flogen.

Seine Gedanken kreisten um den Staat und um die Jugend.

Hatte die staatliche Jugendpolitik nicht die positive Entfaltung der Jugendlichen zu fördern?

Sollten die von erfahrenden Sozialpädagogen geleiteten Freizeiteinrichtungen nicht dazu dienen die Jugendlichen anzulernen, ihr Leben eigenverantwortlich zu gestalten? Wenn sich in der modernen Alltagswelt die finanziellen Hilfen ohne Einschränkung zur Verfügung stellen lassen könnten, würde der Anteil der jugendlichen Subkultur sich nicht senken lassen?

Herr Ebbe schaute auf die Uhr und meinte dann: "Ein wichtiges Instrument der Bundesregierung ist der Bundesjugendplan, der die Jugendarbeit außerhalb der Schule mit über Zweihundert Millionen DM unterstützt.

Es wird also in die kulturelle und politische Jugendarbeit investiert, nur, leider ist es immer nur ein Tropfen auf den heißen Stein.

Damit sind wir heute am Ende eines traurigen Themas angelangt!

Vielen Dank, meine Damen und Herren!"

Herr Ebbe lächelte, ging zu seinem Schreibtisch und rief zur Pause auf.

LUCIE UND SYBILLE BEREITEN DAS ERSTE MEETING VOR

Der nächste Tag. Früher Nachmittag.

Lucie brauchte ihr Mittagessen nur warm zu machen. Ihre 'Mutschka' hatte alles morgens vorbereitet. Das war gut. In einer Stunde kam Sybille, bis dahin mußte sie ihre Schulaufgaben über das Newton'sche Gesetz fertig haben. Ein Kräfte-Parallelogramm mußte angefertigt werden, dann war sie mit der Schule heute durch.

'Nicht für die Schule, für das Leben lernt ihr!'

Ein weiser Spruch!

Ihr Opa hatte ihn in mühevoller Arbeit in Holz geschnitten.

Ihre 'Mutschka' hatte den Spruch gut sichtbar an die Wand gehängt, direkt über Lucies Schreibtisch!

Immer wenn Lucie über etwas nachdachte hatte, blieb ihr Blick automatisch auf Opas Bild hängen ...

Wie so oft, verrann die Zeit viel zu schnell, denn plötzlich hörte Lucie schon die Klingel. Sybille stand vor der Tür.

"Hallo", Küßchen links, Küßchen rechts ...!

"Komm rein, ich bin zwar noch nicht ganz fertig mit 'Schula', na, gut, mache ich den Rest heute Abend! Hast du deine Schulaufgaben fertig?" Natürlich hatte Sybille sie nicht fertig!

"Die Vorbereitung für unser erstes Meeting war mir ehrlich gesagt heute wichtiger!"

Lucie holte Saft und Knabberkram, ohne dem lief nichts.

Sybille legte aus Lucies Sammlung eine CD von 'Modern-Talking' in den CD-Player, und dann sahen sich die beiden Mädchen etwas ratlos an.

Plötzlich rief Lucie beschwörend: "Mea culpa, mea maxima culpa ...!"

Sie lachte: "Durch meine Schuld, durch meine größte Schuld ...", abrupt brach sie ab, weil Sybille lachend sagte: "Denkst du an den blonden Jungen am Timmendorfer Strand?"

"Genau an den", lachte Lucie, "wenn der wüßte, wozu er uns inspiriert hat."

Aber dann wurde es ernst!

Lucie wollte wissen, wieviel Mädchen Sybille zum ersten Meeting gewinnen konnte.

"Sechs. Und du?"

Lucie konnte nur mit fünf Mädchen aufwarten.

"Dann wären wir elf, mit uns beiden dreizehn, das ist für den ersten Abend doch schon ganz gut!"

"Hoffentlich ist die dreizehn keine Pechzahl," orakelte Sybille.

"Denke bitte positiv", sagte Lucie gespielt streng.

Sybille nahm sich eine Unterlage, legte einen leeren Zettel drauf und meinte: "wollen wir als erstes unsere Jungserlebnisse notieren?"

"Genau, Sybille, notiere bitte Anja auch!"

Sybille hatte Anja bei einem Besuch mit Lucie auf dem Wohnschiff kennengelernt. Beide waren sich auf Anhieb sympathisch!

Nun konnten die Drei Geschädigten, wie sie sich schon mal scherzhaft nannten, zu dritt ein hochgestecktes Ziel verfolgen!

"Wir werden unsere negativen Jungserlebnisse deutlich herausstellen, aber in der Sache objektiv bleiben, nichts übertreiben und nichts beschönigen!" Lucie ließ ihre gedanklichen Vorstellungen von Sybille aufschreiben.

"Als nächstes notiere ich die Erlebnisse deiner Mutter und stelle die Frage, warum sich immer mehr Ehepaare nach immer kürzerer Zeit scheiden lassen - OK?"

"Genau, Sybille. Richtig!"

Engagiert wollte Lucie über die Scheidungsraten genau so sprechen, wie über die Durchschnittsdauer einer Ehe, und natürlich der Aufklärung! Sie sah sich schon mit flammenden Reden und schwenkenden Armen vor einem tief beeindrucktem Publikum stehen!

Weiterhin notierte Sybille, und sie sprach jedes Wort beim aufschreiben laut nach: "Warum ist das Überziehen eines Kondoms so umständlich? Warum kennen sich viele Jungs beim Petting so wenig aus?"

Sybille schrieb, Lucie braucht nichts mehr hinzuzufügen.

Nach dem letzten aufgeschriebenen Wort sagte sie laut: "Punkt! Ich glaube, ich habe alles!

Wenn wir diese Themen diskutiert haben, sind wir erstens schon ein ganzes Stückchen weiter, und zweitens, ergeben sich aus den Gesprächen sicherlich neue Themen!" Da war sie sich sicher.

"Wir müssen natürlich überzeugen", meinte Lucie nüchtern, "wenn die Mädchen unser Anliegen begreifen, können sie ihrerseits überzeugter bei ihren Freundinnen werben und unsere Gesprächsrunde vergrößern helfen!"

Die Gesichter der Mädchen glühten vor Eifer!

So saßen sie den viel zu kurzen Nachmittag zusammen, konzentriert bis in die Zehnspitzen, formulierten Sätze, verwarfen sie wieder, ergänzten hier, strichen dort, zerknüllten beschriebenes Papier!

Es dauerte bis in die Abendstunden, bevor sie überzeugt waren, mit ihren Formulierungen und die Erstellung eines Fragebogens ein Höchstmaß an Überzeugungsarbeit geleistet zu haben.

Längst war Lucies Mutter von der Arbeit heim gekehrt und lud zum allgemeinen Abendbrotessen ein.

Nachdem 'Mutschka' den Konsens der angestrengten Arbeit als sehr gut abgesegnet hatte, waren unsere Mädchen glücklich!

Selbstverständlich wurde eine Durchschrift gleich an Anja geschickt!

EIN MENSCH NAMENS SCHATTENHALM

Genau hieß er Georg von Schattenhalm. Er war Einsfünfundachtzig cm hoch, von hagerer Gestalt, ca. Sechzig Jahre alt, und alle Falten aus dem Faltenhimmel spiegelten sich in seinem grau wirkendem Gesicht wider! Die buschigen Augenbrauen waren ihm über die Nasenwurzel zusammen gewachsen und standen konträr zum schütteren Wuchs der Haupthaare.

Die Farbe seiner Kleidung war grau, braun, dunkelgrün und schwarz, und war farblich nie aufeinander abgestimmt.

Irgendwie wirkte der ganze Mann nicht sonderlich sympathisch!

Von Beruf war er Lehrer für Französisch und Englisch an Lucies Schule.

In Lucies Klasse lehrte er Französisch

Bei den Schülern war er nicht sonderlich beliebt.

Halmi, wie er von seinen Schülern genannt wurde, galt irgendwie als zynisch, intolerant, kaltherzig und immer negativ. Er war ein nörgelnder Typ mit dem Hang unterschwellig gern zu terrorisieren.

Für Jugendliche hatte er wenig Verständnis.

Wohlweislich ließ er es sich nicht anmerken, wie gleichgültig ihm die Jugend war, aber spüren taten es die Schüler alle!

Warum er seine Schüler im Plural anredete, wußte er wohl selbst nicht. Darauf befragt, gab er keine Antwort.

Sein Unterricht war korrekt, nur, wer bei ihm nicht aufpaßte, hatte schlechte Karten - Halmi wiederholte sich äußerst ungern!

Ach, ja, er war vergeßlich, sehr vergeßlich!

Nur, wenn das Thema auf seine Schlangen kam, fingen seine Augen an zu leuchten. Halmi war Schlangenfanatiker!

Niemand war je bei ihm zu Besuch gewesen, aber von seinen Erzählungen wußte man genau, wie es bei ihm aussah!

Er berichtete gern von der Fütterung seiner Tiere. Seine Boa bekam quicklebendige Ratten ins Terrarium als Futter vorgesetzt. Die Todesangst instinktiv fühlend, lief die Ratte solange im Terrarium umher, bis sie irgendwann vom Schlangenkörper blitzschnell gefaßt und zu Tode gedrückt wurde, um dann durch den ausgehebelten Rachen langsam hinuntergewürgt zu werden!

Die Ratten züchtete Halmi auf seinem Balkon.

Es gab Schlangen, die legte er sich abends beim Fernsehen um den Hals. Die Schüler unterstellten ihm, die Schlangen seien bestimmt ein Frauenersatz! Dies meinten sie ernsthaft!

So lebte Herr von Schattenhalm in einer Drei - Zimmerwohnung, die mit Terrarien vollgestopft war - in denen über achtzig Schlangen artgerecht ihr Leben in angepaßter Umgebung fristeten und nur darauf warteten, bei Schlangenauktionen getauscht oder verkauft zu werden!

Kurz um, im Leben des Herrn von Schattenhalm drehte sich alles um zwei SCH - Schule und Schlangen!

DREIZEHN MÄDCHEN BEI LUCIE !!
Und wo zwei Menschen sich lieben, da ist der Himmel auf Erden!

Um 16.30 Uhr saßen dreizehn Mädchen pünktlich im Wohnzimmer von Lucies Mutter. Zuerst wurde eine 'Runde ausgeklönt' , um sich kennenzulernen.

Vertreten waren fünf mal das Gymnasium, drei mal die Realschule und fünf mal die Hauptschule. Das Alter der Mädchen lag zwischen vierzehn und sechszehn Jahre.

Mutschka spendierte Saft, Kartoffelchips, Salzstangen und Kekse.

Nun konnte es langsam losgehen!

Von Lucies Mutter hatte jedes Mädchen, wegen des besseres Kennenlernens, ein kleines Namensschildchen angesteckt bekommen, das beeindruckte!

Es war soweit!

Lucie spürte eine angespannte Röte in ihr Gesicht aufsteigen, als sie jetzt mit dem Handknöchel auf den Tisch klopfte!

Zwölf Augenpaare waren plötzlich voller Spannung auf die Gastgeberin gerichtet!

"Recht schönen Dank, daß ihr unsere Einladung angenommen habt und alle wie verabredet gekommen seid. Wir möchten gerne mit euch diskutieren! Das Thema Aufklärung und Sexualität soll uns dabei schwerpunktmäßig beschäftigen.

Mit eurer Hilfe wollen wir auch versuchen, diesen Gesprächskreis erheblich zu erweitern, und dann den Versuch unternehmen, auf unsere Aufklärung in der Schule Einfluß zu nehmen!

Unser Wunsch ist es, die Aufklärung transparenter zu gestalten! Ob dies gelingt, ist natürlich fraglich. Wir wollen es von eurer Meinung, und eurer Einstellung abhängig machen! Wir erwarten eure Stellungnahme, ob dieses Thema eures Erachtens nach wichtig und notwendig genug ist ausführlich diskutiert zu werden. Wir sind ungefähr alle im gleichen Alter, darum können und müssen wir über alle sexuellen Erfahrungen reden - und ich hoffe, es fällt uns nicht allzu schwer!

Ich komme gleich auf den Punkt! Sybille und Anja, steht doch bitte mal kurz auf!"

Gehorsam erhoben sich die beiden etwas verlegen lächelnd von ihren Plätzen, um sich sofort wieder hinzusetzen!

"Danke! Wir lernten uns durch Zufall kennen, und nur wiederum durch einen Zufall kamen wir durch die sexuellen Erlebnisse mit unseren Freunden auf die damit verbundenen persönlichen Erfahrungen zu sprechen.

Eines Abends lag ich im Bett und konnte nicht einschlafen!

Ich mußte an Anjas Schicksal denken, sie wird noch persönlich darüber berichten. Komisch, dachte ich, Anja hat praktisch die gleichen Erlebnisse wie Sybille und ich gehabt!

Plötzlich war ich wie elektrisiert! Mir schoß es durch den Kopf: Anja, Sybille, meine Mutter, ich, alle hatten wir im Prinzip die gleichen negativen Erfahrungen gesammelt! Und: es waren in allen Fällen immer die Erfahrungen der allerersten Intimkontakte!

Mit einem Male stand für mich fest: das konnte kein Zufall mehr sein! Die Idee eines Gesprächskreises war zwar schon geboren, bekam aber durch Anjas Erlebnisse einen zusätzlichen Motivationsschub!

Was ich euch erzählen möchte, sind also nicht nur meine eigenen Erfahrungen, sondern der Konsens vieler Gespräche zwischen meiner Mutter, Sybille, Anja und mir.

Ganz wichtig erscheint mir der Erfahrungswert meiner Mutter. Von ihr stammt der Satz: Dem Mann werden im Laufe der Jahre seine Eheverpflichtungen zu einer baldigen Routine! Wenn ich jetzt sage, sie gehen auf Kosten der Partnerin, dann werden wir darüber noch zu diskutieren haben."

Eine aufmerksame Zuhörerin hob die Hand und bat um eine Wortmeldung. Lucie mußte auf das Namensschildchen schauen: "Yvonne, bitte, du möchtest etwas sagen!"

"Ja, Lucie, liegt es nicht auch an der Frau? Ich meine, trifft sie nicht auch einen Teil der Schuld, wenn das Sexualleben zu einer reinen Routineangelegenheit verkümmert?"

Lucie nickte mit dem Kopf. "Du hast bestimmt Recht, und ich hoffe, wir können diese Frage im Laufe unserer Gesprächsrunde noch transparenter gestalten. Vielleicht gelingt es uns ja herauszubekommen, ob wir Jüngeren bereit sind mehr Mut aufzubringen, mit unseren Partnern offener über die intimsten Wünsche und Erwartungen zu sprechen."

Wieder kam eine Wortmeldung.

Dieses Mal war es Nadine, die wissen wollte was Lucie unter 'intimste Wünsche' verstehen würde. "Spricht man nicht automatisch mit seinem Intimpartner über alle sexuellen Fragen?"

Lucie überlegte einen Moment, dann antwortete sie: "Mit deiner Frage bringst du mich im Moment voll in Verlegenheit, weil ich, aus Mangel an Erfahrung, nur auf die Gespräche mit meiner Mutter zurückgreifen kann, die mir jedoch mit Bitterkeit berichtete, daß sie erst nach einigen Ehejahren zu der Feststellung kam, ein unbefriedigendes Sexualleben zu führen. Sie glaubte, in der ersten Zeit des großen Verliebtseins offen - für ihre Begriffe - über das Sexualleben gesprochen zu haben.

Darf ich zwischendurch mal fragen wer von euch Intimkontakte hatte?"

Zu Lucies Erstaunen meldeten sich acht Mädchen.

Nach einigen differenzierten Fragen des ersten Pettingkontaktes kam folgendes heraus: drei Mädchen mit vierzehn Jahren und fünf Mädchen mit fünfzehn Jahren hatten mehr oder weniger ähnliche Erfahrungen wie Lucie, Sybille und Anja gemacht.

Ein Mädchen meldete sich noch nachträglich und berichtete, daß ihr ein striktes Pettingverbot seitens ihrer Mutter auferlegt worden war.

"Das hört sich ja interessant an! Hat deine Mutter ihr Verbot begründet?"

"Ja, sie hat mir ganz streng deutlich gemacht, daß ich an Petting erst denken dürfe, wenn ich mir sicher bin, mit diesem Freund eine feste Partnerschaft einzugehen."

"Findest du den Ratschlag richtig?"

Das Mädchen, sie hieß Nora, war sich nicht so sicher.

Sie antwortete: "Bisher habe ich immer meiner Mutter geglaubt!"

Da gab ihr Lucie die Antwort: "Vielleicht hat deine Mutter in ihrer Jugendzeit die gleichen Auflagen bekommen, mit Intimitäten erst zu beginnen, wenn der Hochzeitstermin praktisch feststand!

Meine Mutter wurde jedenfalls so streng erzogen! Sie hat mir auch erzählt, daß sie schon einige Herren vor meinen Vater kennengelernt hatte, aber das waren eben nur Bekanntschaften, da war nichts mit Petting ...!

Siehst du! Deine Mutter hat ihre eigene Erziehung an dich weitergegeben! Nora, meiner Mutter ging's genau so. Sie hat es mir erzählt sonst hätte ich dir diese Antwort gar nicht geben können!"

Lucie überlegte einen Moment, schaute in den Kreis aufmerksamer Zuhörer und sagte dann: "Meine Eltern lernten sich kennen da waren sie beide völlig naiv. Ihre Liebespraktiken beschränkten sich auf ein ganz normales Maß! Mit diesem Wissensstand heiraten sie auch.

Zunächst 'gingen' drei Jahre mit gemeinsamen Unternehmungen, Theaterbesuchen, flirten und mal ein Kuß ins Land, dann ließen sie als Verlobte grüßen, und kamen nach einem weiterem Jahr als glückliches Ehepaar aus dem Standesamt. Den kirchlichen Segen bekamen sie natürlich auch!

Daß meine Eltern zu diesem Zeitpunkt sehr glücklich waren, brauche ich wohl nicht extra erwähnen, und darum wollen wir einige Ehejahre überspringen, bis zu dem Zeitpunkt, als meiner Mutter klar wurde, ein unausgefülltes Sexualleben zu führen.

Mein Vater war in all den Jahren seinen einseitigen, anfänglich noch reizvollen Eheverpflichtungen treu geblieben, aber hat so ganz langsam eine sexuelle Unzufriedenheit im Kopf meiner Mutter ausgelöst. Sie fühlte sich vernachlässigt, und ich glaube, die hohen Scheidungsraten machen deutlich, daß meine Mutter nur eine von vielen ist, die mit diesem Problem zu kämpfen haben!"

Lucie machte eine Pause. Sie überlegte, wie sie weitererzählen sollte. Von den 'klitoralen Höhepunkten' zu berichten, wollte ihr nicht so einfach über die Lippen kommen ...!

'Na, ja, irgendwie müssen wir ja darauf zu sprechen kommen, also Lucie, sei kein Feigling'!

Sie setzte ihr schlauestes Gesicht auf.

"Die Basis, auf der eine Zweierbeziehung funktioniert, besteht aus vielen Faktoren! Das Attribut 'Liebe' nimmt dabei den wichtigsten Stellenwert ein, sozusagen als Fundament für eine glückliche, gemeinsame Zukunft! Zu diesem Fundament gehört ein glückliches Sexualleben! Der Ehemann, der das liebevolle miteinander Schlafen mit seiner Frau mit seinem Orgasmus krönt, geht davon aus, seine Frau hätte just in der gleichen Sekunde ihren Höhepunkt erreicht! Dies scheint aber nicht immer zu stimmen!

Der klitorale Höhepunkt , ich hoffe ihr könnt euch unter diesen Begriff etwas vorstellen, wird in vielen Beziehungen von dem Partner vernachlässigt, so daß es zu Partnerschaftsproblemen kommen kann. Nur: in der ersten Phase ihrer großen Liebe empfinden die Partner a l l e s was sich auf dem Gebiet der sexuellen Befriedigung abspielt als einen Höhepunkt!

Je stärker man liebt, je höher stellt man unbewußt den geliebten Menschen! Um so höher die Erwartung, die man in den geliebten Partner setzt, und all die guten Eigenschaften, die man in ihm vereint sieht, desto höher wird sich auch jedes sexuelle Zusammensein zu einem Crescendo steigern.

So ungefähr formulierte meine Mutter. Sie hat so die erste Zeit der Liebe erlebt!

Wir können verallgemeinert sagen: Wo zwei Menschen sich lieben, da ist der Himmel auf Erden; und der Frau fällt es nicht schwer die streichelnden Finger des Mannes als klitoralen Höhepunkt zu empfinden. Vielleicht schauspielert sie sogar ein bißchen, um den Mann entsprechend zu erregen!

So hat meine Mutter sich verhalten!

Solange aber der so auf diese Weise geliebte Mensch, die in ihn gesetzten Hoffnungen, Wünsche und Erwartungen erfüllt, ist eine Liebende immer bereit Konzessionen an die eigenen Wünsche und Bedürfnisse zu akzeptieren! Dies gilt natürlich auch in sexueller Hinsicht.

Erst im Laufe der Jahre wird der Blick durch die rosarote Brille klarer. Plötzlich analysiert man die Charaktereigenschaften des Ehepartners kritischer, und unwillkürlich festigen sich ganz langsam Gedanken der Enttäuschung.

Je nüchterner jetzt die Charaktereigenschaften des Partners gesehen werden, die nicht mehr jenem Bild entsprechen, welches man zuerst hatte, je größer ist auch schon die erwähnte Enttäuschung.

Die Liebe beginnt langsam zu schwinden, sie schmilzt, wie im Frühling der Schnee."

Lucie schaute auf ihren Spickzettel, sie konnte manchmal die Schrift ihrer Mutter nicht lesen, die sich so viel Mühe gab verständlich zu formulieren!

"Hat jemand eine Frage von euch?"

Lucie schaute in die gespannten Gesichter ihrer Zuhörerrinnen.

Eine Kathleen meldete sich.

"Du beschreibst in eindrucksvollen Worten Freud und Leid einer Erwachsenenbeziehung, was hat das mit uns zu tun?"

Lucie dachte bei sich: 'Die hat nicht zugehört!'

Laut sagte sie: "Diese Zusammenhänge werden dir im Verlaufe unserer Gespräche noch deutlich werden!"

'Hoffentlich kann die etwas mit meiner Antwort anfangen', dachte Lucie.

"Viele Ehen gehen in die Brüche", las sie das geschriebene Protokoll ihrer Mutter weiter vor, "sie bleiben aber anonym. Wir hören nichts von ihren Schicksalen.

Nur wenn sich ein Prinz Charles von seiner Lady Di scheiden läßt, nimmt die ganze Welt Anteil und fragt: Wie können sich zwei Menschen, die doch wirklich alles Glück auf Erden leben könnten, wieder scheiden lassen? Könnte die Sexualität auch eine Rolle gespielt haben?

Wie wurden die beiden aufgeklärt? Mußten sie vielleicht mit den gleichen Aufklärungsdefiziten wie meine Eltern leben? Wer weiß. Diese Frage hätte ich sehr gern beantwortet."

Lucie mußte über ihre Mutter schmunzeln. Den letzten Satz hatte sie nämlich sehr groß geschrieben!

"In der Bundesrepublik werden jährlich über Einhundertsechzigtausend Ehen geschieden. Ist diese erschreckende Zahl nicht Anlaß, sich Gedanken zu machen, warum das so ist? Ich meine, ja!

Ich möchte nicht mit Spekulationen aufwarten; Scheidungen werden aus vielen Gründen ausgesprochen, ich möchte nur herausfinden, wie hoch der prozentuale Anteil derer ist, die sich nicht hätten scheiden lassen brauchen, wenn ihr Sexualleben gestimmt hätte!

Wir sind hier mit dreizehn Peoples versammelt. Acht Mädchen haben schon mal negative Erfahrungen gemacht, oder?" Lucie zögerte einen Augenblick. Genaueres hatte man ja noch gar nicht besprochen! Die Mädchen nickten aber zustimmen mit dem Kopf, so daß Lucie annehmen konnte, mit ihrer Vermutung Recht zu haben.

"Nach Adam Riese sind dies über die Hälfte!"

Lucie wurde nachdenklich angesehen!

In dieser Richtung hatte sich natürlich noch keines von den Mädchen Gedanken gemacht, und, ehrlich gesagt, Lucie sich bis vor einiger Zeit auch nicht!

Lucie war am Ende ihres Vortrages angekommen, und so setzte nach und nach eine Diskussion ein, die unsere drei Mädchen mit Spannung erwartet hatten!

Es wurde über eine Stunde diskutiert und Anja, Lucie und Sybille freuten sich über das positive Echo bei den Teilnehmerinnen.

Mit Handschlag wurde versprochen mitzumachen, Daten und Fakten zu sammeln, mitzuhelfen, den Gesprächskreis zu vergrößern.

Jedes Mädchen bekam ein fotokopiertes Manuskript des von Sybille, Anja, Lucie und ihrer Mutter erarbeiteten Vortrages. Die Mädchen wurden angehalten, und konnten es auch versprechen, zur erweiterten Mitarbeit mindestens zwei Freundinnen zu gewinnen.

Das hörte sich sehr gut an.

"Wir hätten dann die Räumlichkeiten eines Segelvereines zur Verfügung," konnte Sybille versprechen.

Anja reichte Papier und Kugelschreiber herum. Die Mädchen schrieben ihre Anschrift mit Telefonnummer auf und freuten sich auf das nächste Treffen.

Alle hatten begriffen: Je mehr Erfahrungswerte hereinkamen, desto repräsentativer und glaubwürdiger konnten sie auftreten!

Der Funke war übergesprungen! Plötzlich war eine einhundertprozentige Begeisterung bei allen zu spüren!

Den Reformgedanken im Herzen tragend, wurde sich nach und nach verabschiedet! Ein bedeutungsvoller Nachmittag sollte bald seine Früchte tragen. Alle waren davon überzeugt, die Weichen waren gestellt!

TOM, DER TISCHLER.

"Tom!", aus dem geöffneten Bürofenster hallte eine energische männliche Stimme über den Hof.

Aus dem, im Neunziggradwinkel zu der ca. dreißig Meter langen Fabrikationshalle stehenden kleinem Bürogebäude öffnete sich eine Tür, und ein hellblonder, sehr großgewachsener, kräftiger junger Mann stand in der Tür der Firma 'Alfons Steiner & Sohn'.

Mit kurzgeschnittenen Haaren, intelligenten blauen Augen und einem energischen Gesichtsausdruck, schaute er hinüber zu dem Rufer.

Er war siebzehn Jahre alt, aber seine markanten Gesichtszüge ließen ihn älter erscheinen.

"Komm' bitte ins Büro", hörte er es rufen.

"Ja, sofort!"

Er verschwand wieder in der Halle, stellte eine Maschine ab und machte sich auf den Weg.

'Was will mein Vater jetzt schon wieder', murmelte er leise vor sich hin. Mit diesen Gedanken betrat das Büro seines Vaters ohne dabei zu vergessen vorher anzuklopfen.

Der dreißig Quadratmeter große Raum war mit rotbraunem Teppichboden ausgelegt, eine Wand nahmen Akten, Bücher, Fachzeitschriften und Büroutensilien in einem Holzregal auf. An der Fensterseite gab es einen großen, runden Konferenztisch mit sechs Stühlen und die andere Fensterseite wurde von einem großen Schreibtisch ausgefüllt, der mit Akten, technischen Zeichnungen, Telefon, Gegensprechanlage, Computer und Faxgerät beladen war.

Alle Möbel waren aus Eichenholz gefertigt. Ein großer Messingkronleuchter über dem Schreibtisch, sowie einer über dem Konferenztisch, verliehen dem Raum eine freundliche, fast gemütliche Atmosphäre.

Der Mann hinter dem Schreibtisch stand auf.

Mit einer Höhe von Einmeterneunzig, überragte er seinen Sohn fast um 'Hauptes Länge' und wirkte mit den breiten Schultern und den halblangen, ebenfalls sehr blonden Haaren, respekteinflößend wie ein Wikinger.

"Wie weit sind wir mit den Tischen?", wollte er von seinem Sohn wissen.

"Alle Tischplatten sind geschnitten, der Meister richtet im Moment die Maschine für die Tischbeine ein."

Toms Vater nickte zufrieden mit dem Kopf, und übergab seinem Sohn einen Zettel.

"Hier ist die Adresse von einer Frau Giesekind. Die Frau hat eine Reparatur an ihrem Schreibtisch, ein kostbares Stück Eichenmöbel Die linke Tür klemmt, du sollst sie reparieren!"

"Wieso haben wir diesen Auftrag?", wollte der Junior wissen. Normalerweise nahm sein Vater diese Aufträge wegen der Personalknappheit nicht an.

"Unsere Firma hat den Schreibtisch vor einem halben Jahr umgezogen; wir mußten das Monstrum damals völlig auseinandernehmen, um es transportieren zu können, nun ja, das ist jetzt ein Folgeauftrag, den ich nicht ablehnen konnte."

Als Herr Steiner in das nicht sehr begeisterte Gesicht seines Sohnes sah, wuschelte er mit einer Hand in den Haaren seines Jungen: "Mach' nicht so ein Gesicht, du wirst in deinem Leben noch lange genug an den Werkbänken stehen!"

Tom trollte sich, er wäre tatsächlich lieber in der Werkstatt geblieben. Mit Holz arbeiten war seine Leidenschaft!

Für gewisse Fertigungsarbeiten, Entwürfe ausdenken und umsetzen, die Maschinen einrichten, hobeln, fräsen, sägen, aus dem wunderbarem Produkt Holz etwas produzieren, einen Schrank nach einer Zeichnung herstellen, das war seine Leidenschaft, die hatte er von seinem Vater geerbt!

Pünktlich um 17.00 Uhr stand Tom vor der angegebenen Haustür und klingelte.

"Guten Tag, die Möbeltischlerei Steiner und Sohn ..."

"Guten Tag, junger Mann, kommen sie herein." Frau Giesekind ging vor, und führte Tom zu einen wertvollen Schreibtisch.

"Sehen sie hier, diese Tür klemmt ganz scheußlich!"

Mit aller Anstrengung öffnete sie die schwer klemmende Tür.

"Das bekomme ich wieder hin, Frau Giesekind."

Tom öffnete seine große Tasche, holte sich das Werkzeug heraus und machte sich an die Arbeit.

Unter dem Vorwand ein Buch holen zu müssen, kam natürlich auch irgendwann Fräulein Neugier, Verzeihung, Fräulein Giesekind: Lucie, herein!

"Hallo", sie grüßte kurz und tat so, als würde sie intensiv nach einem ganz bestimmten Buch Ausschau halten.

Die beiden beobachteten sich unauffällig gegenseitig.

Lucie dachte: 'sieht ganz gut aus, nur macht er ein so ernstes Gesicht!' Tom dachte: 'die habe ich schon irgendwo gesehen, die geht bestimmt auf meine Schule!' Er war sich aber nicht sicher, darum fragte er auch nicht.

Die beiden kamen aber doch noch ins Gespräch.

Tom hatte sich nicht geirrt, sie besuchten tatsächlich das gleiche Gymnasium ...!

Der Schreibtisch war wieder heil! Der angebliche Tischlerlehrling erklärte was repariert worden war. Mit einem herzlichen Dankeschön wurde Tom verabschiedet.

'Nette Leute', dachte Tom!

NUR EIN TELEFONANRUF

Lucie hielt sich wie üblich in ihrem Zimmer auf.

Es war 19.00 Uhr. Mutschka wirbelte in der Küche für ein leckeres Abendbrot. Das Telefon klingelte.

"Hier ist Lucie!".

"Hei Lucie, hier ist Anja! Na, wieviel Mädchen haben sich fürs Meeting gemeldet?"

"Hei, Anja, ich glaube elf Mädchen haben bisher ihre festen Zusagen telefonisch durchgegeben. Bist du auch so gespannt auf die nächste Runde?"

"Klar, Mensch, wenn ich mir so überlege, was für eine Resonanz wir bekommen. Wenn alle mitmachen, dann bringen wir einen Berg ins rollen. Ich wollte es nur noch einmal gesagt haben, es wird viel Arbeit auf uns zukommen!"

Lucie lachte: "Du, mache mir keine Angst! Manchmal bekomme ich selbst schon einen Bammel. Ich will dir kurz erzählen was wir weiterhin planen!

Wenn die Erfahrungswerte von mindestens einhundert Mädchen vorliegen, dann werden diese auf ihre Tanten und Omas angesetzt. Die Idee kam von meiner Mutter. Was hältst du davon?"

"Eine Superidee! Mit den Omis bringen wir vielleicht Licht in das Dunkel einer Zeitepoche deren Aufklärung noch flüsternd hinter der vorgehaltenen Hand stattgefunden hat ...!"

"Aber Kinder sind immer geboren worden", stellte Lucie spontan fest.

Über diese philosophische Bemerkung wurde erst mal gelacht ...!

"Meine Mutter wird uns viel helfen können! Sie hat hier und auch im Büro einen Computer zur Verfügung."

"Das finde ich spitzenmäßig von deiner Mutter! Du, Lucie, gestern rief mein Ex-Freund an! Es war sein erster Anruf nachdem es zwischen uns aus war. Weißt du was er mir sagte?"

"Ja", riet Lucie, "daß er dich noch immer liebt!"

"Ja, genau, da hast du aber super geraten. Ich glaube, er liebt mich immer noch - und ich ihn auch! Leider ist er vor einem viertel Jahr nach Hamburg gezogen, daß macht alles sehr kompliziert, verstehst du?"

"Ach, Anja, das, glaube ich nicht! Ich rate dir, telefoniert miteinander, schreibt euch lange Briefe, dadurch überwindet ihr alle Entfernungen. Bringt die Gedanken zu Papier, die verbal nicht so richtig ausgesprochen werden - alles andere findet sich von selbst!"

"Du hast Recht, so werde ich es machen! Dann wünsche ich euch einen schönen Abend! Grüße bitte deine Mutter!"

"Werde ich ausrichten. Also tschau, Anja!"

"Tschau, Lucie!"

FRANZÖSISCH BEI HALMI

Der nächste Tag. Wie üblich, begann er mit dem Französischunterricht. Halmi begann auf die Minute pünktlich mit einem Thema über den katholischen Glauben und bereitete damit seinen Schülern Seelenqualen.

Er hatte heute morgen die Elastizität einer Schlaftablette. Seine Stimme klang wie ein nicht geöltes Scharnier.

Die vagen Einspruchsversuche, doch mit einem leichteren Stoff den Unterricht interessant zu machen, lehnte er rigoros ab! Ihm schien seine Selbstgefälligkeit, seine Verschrobenheit, richtig Vergnügen zu bereiten. Beschweren konnten die Schüler sich nicht! Die Themenstellung oblag allein dem Französischlehrer.

So ließen die Schüler einen Wortschwall von Glauben und Katholizismus über sich ergehen, von dem sie inhaltlich so gut wie nichts verstanden. Verschiedenen Wortfragmenten konnte Lucie mit bestem Willen keine Bedeutung beimessen.

Sie unterbrach Halmi einfach und bat um Aufklärung. Dieser winkte aber mit einer heftigen Armbewegung ab, als wollte er sagen: störe gefälligst nicht meinen Unterricht. Gnädig gab er den Hinweis, daß eine übersetzende Erklärung am Unterrichtsende ausgegeben würde. So lernten die Schüler, die ja schon Jungerwachsene waren, sich wütend unterzuordnen.

Sie lernten in den nächsten zwei Stunden, was eine Sonate und ein Chorhemd ist, und daß geweihtes Brot auf dem Kommunionsteller liegt.

Und das alles - auf französisch! Aber auch die zwei Stunden gehen vorbei. Halmi stand auf der Beliebtheitsskala der Schüler ganz unten. In der Pause sah sich Lucie unwillkürlich nach dem 'Tischlerlehrling' um. Und als wenn der den gleichen Gedanken hatte, suchten und fanden seine Augen Lucie.

Er ging auf sie zu und rief schon von weiten "Hallo!"

Als er vor Lucie stand, stellte er sich vor: "Ich heiße Thomas, und du?"

"Ich heiße Lucie."

Sie hatte das Gefühl zu erröten, als sie sich vorstellte.

"Wie lange bist du schon auf dieser Schule?"

"Fast fünf Monate", antwortete Thomas.

Sie gingen gemeinsam über den Schulhof spazieren.

Lucie hatte wieder einmal Obsttag und aß, mit großen Appetit, einen purpurroten Apfel, während Thomas sich eine Doppelscheibe mit Schinken belegtes Schwarzbrot einverleibte.

Thomas verstand es, zwanglos zu plaudern, und bei der Auswahl seiner Worte spürte Lucie, daß sie mit einem gebildeten Jungen sprach, der geistreich und interessant zu erzählen wußte.

Sein natürliches Auftreten und das unbekümmerte Lachen, gefiel nicht nur Lucie ...!

Die große Pause war beendet und mit einem: "Tschau, bis dann ...", ging jeder wieder in seine Klasse zurück.

Nach Schulschluß stand Thomas mit einem Jungen in seinem Alter am Schultor.

Nach einem kurzen "Hallo" wollte Lucie sich an den beiden vorbeischummeln, da hörte sie Thomas sagen: "Kann ich dich ein bißchen begleiten?"

"Ja, wenn es dir Spaß macht", antwortete Lucie distanziert.

"Du, das soll keine billige Anmache von mir sein. Es sind zwei Zufälle daß ich neben dir gehe. Der erste: Der Klassenkamerad mit dem ich eben zusammen stand, will mich in die intelligente Computersprache einweihen, und der zweite Zufall ist: Heute ist einer meiner zwei freien Nachmittage in der Woche."

Lucie überdachte die Antwort von Thomas.

'So kurz vor dem Abi muß der doch besonders viel pauken' sagte sie sich, und fragte laut: "Jobst du die anderen Tage?"

"Ja", gab Thomas zu, "ich mache nach dem Mittagessen sofort konsequent meine Schularbeiten, und helfe anschließend in der Tischlerei."

Er sagte nicht, daß er der 'Sohn' und Junior der Firma 'Alfons Steiner & Sohn' war!

Und daß ihn alle nur 'Tom' riefen blieb Lucie auch verborgen.

Auch daß die Harburger Firma 'Alfons Steiner & Sohn' seit fünf Monaten am Hamburger Stadtpark beim Borgweg ihre neuen Fabrikräume bezogen hatte, war aus Thomas Sicht für Lucie uninteressant!

Eine Kette von Zufälligkeiten begann sich anzubahnen!

"Wieviel Stunden benötigst du für die täglichen Schularbeiten?", wollte Lucie, gerade im Hinblick auf ihre kommenden Aktivitäten mit den Freundinnen, gerne wissen.

"Ein bis zwei Stunden höchstens ..., mir fällt das Lernen nicht so schwer!" Längst waren sie an der U-Bahn, die Lucie sonst benutzte, vorbeigegangen. Zwei Stationen fuhr sie täglich.

Lucie hatte jetzt die Möglichkeit Thomas genauer zu betrachten.

Sie konnte ihn gut leiden.

Die Bitte, etwas von seinem Lehrstoff zu erfahren, kam Thomas sehr bereitwillig nach. In den nächsten zehn Minuten erfuhr Lucie detailliert vom immer schwerer werdendem Schulstoff.

Auf die Frage, was Lucie so in ihrer Freizeit mache, bekam Thomas große Augen, als sie durchblicken ließ, mit einigen Freundinnen neue Ideen bei der Schulaufklärung zu propagieren und durchzusetzen.

"Wir möchten mit einer Kampagne versuchen den Schulaufklärungsauftrag zu erweitern!"

"Das mußt du mir genauer erklären, Lucie!"

'Immer die erstaunten Gesichter wenn es um die Aufklärung geht', dachte Lucie!

"Wir starten zur Zeit eine Fragebogenaktion die sich mit unserer Schulaufklärung befaßt, mehr kann ich dir im Moment nicht sagen", gab Lucie eine ausweichende Antwort.

"Wollt ihr die Schulaufklärung revolutionieren?" Es klang ironisch.

Thomas konnte sich ein lächeln nicht verkneifen. Durch dieses Lächeln fühlte Lucie sich pikiert. Sie schaute Thomas finster an.

"Entschuldige, ich wollte dich nicht beleidigen, vielleicht solltest du mir doch einige Einzelheiten erzählen?"

"Noch nicht, Thomas. Wir müssen unsere Fragebogen-Ergebnisse abwarten. Wenn du aber möchtest, kannst du bald an einem großen Diskussionsnachmittag in der Aula teilnehmen, wo unser Thema kontrovers diskutiert wird!"

"Da bin ich aber gespannt! Ich komme selbstverständlich, gib mir bitte rechtzeitig Bescheid!"

Lucie lächelte Thomas an: "Wart's ab, Thomas, wart's ab!"

DIE MÄDCHEN UND DIE FRAGEBÖGEN.

Sybille las sich noch einmal die Fragebögen durch, die sie mit Frau Giesekind, Anja und Lucie ausgearbeitet hatte.

Gemeinsam hatte man sich auf folgende Fragen geeinigt:

1. Wie alt bist du
2. Hattest du schon einen Freund
3. Wie alt warst du, als du den ersten Freund kennenlerntest
4. Hattest du mit dem Freund Petting
5. Hat dir das allererste Petting gefallen
6. Wie alt warst du beim ersten Petting
7. Können wir deine Erfahrungen diskutieren
8. Hast du zur Zeit einen Freund
9. Hast du schon einmal mit einem Jungen geschlafen
10. Hat es dir gefallen.

"Ich bin gespannt, wie die Fragen beantwortet werden! Ich kann mir nicht helfen..., die Fragen hören sich komisch an... so indiskret, neugierig!" Lucie hörte Sybilles Worte, konnte jedoch nicht antworten, sie hatte Anja am Telefon.

Nach dem Gespräch bestätigte Lucie zwar Sybilles Annahme, meinte aber: "Es nützt nichts, wir müssen da durch!"

Sybille rechnete: "Wenn alle dreizehn Mädchen zwei Freundinnen mitbringen, wären wir mit uns zweiundvierzig Leute! Das wäre Super! Wieviel Fragebögen hat deine Mutter gemacht, Lucie?"

"So ca. einhundertfünfzig Stück!"

"Deine Mutter ist toll!"

Ja, Lucies Mutter war in der Tat der aktive und geistige Hintergrund! Ohne sie würde es sicherlich nicht so gut laufen!

Nebenbei erfuhr Sybille von der zufälligen Bekanntschaft Lucies mit Thomas.

Sie erzählte von der Schreibtischreparatur und dem späteren Zusammentreffen in der Schule.

"Erzähl' mal, wie sieht er aus?", wurde Lucie aufgefordert.

Lucie beschrieb so ausführlich, daß Sybille zur festen Überzeugung kam ihre Freundin hätte sich verliebt! Diese dementierte heftig!

Frau Giesekind kam ins Zimmer.

"So, ihr beiden, hier sind die ausreichend. schon frankierten Briefumschläge! Also, ran an die Arbeit und die Fragebögen einsortiert ...!"

VERSÖHNUNG ZWISCHEN ANJA UND TOM

Zur gleichen Zeit, als Lucie und Sybille mit den Fragebögen und den Briefumschlägen beschäftigt waren, wurde zwischen Harburg und Hamburg-Harvestehude telefoniert ...!

"Hallo Anja, bist du es? Hier ist Tom!"

Obwohl Anja sich freute, Toms Stimme zu hören, blieb sie zunächst sehr einsilbig ...!

"Na, was machst du gerade?", tastete Tom sich langsam in das Gespräch.

"Wir haben eben Abendbrot gegessen: Oma und Heike räumen den Tisch ab."

Ein richtiges Gespräch kam erst nach längerer Zeit zustande.

Schließlich mußten vier Monate ja auch verbal erst einmal überwunden werden!

Tom erzählte zunächst, daß er eine Ausnahmegenehmigung erhalten hatte, den Führerschein der Klasse DREI abzulegen. Sein Vater konnte die Notwendigkeit, die durch die Firma gegeben war, nachweisen.

"Ich könnte dich mit dem Auto meiner Eltern besuchen!"

Anja ihrerseits fragte nach neuen Freunden, nach der neuen Schule, wie sie wohnten und so weiter ...!

Alle diese Fragen beantwortete Tom geduldig und höflich, aber er wollte doch lieber ein Gespräch führen, welches sich ausschließlich um ihr Zusammenkommen drehen sollte!

Er wollte ihr sagen, wie sehr er sie noch liebte, sie nicht vergessen könne! Er wollte von ihr wissen: 'Liebst du mich noch?! Alles das wollte er fragen, aber irgendwie fühlte er sich im Moment so hilflos, wußte nicht wie er beginnen sollte!

Da fragte Anja plötzlich: "Hast du eine Freundin?"

Das war ein Signal! Und so antwortete er: "Nein, Anja, ich habe keine Freundin. Ich habe in der Schule ein Mädchen kennengelernt, mit der ich mich kameradschaftlich unterhalten kann, aber wir unterhalten uns nur wie Freunde miteinander."
Nach einem Atemzug kam die bange Frage von Tom: "Hast du einen Freund?"
"Nein!"
'Gott sei dank', dachte Tom, und mit einem Mal konnte er wie ein Wasserfall von seiner Liebe zu ihr sprechen, so daß Anja anfing zu weinen.
"Ich habe dich nie vergessen, Anja, und dir noch soviel zu erzählen ...!"
Das Eis war gebrochen!
Während Tom von seiner ungebrochenen Liebe zu Anja sprach, schaute diese aus ihrem Wohnschiff-Zimmerfenster und beobachtete, wie das Abfackelfeuer der Raffinerie in den dunklen Himmel zuckte. Sie lächelte dabei und dachte an das Mädchen, die dem Tom nur eine Gesprächspartnerin war. Sie glaubte es ihm.
"Anja, als du mir damals von der Schwangerschaft erzähltest, bin ich einfach durchgedreht ...!"
Und er konnte Anja von der Strenge seiner Eltern überzeugen. 'Erst kommt die Berufsausbildung, dann kann über die Familienplanung nachgedacht werden'!
Anja hatte die Prinzipien seiner Eltern auch noch gut in Erinnerung!
Lange Briefe wollten sie sich schreiben.

DAS TREFFEN IM SEGLERHEIM.

Erfreulicher Weise hatte die 'Stammbesatzung' des ersten Males mehr Gäste als erwartet mitgebracht!
Zehn Minuten nach der angesetzten Zeit schloß Anja die Türen des Seglerheimes. Nach der Durchzählung freute sich alles über neun Mädchen, die noch hinzu gekommen waren. Insgesamt hatten sich achtundvierzig Mädchen bereit erklärt, für eine Reform der Aufklärung zu kämpfen!
Sybille, Anja und Lucie hatten viel Zeit aufwenden müssen, um den Saal wie eine Klasse aussehen zu lassen.
Sogar ein Stehpult war vorhanden. Cola, Fanta, Apfelsaft und Wasser gab es zum Einkaufspreis. Sogar an Wechselgeld hatte Mutschka gedacht.
Es war so weit!
Lucie stellte sich mit ihrem Manuskript hinter das Pult, und sagte: "Hei, seid alle herzlich willkommen."
Sie stellte Sybille und Anja vor und erwähnte ausführlich ihre Mutter, die mit Rat und Tat kräftig mitgeholfen hatte, dieses Treffen zu ermöglichen.
Das gab einen kräftigen Applaus!
"Wir freuen uns, daß ihr so zahlreich erschienen seid, mehr, als wir uns zu träumen gewagt haben!
Euer Interesse an einer Aufklärungsreform ist größer als wir dachten. Darum wollen wir gemeinsam alles daran setzen, unsere Reformgedanken mit Nachdruck bekannt zu machen.
Für die neu hinzu gekommenen habe ich eine Frage: Kann ich davon ausgehen, daß ihr über das, was heute ablaufen soll, genau informiert seid?"

Die Angesprochenen nickten mit dem Kopf.

"Prima!"

Lucie zeigte auf den Stapel Fragebögen.

"Wir möchten euch bitten, die zehn Fragen zu beantworten, die wir gemeinsam mit meiner Mutter ausgearbeitet haben und die Bögen ausgefüllt zurück zu geben. Bitte keine Namen eintragen, alles bleibt anonym. Beantwortet die Fragen offen und ehrlich, dafür sind wir euch jetzt schon dankbar!"

Die Fragebögen wurden mit einer Unterlage und einem Kugelschreiber schnell verteilt. Dann trat plötzlich Stille ein ...! Unsere 'drei Veranstalter' wußten: von dem Ergebnis dieser Fragebögen hingen mal wieder ihre weiteren Initiativen ab!

Sollten wider Erwarten ihre eigenen Erfahrungen nicht mit den Antworten der Fragebögen übereinstimmen, würden sie sich reiflich überlegen, dieses Thema weiter zu verfolgen.

Eine Erweiterung der Fragebogenaktion bei der älteren, weiblichen Verwandtschaft der anwesenden Mädchen, war Lucies nächste Idee. Hoffentlich wurde sie nicht in Frage gestellt. Lucie nutzte die Zeit, um Sybille von der nächsten Aktion in Kenntnis zu setzen. Anja war ja schon am Telefon eingeweiht worden.

Ein Mädchen nach dem anderen nahm den Kopf hoch. Schnell waren die Bögen eingesammelt, und Sybille und Anja nahmen blitzartig die Auswertung vor!

Das Seglerheim hatte eine schöne große Tafel. Es war wie in der Schule. So fühlte man sich auch!

Die flüchtige Auswertung bestätigte in allen Nuancen die Annahme unserer drei reformorientierten Mädchen!

Die wichtigste, die fünfte Frage, 'hat es dir gefallen', wurde von neunundzwanzig Mädchen mit "Nein" beantwortet. Das waren 62%! Das Ergebnis war also höher ausgefallen, als alle gedacht hatten! Es konnte also weitergehen ...!

Die anderen Ergebnisse waren ebenfalls sehr interessant und konnten, wenn nötig, bei späteren Veranstaltungen noch Berücksichtigung finden. Nachdem die wichtigsten Zahlen an der Tafel von den Mädchen abgeschrieben waren, wurde diese wieder abgewischt.

Wie in der Schule!

Lucie ergriff jetzt das Wort: "Das Ergebnis ist noch höher ausgefallen, als wir es uns gedacht haben!"

Ihr Körper straffte sich.

"Trotzdem, repräsentativ sind wir deswegen noch lange nicht, obwohl ich einfach mal behaupten möchte: Wenn noch einmal einhundert Mädchen diese Fragebögen beantworten, kämen wir auf das gleiche Ergebnis!" "Mach' es doch, Lucie!" riefen einige Mädchen.

Lucie lächelte, und erzählte jetzt von dem Vorhaben vielleicht die weiblichen Tanten und Verwandten von den anwesenden Mädchen interviewen zu lassen.

Zunächst wurde allgemein gelacht, und es begann ein Geschnatter, wie es eben in einer Klasse zugeht!

Lucie ließ sie schnattern, irgendwann konnte sie schon weiter erzählen! Das tat sie denn auch und erklärte: "Bei den Tanten und Verwandten soll natürlich nur die Frage fünf beantwortet werden, soweit sie noch in Erinnerung geblieben ist!"

Alles lachte ...

Nach einer kurzen Debatte stand fest, daß nicht nur die Frage fünf: hat dir das erste Petting gefallen, sondern auch die anderen Fragen in leicht abgewandelter Form gestellt werden sollten. Gemeinsam wurden also jetzt die Fragen bis zu aller Zufriedenheit umgeschrieben.

Alle Mädchen die sich trauten, die Tanten, Verwandten und die eigene Mutter zu interviewen, sollten die Antworten schnellstens per Post an Lucie zurückschicken.

Somit stand die Organisation wieder, und es konnte sofort ein neuer Gesprächsrunden-Termin ausgehandelt werden.

Die Zeit schritt voran ...!

Lucie wollte die engagierten Gespräche, die sich im Seglerheim einfach ergeben hatten, nicht unterbrechen, aber schließlich sollten auch die Erfahrungen und Ergebnisse der ersten Gesprächsrunde noch diskutiert werden!

Mitten unter den Diskutierenden standen Anja und Sybille!

Lucie lächelte.

Ihre beiden Freundinnen waren zum Zuhören verbannt, scheinbar hatten die Gäste viel mitzuteilen ...!

Sie schaute auf die Uhr, und dachte: 'ich muß die jetzt unterbrechen, sonst kommen wir mit unseren Themen nicht mehr durch'!

Damit nahm sie ihr Trinkglas und schlug es leicht gegen die Colaflasche.

"Es tut mir leid, euch unterbrechen zu müssen, aber die Zeit drängt! Kann ich um eure Aufmerksamkeit bitten?"

Bald darauf saß jeder auf seinem Platz und schaute gespannt, auf die hinter dem Rednerpult stehende Lucie. Sie konnte beginnen!

"Erst nach dem heutigem Ergebnis steht fest, daß wir weitermachen können, und zwar mit allen Konsequenzen! Ich werde über Sexualpraktiken sprechen, über die sonst kaum gesprochen wird, weil uns Schamgrenzen gesetzt sind. Die Schamgrenzen sind uns angeboren, anerzogen, und gehören als eine Selbstverständlichkeit zu unserem Leben!

Wir gehen davon aus, daß Aufklärungsdefizite dort bestehen, wo im Elternhaus die Schamgrenzen sehr hoch angesetzt sind. Vielleicht aber, und das ist eine Hypothese, glauben die Eltern, ihre Kinder lernen im Laufe ihres Erwachsenenalters über sexuelle Neigungen automatisch hinzu ...! Dies ist eine im Großen und Ganzen zu bejahende Annahme, vielleicht sogar eine selbstverständliche Normalität!

Jedoch stehen dieser Selbstverständlichkeit jene Menschen gegenüber, die ihre Aufklärungsdefizite erst erkennen, wenn ihre Partnerschaften in eine Krise zu geraten drohen!

Also müssen sich die Verhaltensweisen, die mit der Sexualaufklärung gekoppelt sind, ändern!

Die Aufklärungsinhalte sollen dahingehend erweitert werden, daß zum Beispiel der Junge, zunächst in der Theorie, lernt, welche Stimulanzmöglichkeiten dem Mädchen angenehm sind!

Auch wenn ich mich wiederhole: der allererste Intimkontakt zwischen einem Jungen und einem Mädchen muß für beide ein wunderschönes und sehr nachhaltiges Erlebnis sein!

Wenn ich vom Intimkontakt spreche, möchte ich betonen, daß ich den Pettingkontakt, und nicht den Liebesakt meine!

Die unangenehmen 'Grabscherfahrungen', die Anja, Sybille und ich erlebt haben, werden verhindert, wenn dem lernbereiten, lernwilligen Jungen in der Theorie gelehrt werden könnte, seine Freundin gefühlvoll zu stimulieren. Die Mädchen werden ihrerseits in Zukunft viel besser gelehrt bekommen ihre Pettingwünsche mutiger zu äußern! Es wird ihnen um so leichter fallen wenn sie wissen, daß die Jungen auf diese Gespräche vorbereitet sind, die Wünsche zu begreifen - und umzusetzen!

Auch wenn es peinlich klingt, und zunächst Verständnislosigkeit bei euch auslösen sollte, es muß auch dies gesagt werden: die Jungs werden es in Zukunft nicht mehr dem Zufall überlassen, von der Freundin 'richtig' am Glied angefaßt zu werden, sondern sie äußern sich liebevoll über die richtige 'Handhabung' ...!"

Lucie wurde mit großen Augen angesehen, darum ergänzte sie ihren letzten Satz: "Ihr werdet es nicht glauben, doch die 'richtige Handhabung' gehört beim Austausch von Zärtlichkeiten nicht immer zu den zitierten Selbstverständlichkeiten!"

Zu Lucies Erstaunen nickten einige Mädchen mit dem Kopf, während andere teilweise belustigt, teilweise verlegen lächelten! Lucie reagierte auf das verstehende Kopfnicken, fixierte eines der Mädchen mit den Augen und sagte: "du hast eben mit dem Kopf genickt, kommt es dir bekannt vor was ich eben angedeutet habe?"

"Ja, das kommt mir bekannt vor, und ich freue mich, daß du dieses Thema anschneidest. Ich mag zwar keine Einzelheiten erzählen, nur so viel: einfach anfassen und immer hin und her reiben braucht nicht immer richtig zu sein!"

Das waren mutige Worte! Erstaunte Blicke trafen das Mädchen, aber Lucie nickte mit dem Kopf und ergänzte ebenso mutig: "ein rhythmisches hin und her bewegen des Gliedes mit der Hand bei ganz zurückgezogener Vorhaut kann sehr unangenehm sein, da eine direkte Reibung der Eichel schmerzhaft ist ...!"

Niemand wußte darauf etwas zu sagen!

Eine nachdenkliche Stille überzog den Raum, bis ein Mädchen wissen wollte wie ein Kondom übergezogen wird.

"Oh", rief Lucie, "das ist Anjas Thema, sie beschreibt uns gleich interessante Details", dabei schaute sie jetzt auf ihr Manuskript.

"So, und jetzt komme ich zu meinem ganz persönlichem Erlebnis ...!

Für unseren neuen Gäste möchte ich noch einmal wiederholend erklären, daß ich eine sehr negative Pettingerfahrung hinter mich gebracht habe. Es war die allererste!

Aus diesem Grunde wollte ich niemals mehr mit einem Jungen intim werden!

Eine Freundin, der ich mich anvertraute, tröstete mich mit den Worten, ihr sei es genau so gegangen! Trotzdem war ich kaum zu trösten!

Schließlich erzählte ich alles einem sehr guten Freund. Er ist Mitte dreißig und ein langjähriger Freund meiner Familie. Bei ihm habe ich mich ausgeheult und von meinen blöden Grabscherfahrungen berichtet. Zu ihm habe ich einhundertprozentiges Vertrauen! Er tröstete mich mit dem Hinweis, daß Jungen mit fünfzehn Jahren fast noch gar nicht wissen wie das Wort Petting geschrieben wird, geschweige denn, etwas von der praktischen Ausführung verstehen. Den Jungs sind in diesem Alter Freundschaften zu anderen Jungen sehr häufig wichtiger!

Ein paar Tage später war ich wieder bei dem Freund zu Besuch. Wir planten einen Segeltörn.

Irgendwie kamen wir auch wieder auf meine blöden Grabscherfahrungen mit Jens zu sprechen. Nach einer halbstündigen Debatte über 'was-wäre-wenn' und 'warum-ist-was-so', schaute er mich mit einem halb ernsten, halb freundlichen Gesichtsausdruck an und sagte: 'Lucie, auch wenn es sich im ersten Moment komisch anhört, möchtest du nicht von mir das 'ABC-der-Liebe' gelehrt bekommen'?

'Wie bitte?'

Völlig unvorbereitet traf mich dieser Vorschlag wie ein Blitz aus heiterem Himmel - und natürlich auf Ablehnung! Aber er ließ nicht locker: 'möchtest du nicht von dem Mindestanspruch erfahren, den du von einem Jungen erwarten kannst, nein erwarten mußt? Willst du es nicht lernen deinen Anspruch beim Petting dem Freund verbal mitzuteilen, um ihn anschließend schöner zu empfinden?

Möchtest du nicht lernen einen Kondom richtig zu benutzen?'

Nicht immer sind dem Jungen, dem Mädchen die richtigen Pettingpraktiken, der richtige Umgang mit dem Kondom bekannt! Nicht immer ist jene Intuition vorhanden, die jegliches Erlernen überflüssig macht.

Manche Menschen kommen bei dem Erwerb ihres Führerscheines mit der Mindestanzahl von Fahrstunden aus, während andere fünfzig und mehr Fahrstunden benötigen. Mit dem Petting ist es ähnlich! Während dein Jens nur grabschen konnte, kann dein nächster Freund viel einfühlsamer sein! Über Petting, über Liebe reden, d a s ist die Kunst!

Sagen zu können, wie man Streicheleinheiten empfinden möchte, das Lucie, gehört Heute zu einem richtigen Aufgeklärtsein!

Nicht jedem Jugendlichen gelingt es seine Schul- und Elternaufklärungstheorien zur Perfektion und zu einem guten Liebhaber zu entwickeln!'

Ja, genau so sprach der Freund zu mir! Er verwirrte mich, machte mich aber auch sehr neugierig und bescherte mir eine schlaflose Nacht!

OK, um es kurz zu machen! Jenseits aller Aufklärungsnormen nahm ich seinen Vorschlag an - und habe es nicht bereut! Nur, es hat mich viel Überwindung gekostet, aber das ist ja wohl normal, stimmt's?"

Lucie schaute auf ihr Manuskript. Sie holte tief Luft: "Ich habe meinen ganzen Mut aufbringen müssen euch dieses Erlebnis zu schildern! Das wollte ich nur mal als Randbemerkung einfügen ..."

Für den aufkommenden Beifall bedankte sich Lucie. Sie spürte das Blut ins Gesicht schießen: 'immer bekomme ich einen roten Kopf', dachte sie wütend.

"Feststellen möchte ich aber auch folgendes", fuhr sie fort, "vielen jungen Liebespaaren gelingt es wohl, ohne jegliche Anleitung, auf Grund ihrer Aufklärung und Intuition, ein ausgefülltes Sexualleben zu führen! Um aber allen denjenigen, Sybille, Anja und mich eingeschlossen, behilflich zu sein, Sexualität verständlicher, transparenter zu gestalten und lernen über Pettingpraktiken zu sprechen, wollen wir mit Mut eine Aufklärungsreform in Gang setzen! Mit eurer Unterstützung, mit Hilfe von euren Freundinnen, von befreundeten Pärchen aus dem Verwandten- und Bekanntenkreis, mit den Schülerinnen und Schülern unserer und eurer Schulen, wollen wir eine öffentliche Diskussionsrunde in unserer Schulaula veranstalten, das ist unser Ziel!

Die Öffentlichkeit und die Schülerpressen der verschiedensten Schulen sind dazu eingeladen! Was haltet ihr von den Vorschlägen?"

Einige riefen: "Das ist toll", andere klatschten, nickten mit dem Kopf und trommelten zustimmend mit den Fäusten auf den Tisch.

Lucie verschaffte sich Ruhe bevor sie weiter begann die Mädchen auf sich einzuschwören: "Ich will nicht müde werden darauf hinzuweisen: Jugendliche aus den sozial benachteiligten Bevölkerungskreisen schieben ein riesiges Aufklärungsdefizit vor sich her!

Schlechte schulische Leistungen, Armut, geschiedenes Elternhaus, wenig Taschengeld, keine Zukunftsperspektive, kein Geld für Klamotten. Ja, da wird nicht zuletzt auch mangelnde Liebe

durch Gewalt kompensiert! Vielleicht können wir mit unserer Idee ein kleines bißchen von der Gewalt ablenken. Wo Liebe lebt, verdrängt sie die Gewalt, wir werden noch differenzierter darüber sprechen!"
Sie schaute auf die Uhr und rief dann: "Wir machen erst mal eine kleine Pause!"
Artig bedankte sie sich für den Beifall.
Mit den angebotenen Getränken in der Hand standen später die Meetingteilnehmerinnen vor dem Seglerheim und diskutierten in kleinen Gruppen angeregt über das eben Gehörte. Komischer Weise sind Schüler immer nur dann redselig, wenn sie wie hier in einer Gruppe zusammenstehen. Im 'Unterricht' fühlen sich viele gehemmt.
'Wie in der richtigen Schule', dachte Lucie mal wieder.
Sie rief Sybille zu sich und fragte ob sie bereit wäre, "sich in den Ring zu stellen", wie sie es scherzhaft formulierte.
Lucie bat nun die Teilnehmerinnen die Pause zu beenden, kündigte Sybille im alten, würdigen Seglerheim, an dessen Wände viele Fahnen und Wimpel hingen und wo in einer großen verschlossenen Glasvitrine Pokale in allen Größen von den erfolgreichen Segelregatten des Vereins Auskunft gaben, an!
Da stand Sybille nun hinter dem provisorischem Stehpult!
Alle Augen waren auf sie gerichtet, und die Unsicherheit ihrer Stimme versuchte sie mit forschen Worten zu verdrängen. Dies gelang ihr sehr gut!
Sie stellte sich noch einmal vor und begann mit den Worten: "In einer freiheitlichen Demokratie hat jeder Bürger die Möglichkeit, im Rahmen von Recht und Gesetz, sich auf Grund seiner geistig-körperlichen Fähigkeiten zu entwickeln!
Auf die Schüler bezogen kann davon ausgegangen werden, daß die meisten auch entsprechend ehrgeizig und fleißig sind und mit mehr oder weniger Schwierigkeiten die Schul-, Lehr- oder Studienzeit, einigermaßen erfolgreich überstehen, um später einen gut dotierten Job zu bekleiden.
So weit so gut.
Nun, es gibt aber auch Jugendliche in unserem freiheitlichen Rechtsstaat, die auf Grund ihrer Erziehung, ihrer vielleicht armen oder getrennt lebenden Eltern keine Erziehungsrichtlinien kennen, als Schulentlassene keine Lehrstelle finden und als Jungarbeitslose gleich mit der Sozialhilfe ihr Erwachsenenleben beginnen.
Diese Jugendlichen stellen eine unübersehbare Belastung für den Sozialstaat dar.
Nur ändern kann dieser Staat immer nur ansatzweise, und auch wir in dieser Runde werden nichts ändern. Wir können nur feststellen, daß aus den Kreisen der Perspektivlosen auch die Jugendkriminalität ihren Anfang nimmt.
Vielleicht trägt unsere Idee einer erweiterten Aufklärung zu mindestens dazu bei, von kriminellen Taten abzulenken, wenn das Sexualleben einen besseren Stellenwert bekommt, als die Jugendlichen es heute leben.
Ich meine also die Oberflächlichkeit, im Erleben partnerschaftlicher Beziehungen. Nehmen, was man in sexueller Hinsicht gebraucht, wegwerfen, wenn eine Befriedigung gefunden wurde. Beziehungslose Jugendliche leben anscheinend so, die Medien berichten darüber immer wieder!
Wir wollen also mit unseren Aufklärungsvorstellungen dem Jugendsexualleben jene Impulse verleihen, die von der Gewalt ablenken.

Unser Motto könnte jetzt heißen: Sexualität jung erlernen - und zwar noch bevor die ersten Pettingkontakte erlebt werden!

Die gelernten Praktiken d a n n anwenden und umsetzen, wenn die erste große Liebe in das Leben zweier junger Menschen tritt!

Wenn für einen Auszubildenden eine dreijährige Lehrzeit notwendig ist, um aus ihn einen gelernten Fachmann zu machen, ist das Erlernen von richtig angewandten Pettingpraktiken von der gleichen Wichtigkeit!

Erst nach der Lehre setzt der Auszubildende seine erworbenen Kenntnisse zu seiner, und seiner Firma Zufriedenheit um.

Warum sollten in der Sexualität also nicht die gleichen Regularien gelten? Warum kann es nicht einleuchtend sein, die harmonische Befriedigung der jugendlichen Pettingbedürfnisse schulisch zu vermitteln?

Sollten nicht gerade diejenigen Jugendlichen das Erlernen richtiger Sexualpraktiken angeboten bekommen, die aus den erwähnten gefährdeten und sozialschwachen Bevölkerungskreise stammen?

Fragen über Fragen - nur eine verbindliche Antwort müssen wir uns selbst erarbeiten!

Unser System kennt wenig Maßnahmen, hinsichtlich einer intensiveren Sexualerziehung!

Der zu vermittelnde Aufklärungsauftrag der Schule, gegen den man noch nicht einmal meckern darf, weil er schulisch richtig vermittelt wird, muß sich darauf verlassen, daß der aufgeklärte Jugendliche weitere Erfahrung selbst macht und positiv umzusetzen versteht. Wovon in den meisten Fällen wohl auch auszugehen ist.

Wo aber bleiben die Jugendlichen von denen ich Eingangs sprach?

Sie stellen keine Minderheit mehr dar, sondern gefährden in immer größer werdenden Ausmaß unser demokratisches System!

Das ist also der Stand der Dinge!

Wenn wir nun meinen, daß der Einsatz des Aufklärungsberaters notwendig wäre, dann sehe ich die Zweifel in euren Gesichtern. Ist es wirklich so?"

Sybille hätte gerne eine Stellungnahme gehört.

Statt einer einzelnen Stellungnahme wurde plötzlich geklatscht!

'Das war wohl eine kollektive positive Reaktion', dachte Sybille und sagt laut: "Danke! Unsere Pläne werden schwerlich durchzusetzen sein, darum freue ich mich auf eure Verstärkung!"

Wieder wurde applaudiert - dieses Mal noch lauter!

Sybille lächelte dankbar!

Das war die von unseren Dreien im Stillen erhoffte Zustimmung!

Erleichtert konnte sie weiter 'dozieren'!

"Die Polizei und die Justiz stehen der ständig wachsenden Jugendkriminalität zunehmend machtlos gegenüber!

Wir können feststellen: Gewalt und Kriminalität agiert - Polizei und Justiz reagiert! Und das mit mäßigem Erfolg! Dem demokratischem System sind im Hinblick auf Strafvereitelung finanzielle Grenzen gesetzt!

Geld aus den öffentlichen Haushalten für Tagesfreizeitstätten, die sozialpädagogisch ausgerichtet sind, fallen immer mehr unverantwortlichen Sparmaßnahmen zum Opfer. Für unser Verständnis unfaßbar!

So finden sich gerade die Jugendlichen, die es am meisten nötig hätten in Tagesfreizeitstätten eine sozialpädagogische Betreuung zu bekommen, auf der Straße wieder ..., bereit zu neuen Straftaten!

Muß sich nicht etwas ändern?

So, damit bin ich am Ende meines Vortrages angekommen!

Vielen Dank für eure Aufmerksamkeit!"

Während Sybille die einzelnen Blätter ihres Manuskriptes zusammen packte, wurde nicht nur laut geklatscht, sondern auch mit den Füßen getrampelt! Das alte Seglerheim erbebte unter den Beifallskundgebungen! Sie blieb noch einen Moment stehen, deutete lächelnd eine kleine Verbeugung an, und setzte sich anschließend wieder auf ihren Platz.

Jetzt stand Anja auf und stellte sich hinter das Stehpult. Nach Außen wirkte sie cool und selbstbewußt!

"Ich bin Anja, sechzehn Jahre alt und besuche die Hauptschule. Ich wohne in Harburg, das ist zwar immer ein weiter Weg, aber für unsere Sache soll mir kein Weg zu weit sein!"

Dafür bekam sie schon einmal Beifall!

"Meine Aufgabe wird es sein, die Notwendigkeit eines Aufklärungsberaters zu erläutern, anschließend von meinen persönlichen Erlebnissen zu berichten und, last but not least, das Thema Kondome beleuchten!

Aber zunächst zum Aufklärungsberater.

Natürlich ist dieser Job noch eine Utopie und bei einer gesunden Sexualentwicklung nicht notwendig, das wissen wir!

Trotzdem lassen wir ihn jetzt in einem Beispiel existieren und betonen, daß dann auch jeder Jugendliche, egal aus welchem Milieu, die Möglichkeit der Inanspruchnahme hat!

Wenn also Jugendliche durch eine ungewöhnliche Aufklärungsmethode eine tiefere Erlebnisfähigkeit gelehrt bekommen, die wiederum zu einer festeren Partnerbindung führen kann, wäre doch schon viel erreicht!

Wir konstruieren uns für unser Beispiel einen Jungen namens Peter! Er ist siebzehn Jahre alt, lebt bei seiner geschiedenen Mutter, hat leider keinen Hauptschulabschluß, keinen Job, geht nicht zur Berufsschule und finanziert seine Aufwendungen durch Beschaffungskriminalität. Seine Spezialität: Einbruch, Diebstahl und Handtaschenraub. Bisher ist er noch nie geschnappt worden.

Er lebt sehr oberflächlich und nur in der Gegenwart von einem Tag zum anderen ...!

Er ist jedoch intelligent genug, sich Gedanken über seine Zukunft zu machen. Manchmal liegt er nachts im Bett und heult sogar, wenn er an seine Zukunft denkt! Er würde so gern einen Arbeitsplatz ausfüllen, regelmäßig Geld verdienen und vielleicht eine Wohnung mit einer festen Freundin teilen!

Zu Zweit sein, ein festes Ziel - und später eigene Kinder ...

Dann wäre er glücklich, wie die jungen Pärchen, die er heimlich beneidet, wenn er sie mit dem Kinderwagen durch die Straßen schieben sieht!

Heute hatte Peter einen guten Nachmittag!

Seit einiger Zeit kannte er Tina aus der Clique. Er hatte sie solange angebaggert bis sie 'Ja' sagte! In einer leeren Fabrikhalle konnte er mit ihr schlafen. Sogar ein Kondom hatten sie benutzt! Als er abends im Bett lag, waren seine letzten Gedanken: 'Und ihre Freundin bekomme ich auch noch!'

Was soll uns das sagen? Können wir seine Gedanken nachvollziehen?”

Die Mädchen nickten teilweise mit dem Kopf, andere schauten Anja eher skeptisch an.

Claudia meldete sich: ”In gewisser Weise ist es schon normal, schließlich sind wir im neugierigen Alter und denken doch nicht gleich ans heiraten, wenn uns ein Typ gefällt!”

”Muß man denn gleich mit seinem Typen schlafen?”, warf ein anderes Mädchen ein.

”Mit jemanden schlafen würde ich erst, wenn ich genau wüßte, daß ich ihn, und er mich, lieben würde”, rief eine Dritte.

Eine Diskussion über das 'für' und 'wider' begann!

Einige Minuten ließ Anja die Mädchen diskutieren. Irgendwann klopfte sie auf die Pultplatte, und es trat die gewünschte Ruhe ein.

"In welchem Alter ein Junge mit einem Mädchen schlafen sollte, muß letztlich jeder für sich selbst entscheiden!"

'Ich bin ja auch noch nicht einmal sechzehn Jahre alt gewesen', dachte Anja!

”Wichtig sind nur zwei Dinge! Erstens, man hat sich lieb, und zweitens, man benutzt ein Kondom! Sonst ..., sie beugte sich weit über das Stehpult und hob warnend den Zeigefinger: verzichtet auf den Liebesakt! Sprecht statt dessen!

Vermittelt in diesen Minuten der Leidenschaften eurem Partner verbal, wie ihr auch a n d e r s in seinen Armen zu einem Höhepunkt gelangen könnt! Wenn die Liebenden die verbal geäußerten Wünsche in die Praxis umsetzen und sich gegenseitig mit den Händen und mit den Fingern auf die berühmte 'Wolke Sieben' katapultieren, entstehen, durch die damit verbundenen Lustgefühle, ein bestimmt größeres Zusammengehörigkeitsgefühl, als es der in unserem Beispiel erwähnte Peter es sich je hätte träumen lassen!

Sicherlich wird unser 'Beispielpeter' sein Mädchen kennenlernen, heiraten und stolzer Vater werden!

Jedoch die anfängliche Euphorie seiner gewünschten Partnerschaft und seinem Kind, wird nur allzu schnell vergessen und durch Alltagssorgen und finanzielle Schwierigkeiten gedämpft.

Die Gefahr, daß ihm die Sorgen über den Kopf wachsen, sind sehr groß.

Mit der Zeit bietet das Ehesexualleben auch keine Höhepunkte mehr - wie

sollte es auch. Und bald wird dieses Ehepaar eines von den mehr als einhundertsechzigtausend Paaren sein, deren Scheidung zu registrieren ist! Zwei Fragen können wir uns jetzt stellen:

1) Könnte der von uns gewünschte Aufklärungsberater eine Hilfe gewesen sein?

2) Müßte für 'Beispielpeter' nicht jetzt die entsprechende staatliche Fürsorgepflicht in Form von Wohnraumstellung und Arbeit nachhaltig greifen, bevor er vielleicht wieder straffällig wird?

Wie Sybille schon erwähnte, reagiert unsere Justiz auf Gesetzesverstöße mit Strafe.

Ein riesiger Geldverschlingernder Drache ist dieser für Strafe zuständige Behördenapparat, dessen Kosten proportional zur allgemeinen Kriminalität in die Höhe schnellen.

Das Fazit: die Reaktion der Justiz auf Strafe belastet in immer größer werdenden Maße den Staatshaushalt!

Ergo bleibt für das ausreichende reagieren für alle sozialen Notwendigkeiten, für Präventivmaßnahmen, viel zu wenig finanzieller Spielraum!

Dafür müssen für unseren 'Beispielpeter', sollte er jetzt auch noch straffällig geworden sein, Steuermittel aufgewandt werden, die den Steuerzahler doppelt belasten! Und zwar:

1) der riesige Aufwand durch Polizei und Justiz

2) die Strafvollzugskosten (Gefängniskosten).

Interessant wäre es zu wissen, wie hoch die Kosten eines zu mehrjähriger
Haftstrafe Verurteilten sind!

Es bleibt für uns ganz einfach festzustellen, daß der Staat als Gesamtverantwortlicher, genau
verkehrt herum reagiert!

Anstatt seine finanziellen Möglichkeiten in die Vorbeugemaßnahmen zu
investieren, wartet er bis eine Straftat begangen wurde, um dann mit Strafe zu reagieren!"

Anja schaute auf ihr Manuskript.

In diesem Moment erhob sich die Hand eines Mädchen, welches brav darauf wartete, bis Anja
mal hoch sah.

Anja bat sie einfach loszulegen.

"Ich habe vor einiger Zeit in einer großen Abendzeitung gelesen, daß die Hamburger Polizei
für Vorbeugemaßnahmen nur neun Beamte als Jugendbeauftragte einsetzen kann, und das in
einer Stadt mit 1,8 Millionen Einwohner!"

"Ja, es sieht wirklich traurig aus und ist fast lachhaft, wie gering die Mittel für Vorbeugemaßnahmen zur Verfügung stehen! Es ist aber müßig dieses Thema an unserem heutigen Abend zu
diskutieren. Wir können zur Zeit nichts ändern, aber vielleicht gelingt uns ja bald ein kleiner
Schritt, wer weiß!"

Anja lächelte hoffnungsvoll.

"So", fuhr sie fort, "bevor wir das Kondom-Thema abhandeln, habe ich ein ganz persönliches
Erlebnis mitzuteilen! Ich habe einen Freund und ich habe ihn sehr lieb!"

Von der vorübergehenden Trennung erwähnte sie nichts.

"Wir haben miteinander geschlafen - und prompt wurde ich schwanger!" Anja legte eine
Kunstpause ein, sah in ihr Publikum und in sehr betretene Gesichter!

Es war ganz still in dem Saal. Jedes Mädchen konnte sicherlich mitfühlen, in welch einer unangenehmen Lage Anja sich befand ...!

"In der sechsten Schwangerschaftswoche bin ich zur Untersuchung zu einem Frauenarzt gegangen, der mich später in ein Krankenhaus überwies. Dort ist der Schwangerschaftsabbruch vorgenommen worden.

Wie ihr euch vorstellen könnt, war ich nicht nur ziemlich down, sondern habe auch viel geheult.
Ich hatte Angst, durch diesen Eingriff keine Kinder mehr zu bekommen.

In dieser Hinsicht bin ich zwar getröstet worden, jedoch geschimpft haben die Ärzte mit mir,
weil wir keinen Kondom benutzten!

Mir klingt immer noch der Satz eines Arztes im Ohr der mir sagte: 'Ist dir eigentlich bewußt,
daß wir entstehendes Leben abbrechen mußten?'

Meine Oma, sie ist die Erziehungsberechtigte, weil ich Waise bin, wurde wegen mangelnder
Aufsichtspflicht angemeckert.

Da könnt ihr euch vorstellen, wie uns allen zumute war!

Wenn ihr nun wissen wollt, warum ich schwanger wurde, dann kann ich euch nur sagen, wir
verzichteten aufs Kondom, weil es sich in der Eile nicht so schnell überstreifen ließ, wie mein
Freund es sich gewünscht hatte!

Im Nachherein kann man über so viel Blödheit lachen, nur als die Ärzte mit mir meckerten, war
ich ständig am heulen!"

Anja hob warnend den rechten Zeigefinger: "Wenn ihr die Absicht habt, mit eurem Freund zu schlafen, dann seid ihr ja auch schon sehr vertraut miteinander, aber vergeßt nicht das Kondom ...!

Die Vertrautheit kann es auch mit sich bringen, daß das Überziehen des Kondoms ins Liebesspiel mit einbezogen wird, damit entfällt das hastige, schnell gehandhabte hantieren mit dem Verhüterli!

Die Benutzung eines versehentlich halb abgerollten Kondoms erweist sich als außerordentlich schwierig.

Einmal verkehrt, nur ein kleines bißchen abgerollt, wird sich das Liebesutensil nur schwerlich weiter verwenden lassen! Diese Situation erlebten wir, aber unter dem größten Versprechen sich hundertprozentig vorzusehen, liebten wir uns vertrauensvoll 'ohne'! Und mein Freund h a t sich vorgesehen!

Dem Arzt im Krankenhaus habe ich es beschwörend gesagt! Der hat verständnisvoll mit dem Kopf genickt, und mich anschließend mit den Worten aufgeklärt, daß schon beim Vorspiel die Samenfädchen bis in die Eichelspitzen vordringen, und eine Befruchtung stattfinden kann, sobald das Glied in die Scheide eingeführt wurde.

Von einer Ejakulation, das heißt, von einem Höhepunkt, kann zu diesem Zeitpunkt noch keine Rede sein!"

Anja machte eine kleine Pause und trank ein Schluck Mineralwasser. Dann ging es weiter!

"Wenn ein Junge und ein Mädchen sich so richtig lieb haben, gibt es unheimlich viel zu reden, ihr werdet es mir bestätigen können. In diesen Gesprächen weist euren Freund daraufhin, daß er sich mit der Handhabung des Kondoms befaßt, damit im 'Ernstfall' jeder Handgriff sitzt!"

Ein Lächeln ging durch die Reihen, auch Lucie und Sybille grinsten wie zwei Honigkuchenpferde!

Anja war schon einige Male vom Manuskript abgewichen und hatte aus dem Stegreif ihren Vortrag ergänzt!

Sie fragte nun ihre Zuhörerrinnen: "Kann sich jemand durchringen aus seinem Erfahrungsschatz mit dem anderen Geschlecht etwas zu berichten?"

Es meldete sich ein Mädchen.

"Würdest du uns bitte deinen Namen nennen?"

"Ich heiße Carmen, und bin sechszehn Jahre alt. Ich habe einen festen Freund. Wir schlafen schon miteinander und ich kann euch über die Kondomanwendung ein interessantes Detail vorführen!"

Sie bückte sich, öffnete ihren Rucksack und beförderte ein großes Paket zu Tage!

Es waren Kondome ...!

Alles schaute staunend auf Carmen!

"Ich habe die Kondome von meinen Eltern für den heutigen Abend als Anschauungsmaterial mitbekommen!"

Sie reichte das Paket mit den Worten herum: "Bitte bedient euch!"

Schnell waren alle Mädchen im Besitz eines Kondoms. Carmen hielt ihr Kondom hoch und sagte nun: "Nur wer das Kondom genau anschaut, kann feststellen, nach welcher Seite es sich abrollen läßt! Könnt ihr das bestätigen?" Sie schaute in die Runde.

Die Mädchen drehten ihr Kondom von rechts nach links, von links nach rechts, und kamen nach sorgfältiger Untersuchung zu dem verblüffenden Ergebnis, daß Carmen absolut recht hatte!

"Das Abrollen des ersten Zentimeters erforderte vom Benutzer eine gewisse konzentrierte Aufmerksamkeit! Meine Eltern fanden diesen Aspekt so interessant, daß sie mich baten, euch ihre gemachten Erfahrungen weiterzugeben!"

Dafür gab es einen ordentlichen Applaus!

Mit vielen Grüßen an Carmens Eltern, und einem herzlichen Dankeschön für diesen wichtigen Hinweis, bedankten sich Lucie und Sybille per Handschlag bei Carmen.

Jetzt hatte ein Mädchen namens Susanne eine Frage: "Mein Freund und ich wollen möglichste ohne Kondom miteinander schlafen, darum möchte ich gern wissen, von wann bis wann die unfruchtbaren Tage einer Frau sind?"

"Das ist eine gute Frage, Susanne, nur, die können wir dir nicht generell beantworten. Sie sind von Frau zu Frau verschieden. Wir können dir nur raten, vielleicht mit deiner Mutter über deinen Monatszyklus zu sprechen, beziehungsweise gemeinsam einen Frauenarzt aufzusuchen."

"Danke für den Hinweis", sagte Susanne ganz artig!

"Zum offiziellen Abschluß des heutigen Abends, kann ich auch noch von einem Kondomproblem berichten. Es ist eine fast peinliche, aber leider aktuelle Geschichte!"

Anja holte tief Luft - das war aus ihrer Sicht auch nötig.

Aber ich muß es loswerden', dachte sie, und begann: "Also, unser Problem war, wenn mein Freund sich das Kondom überstreifen wollte, zog sich automatisch die Vorhaut mit nach hinten. Schob er die Vorhaut aber wieder nach vorn, befand sich die Kondomhaut unter der Vorhaut.

Das war natürlich ein unangenehmes Gefühl. Die gleiche Prozedur mußte nun mit einem neuen Gummi sehr sorgfältig wiederholt werden!

Ich wollte nur darauf hinweisen: die Benutzung eines Kondoms erfordert mehr Aufmerksamkeit, als uns dies das alberne Bananenbeispiel in der Schule lehren kann."

'So, nun war alles Peinliche gesagt', dachte Anja und bedankte sich für den Beifall!

"Damit bin ich eigentlich am Ende meines Beitrages! Ich möchte mich noch einmal ganz herzlich bei Carmen bedanken!"

Und wieder bebte das Seglerheim ...!

Somit war der offizielle Teil des Nachmittages beendet.

Lucie stand auf, stellte sich neben Anja und gab den Termin für die nächste Sitzung bekannt.

Inständig bat sie um schnelle Rücksendung der Interviewergebnisse von den Tanten, den Verwandten und den Müttern!

Im Seglerheim bildeten sich jetzt kleine Gruppen. Der heutige Nachmittag sorgte bei allen Teilnehmern für viel Gesprächsstoff.

Lucie beobachtete die diskutierenden Mädchen und dachte: 'So manches von dem, worüber sich die Mädchen jetzt unterhalten, hätte ich gerne laut von ihnen gehört. Na ja, es ist eben nicht so einfach seine Hemmungen zu überwinden'.

Dafür mußte man Verständnis aufbringen. Lucie wunderte sich, woher   s i e den Mut nahm, ihren Hemmungen so derart die Zähne zu zeigen ...!

Während der Diskussionen spielten einige Mädchen gedankenverloren mit den Kondomen in ihren Händen ..., wenn Außenstehende d a s sehen würden ...!

Der Stichkanal in Harburg lag an diesem warmen Nachmittag wie verlassen da. Keine Barkasse mit einer Schute im Schlepptau, kein Motor- und kein Ruderboot unterbrach die Stille.

Das bräunliche Wasser lag wie Blei im Kanal. Kein Windhauch verursachte ein paar Wellen, und die weißen Dampfwolken aus den wie Chrom blitzenden Schornsteinöffnungen der nahe gelegenen Raffinerie stiegen senkrecht in den wolkenlosen Himmel.

Weithin war der langgezogene Ruf der Goldammer zu hören ...!

Das einzige Schiff weit und breit lag fest vertäut an einem ca. zehn Meter langem Laufsteg, der mit der Straße verbunden war. Dieses Schiff wird nie mehr seinem eigentlichen Zweck zugeführt werden. Es hatte ausgedient, war zu einer großen Wohnung umgebaut, und diente Anja als zu Hause.

Im Moment stand sie auf dem Laufsteg, schaute immer wieder auf die Uhr und dann auf die Straße hinunter, als ob sie auf etwas ganz bestimmtes wartete!

Plötzlich erfüllte, zunächst noch ganz weit weg, dann immer näher kommend, Motorradgeräusch die Straße. Direkt vor dem Schiffslaufsteg hielt das Maschine.

Der Motor wurde abgestellt, der Fahrer stieg ab, die Maschine wurde aufgebockt und der abgenommene Helm an den Lenker gehängt.

Etwas zögernd ging der junge Mann auf Anja zu, bis sich beide gegenüber standen. Sekunden schauten sie sich wortlos in die Augen, dann lagen sie plötzlich einander in den Armen.

"Anja", flüsterte Tom und streichelte ihre Haare.

So standen sie engumschlungen, als wollten sie sich nie wieder trennen!

Nach Herzeleid, hier standen sie nun, und hatten alles um sich herum vergessen. Zwei, die sich freuten, einander wieder zu haben.

Nach dieser sehr langen Umarmung löste sich Anja zärtlich von ihren Tom. "Du riechst so gut, was für ein Parfüm benutzt du?"

" Escada pour homme", sagte Tom und lächelte seine Anja verliebt an.

"Das mußt du jetzt immer benutzen!"

"Warum?"

"Es soll mich immer an diesen Augenblick erinnern!" Sie lächelte ihren Tom an und gab ihm einen Kuß auf die Lippen.

"Dieses Parfum werde ich bestimmt noch gerne riechen, auch wenn ich schon Oma geworden bin! Nun komm' bitte erst mal rein!"

Sie ging vor, und Tom folgte ihr über den Laufsteg.

Anjas Oma nahm Tom herzlich in die Arme, Schwester Heike war nicht 'an Bord' ,sie machte bei ihrer Freundin Schularbeiten.

Tom schaute sich in dem ihm vertrauten Wohnzimmer um. Es hatte sich nichts verändert! Nur daß in dem Vorschiff gelegene Zimmer von Anja war mit einigen Bildern der 'Blue Eyes' soweit ergänzt, daß kaum noch Tapete zu sehen war!

Anja holte für beide Cola aus dem Kühlschrank und dann pflanzten sie sich in die echt handgearbeiteten Korbsessel. Jetzt mußte Tom natürlich erst einmal von seiner neuen Umgebung berichten.

"Habt ihr euch schon eingelebt?"

"Wie ist deine neue Schule? Und du hast jetzt sogar eine eigene Wohnung?"

Tom wußte gar nicht, was er zuerst erzählen sollte. Er beschrieb die genauen Örtlichkeiten der Firma, die Aufstellung der Werkstätten, daß in das Grundstück mit einbezogene Wohnhaus und natürlich seine Einliegerwohnung, mit seperatem Eingang ...!

"Du kannst, wenn wir geheiratet haben, sofort zu mir ziehen!"

Beide mußten lachen, und Anja meinte dann: "Das wollen wir noch ein bißchen Zukunftsmusik sein lassen."

"Meine Eltern würden mir auch die Hölle heiß machen", lachte Tom.   Eine gute Stunde blieb unseren beiden Verliebten, um das letzte halbe Jahr aufzuarbeiten, dann mahnte Anja zum Aufbruch.

Die Zeitungen mußten ausgetragen werden, und abends half Tom mit Freuden auf der zweiten Arbeitsstelle.

Er schien mit Begeisterung Büroreinigung zu machen! Tom wischte Staub, leerte Papierkörbe und nahm Anja das Staubsaugen ab. Nebenbei gab es ja noch so viel zu erzählen!

Haarklein, bis ins kleinste Detail, mußte Anja von ihrem Krankenhausaufenthalt berichten, und immer wieder nahm er sie zwischendurch in seine Arme, um ihr einen langen Kuß zu geben!

Ein Tag voller Glück verging!

Als Tom wieder auf der Heimreise war, pfiff er unter seinem Sturzhelm vor sich hin. Er war glücklich!

WAS HABEN LUCIE UND THOMAS GEMEINSAM?

Schulschluß!

Zwei junge Leute hatten sich am Schultor verabredet. Es war schon eine Gewohnheit geworden. Wenn Thomas seine freien Nachmittage hatte, begleitete er Lucie schon mal bis zu ihrer Haustür.

Seit zwei Tagen schien Thomas gelöster als sonst. Lucie maß dieser Veränderung aber keine besondere Bedeutung bei. Es war ein kleines Vertrauensverhältnis zwischen den beiden entstanden. Thomas war wesentlich erwachsener als andere Jungen in seinem Alter. Mit ihm zu diskutieren, Anschauungen auszutauschen und über Gott und die Welt zu reden brachte Lucie viel Spaß!

Zuerst dachte sie, er würde sie nur begleiten um sie 'anzumachen'! Den Gedanken hatte sie aber schon lange revidiert!

Thomas suchte Gespräche über zwischenmenschliche Beziehungen, wie er sich ausdrückte. Vor einer Woche ließ er durchblicken, solo zu sein, aber plötzlich interessierten ihn Dinge, die zwischen Mann und Frau ablaufen. Zunächst wollte er aber heute wissen, wie das Meeting abgelaufen war.

"Oh", lachte Lucie geheimnisvoll, "es war interessant! Wenn du dabei gewesen wärest, hättest du rote Ohren bekommen!"

"Wieso?"

"Es wurden über die ersten intimen Kontakte zwischen Jungen und Mädchen gesprochen!"

Thomas wollte mehr wissen! Hier fehlte es ihm schließlich an Erfahrung - da mußte er mehr hören!

"Liebe Lucie, könntest du bitte ins Detail gehen?"

Lucie schaute Thomas einige Sekunden nachdenklich an. Dann sagte sie plötzlich entschlossen: "Könnte ich, Thomas, ja, das könnte ich!"
Sie sprach den letzten Satz gedehnt! Sie hatte sich mutig entschlossen ihn mit ihrer Offenheit zu konfrontieren! 'Mal sehen, was dabei herauskommt!' Sie schaute Thomas fest in die Augen: "Thomas, was ist ein klitoraler Höhepunkt?"
"Ein was?", Thomas verstand nicht.
"Ein klitoraler Höhepunkt", wiederholte Lucie. Thomas wußte es nicht!
Er verlegte sich aufs Raten.
"Meinst du den gemeinsamen Höhepunkt beim Geschlechtsakt?"
"Nein Thomas, den meine ich nicht!"
Eine Pause entstand! Thomas grübelte vergeblich, und bat endlich um eine Aufklärung.
"Jetzt komme ich in einen blöden Erklärungszwang", ließ Lucie nun vernehmen. "Nun gut, dann muß ich mich jetzt überwinden. Also, der klitorale Höhepunkt ist das, was der Mann als Orgasmus empfindet!" Thomas verdrehte verstehend die Augen!
"Ja ..., natürlich. Ich Esel!"
Sein Wissen um die weibliche Anatomie hatte sich just in diesem Moment um eine nicht jeden Tag gebräuchliche Formulierung erweitert ...
In wenigen Sekunden durchlebte er noch einmal seine intimen Stunden mit Anja. Selbstverständlich erinnerte er sich deutlich an jede Zärtlichkeit! Ganz besonders war ihm die Verweigerung, beziehungsweise die Zurückweisung seiner Hände, wenn er seiner Freundin im Schambereich streicheln wollte, im Gedächtnis.
Diese für ihn unverständliche Verweigerung beschäftigte ihn damals sehr, nur war es ihm peinlich mit ihr darüber zu reden. Vielleicht konnte Lucie ihm eine erschöpfende Auskunft geben?
Eine Weile gingen sie schweigend nebeneinander her. Thomas rang verzweifelt nach der richtigen Formulierung. Etwas Gescheites wollte ihm nicht einfallen.
Er sagte schließlich: "Lucie, wenn die Freundin dem Mann die streichelnde Hand im Schambereich verweigert, gibt es dafür eine bestimmte Erklärung?"
"Und ob", antwortete Lucie schneller und lauter, als Thomas es erwartet hätte!. "Hast du die Erfahrung machen müssen?", kam es fast lauernd von Lucie.
"Ja", gab Thomas zu, "bei meiner ersten und einzigen Freundin ist es so gewesen!"
"Thomas, wenn sich bei deiner nächsten Beziehung die gleiche Erfahrung wiederholt, möchte ich dir vorschlagen den Mut aufzubringen vorher über alle sexuellen Empfindungen laut und deutlich zu sprechen!"
Lucies Formulierungen verunsicherten Thomas!
"Hat deine Ex-Freundin sich vielleicht mal bei dir beschwert, daß ihr deine Art im Schambereich zu streicheln, Schmerzen bereitete?"
"Nein", antwortete Thomas, "mir wurde nur immer wieder die Hand weggedrückt."
"Das kann ich mir gut vorstellen! Thomas, nach meiner Einschätzung bist du schlicht zu grob gewesen ..."
Das war es, was Thomas hören wollte! Jetzt ging ihm in jeder Hinsicht ein Licht auf. 'Oh, habe ich viel gutzumachen!' Das sagte er leise zu sich.
Beim heutigen Abschied hätte er Lucie am liebsten einen Kuß gegeben, so freute er sich über die neu gewonnenen Kenntnisse!

FRED - FREUND UND HELFER

"Hallo Fred, hier ist Lucie!"

"Lucie, nett deine Stimme zu hören! Was gibt's Neues? Zu Haus alles OK?"

"Ja, danke Fred, hier ist alles in Ordnung! Nur, wir haben im Moment privat viel Arbeit zu bewältigen! Oh, wenn du wüßtest ...!"

"Wen meinst du denn mit wir?"

"Das sind Sybille und Anja - die lernst du noch kennen! Fred, ich brauche deine Hilfe! Es geht um eine Schülerpressekonferenz! Du kennst dich mit unserem Thema Aufklärung aus, und wärest die Autoritätsperson überhaupt! Kannst du bitte an der Presseveranstaltung teilnehmen?"

"Wann ist die denn?"

"Morgen ...", Lucies Stimme klang ganz kleinlaut und ängstlich.

"Morgen schon?"

"Das ist leider unser Problem, Fred! Die Schülerzeitung hat heute schon Redaktionsschluß. Wegen des brisanten Themas gibt's eine kurzfristige Verlängerungsfrist - und die ist Morgen!"

Fred nahm seinen Terminkalender zur Hand: "Welche Uhrzeit?"

"16.00 Uhr!"

"Ja das schaffe ich! Du hast Glück gehabt ! Wo findet das Ganze statt?"

"Bei uns zu Hause! Oh Fred, ich bin dir sehr dankbar! Übrigens erwarten wir dich auch zu unserer großen Auladiskussion!"

"Lucie, ich stelle fest, du bist unheimlich aktiv ..."

"Ein bißchen ist auch ein gewisser Fred Bracken daran Schuld."

Beide mußten lachen - sie wußten auch warum!

"Aber unser ABC-der-Liebe bleibt zunächst außen vor. Vielleicht spreche ich beim Aula-Meeting über unser Erlebnis! Ich mache es mal von dem Verlauf des Nachmittags und von der Situation abhängig.

"Habe Mut, Lucie, ich werde dich verbal unterstützen!"

"Du bist der Beste, vielen Dank Fred, also bis morgen. Tschau."

"Tschau, Lucie!"

DIE PRESSEKONFERENZ DER SCHÜLER.

Lucie hatte Sybille angerufen, die konnte zur Pressekonferenz kommen! Jetzt fehlte nur noch Anja!

'Hoffentlich kann sie', bat Lucie im Stillen! Sie wählte Anjas Nummer.

"Hier ist Heike Meissner", meldete sich Anjas Schwester.

"Hallo Heike, hier ist Lucie, gibst du mir bitte deine große Schwester?"

Heike mochte gar nicht gerne als klein erscheinen.

"Ich bin fast genau so groß wie Anja!"

"Oh, entschuldige Heike!"

Diese rief jetzt: "Hier ist sie ... ich übergebe!" Sie reichte Anja den Hörer.

"Ja, bitte?"

"Hier ist Lucie, du, die Pressekonferenz ist schon Morgen - ich kann es nicht ändern! Sag mal, kannst du um 16.00 Uhr bei mir zu Hause sein?"
"Warum nicht ... ?", kam es ganz gelassen von Anja.
Wie Lucie wohl darauf reagieren würde! Die war natürlich aufgebracht!
"Ja, Mensch Anja ... du mußt doch deine Zeitung austragen und das Büro reinigen ...?!"
"Lucie!" Anja sprach plötzlich vornehm theatralisch: "Bitte hebe deine Stimme nicht so, das beleidigt mein Ohr! Ich brauche weder Zeitung austragen, noch ein Büro putzen! Diese Zeiten sind vorbei!"
"Waaas? Erzähl, was ist passiert, habt ihr im Lotto gewonnen?", Lucie schrie fast ins Telefon.
"Nein", und Anjas Stimme hatte wieder einen normalen Klang, "mein Freund überweist mir jeden Monat den Betrag, den ich sonst verdiene! Er bekommt für die Mithilfe in der Firma seiner Eltern ein sehr großzügiges Taschengeld zur freien Verfügung.
"Oha, das finde ich aber nobel."
"Das sei eine Wiedergutmachung für erlittene Schmerzen im Krankenhaus. So hat er einfach bestimmt."
"Ich bin sprachlos!"
"Du, wir haben uns lange ausgesprochen. Ich habe ihn richtig lieb!"
"Wann lerne ich ihn kennen?"
"Sobald als möglich! Weißt du, als wir uns aussprachen, erzählte er mir unter anderem von einem Mädchen die er in der Schule kennenlernte. Er hat mit ihr über tiefe, zwischenmenschliche Beziehungen gesprochen! Durch sie hat er angeblich erst erfahren was er bei mir falsch machte. Aber stell dir vor, er hat mir nicht gesagt um was es sich dabei handelt!
Kannst du dir vorstellen, daß ich eifersüchtige Gedanken bekam?
Er hat mich immer wieder getröstet, daß da absolut nichts sei, trotzdem bin ich eifersüchtig!"
"Na, dann muß bei dir die Liebe wirklich groß sein! Herzlichen Glückwunsch!" Lucie rief es laut in das Telefon hinein.
"Danke", sagte Anja nur.
"Ja, und klug sei sie auch für ihr Alter - was die nicht schon alles wüßte! Immer wieder wollte ich wissen worum es ginge, aber er tat so geheimnisvoll ..., du, Lucie, muß ich mir nicht Gedanken machen?"
"Nein, Anja, im Gegenteil! Er wird dir seine Geheimnisse garantiert bei nächster Gelegenheit mitteilen, du mußt dich gedulden! Kannst du ihn nicht morgen zur Pressekonferenz mitbringen?"
"Nein, leider nicht, er hat mir morgen aus ganz wichtigen Gründen abgesagt. Ich finde das natürlich doof, aber was soll's! Wann soll ich bei dir sein?"
"Bitte sei um 16.00 Uhr hier."
"Wer kommt alles?"
"Drei Leute von der Schülerpresse und Fred, endlich lernst du ihn kennen...! Und dann ist noch ein Schüler der zwölften Klasse eingeladen! Ein sehr netter Typ, aber ich glaube er ist schon vergeben ...! Das spürt man irgendwie! Von dem bekomme ich sehr wichtige Tips fürs nächste Schuljahr, und daß bringt mir schon einige Vorteile, verstehst du?"
"Ja, natürlich!"
Man wünschte sich gegenseitig viel Erfolg für die Pressekonferenz und freute sich auf Morgen. Damit verabschiedeten sich die beiden Mädchen voneinander.

EINE SCHÜLER-PRESSEKONFERENZ

Mutschka hatte sich heute Nachmittag frei genommen, einen Kuchen gebacken, mit Lucie gemeinsam genügend Sitzgelegenheiten ins Wohnzimmer gestellt und das Kaffeegeschirr auf den Tisch verteilt.

Lucie freute sich auf das Meeting! Sie schaute zur Uhr ... Noch fünfzehn Minuten!

Es roch überall nach frischem Kaffee und Kuchen. Fünf Minuten vor der Zeit klingelte es bereits zum ersten Mal. Es war Thomas.

"Komm rein, du bist der Erste."

Thomas steuerte automatisch auf das 'Bücher-Bürozimmer' zu, das kannte er schließlich als 'Tischlerlehrling'!

"Nein Thomas", Lucie lachte belustigt, "dieses Mal sitzen wir im Wohnzimmer, wir sind insgesamt acht Personen!"

"Ach, entschuldige."

Mit einer Kehrtwende ging es in die 'gute Stube'!

Hinter Thomas klingelte es schon wieder. Die Leute von der Schülerpresse betraten die Szene und stellten sich vor. Als nächstes kam Fred. Er setzte sich zu Thomas, und wurde gleich gefragt ob er ein Reporter sei!

"Nein", lachte Fred, "ich bin nur ein guter Freund der Familie Giesekind!

Diese junge Dame dort", er zeigte auf Lucie, "bat mich als Leitwolf zu eurer Pressekonferenz."

Lucie, die alles mitgehört hatte, lachte und sagte dann: "Thomas, Fred ist unser Mentor, von ihm kommen immer die Ratschläge der Erfahrenden!"

"Aha, das ist gut zu wissen!"

Im Nu war ein Geplauder im Gange, als kenne man sich schon jahrelang. Mutschka kam mit der großen Kaffeekanne, und jeder hielt brav seine Tasse hoch, die Frau Giesekind füllte.

Es klingelte wieder.

"Das ist sicherlich unsere Anja", rief Lucie, und eilte zur Haustür.

'Auch eine Anja ...', dachte Tom. Er nahm sich ein Stück Kuchen. Anschließend füllte Frau Giesekind seine hingehaltene Tasse mit Kaffee.

Da betrat Anja das Zimmer! Mit lächelndem Gesicht wanderten ihre Augen über die Besucher. Plötzlich gefror das Lächeln in ihrem Gesicht und sie schrie: "T O M ...!"

Dem Angesprochenen fiel fast die Tasse aus der Hand, die Mutschka gerade voll schenkte.

Anja stand wie zu einer Salzsäule erstarrt! Ihr Mund stand offen, es hatte ihr schlicht weg die Sprache verschlagen! Gut, daß sie nichts in der Hand hatte, es wäre todsicher heruntergefallen!

Tom hielt seine längst voll geschenkte Tasse immer noch Frau Giesekind entgegen, die ja, genau wie die anderen, gar nicht wußte, was eigentlich los war!

Als erster fand Tom die Sprache wieder: "Anja, was machst du denn hier...? Woher wußtest du überhaupt, daß ich hier bin?" Sein Gesicht drückte Ungläubigkeit aus. Es wurde plötzlich still im Zimmer.

"Das wußte i c h doch nicht, daß d u hier sein könntest? Du sagtest mir doch gestern am Telefon, du hättest heute keine Zeit für mich!?"

"Ja, natürlich, weil ich doch die Verabredung mit Lucie hatte!"

Alle Augen wanderten mal zu Anja, mal zu Tom! Anja verstand nichts mehr!

Nun fragte Tom wieder: "Woher kennst du Lucie überhaupt?"

Diese war, ganz gegen ihr Naturell, schlicht gesagt, sprachlos! Mutter Giesekind begriff als erste die Situation! Sie lächelte wissend, verschaffte sich Ruhe, und fing an zu erklären: "Also, dieser junge Mann hier", und sie legte die Hand auf Toms Schulter, "hat vor einigen Wochen als Tischlerlehrling der Firma 'Steiner & Sohn' unseren Schreibtisch repariert! Hier also haben sich die beiden kennengelernt! Das sie das gleiche Gymnasium besuchten, stellten sie im Gespräch fest!"

Lucie fand plötzlich ihre Sprache wieder. Sie schaute Anja mit großen Augen an, wies aber mit der weit ausgestreckten Hand auf Tom und rief mit ganz aufgeregter Stimme: Anja, dann ist d a s   d e i n Freund?"

Anja nickte nur mit dem Kopf ...

"Ich werd' nicht wieder, ich halt's nicht aus, das gibt's doch gar nicht, das kann doch nicht wahr sein ...!"

Sie fing an zu lachen, haute sich die flache Hand vor die Stirn ... und lachte. Lachte, bis die anderen mit einfielen, ohne den rechten Zusammenhang zu kennen ...!

Auch Anjas Augen füllten sich mit Lachtränen. Sie schaute ihren Tom an, und wies dabei ihrerseits mit der Hand auf Lucie: "Tom, dann ist Lucie das kluge Mädchen mit der du dich über die tiefen zwischenmenschlichen Beziehungen so wunderbar unterhalten konntest?"

Toms Gesicht drückte lächelndes Schuldbewußtsein aus. Er wirkte schon gelöster, nickte mit dem Kopf, lachte, und hielt sich dabei den linken Handrücken über die Augen, als würde er sich schämen!

Endlich konnte Lucie nun eine vollständige Erklärung abgeben: "Da unterhalte ich mich seit zwei Wochen mit Anja über die Möglichkeit ihren Freund wieder zurück zu gewinnen, und mit Thomas rede ich permanent über seine zukünftigen Verhaltensweisen Frauen gegenüber und mache ihm Vorwürfe sich nicht genügend um seine Freundin gekümmert zu haben ohne zu ahnen, daß sich beide schon jahrelang kennen ..."

Nun brach noch mal alles in schallendes Gelächter aus ...!

Jetzt wollte Tom natürlich wissen woher Lucie denn um alles in der Welt Anja kannte?

Die beiden Mädchen lachten wie auf Kommando, und erzählten schließlich von den Ereignissen im Hagenbecks Tierpark! Somit war der gordische Knoten gelöst und endlich alle Verbindungen hergestellt!

Im Folgenden wurden nach dem Kaffeetrinken die Presseleute zunächst zu erstaunten Zuhörern, danach zum schreiben einer ungewöhnlichen Aufklärungsstory genötigt!

Nachdem stichwortartig alles fixiert war, tippte ein Pressemann mit dem Kugelschreiber auf seinen Notizblock und meinte:

"Ihr habt euch an ein heißes Thema herangewagt! Aus Erfahrung weiß ich, daß heiße Eisen leidenschaftlich diskutiert werden. Macht euch also auf Kritik gefaßt! Wir stehen aber voll hinter euch und werden objektiv und sachlich berichten!"

Fred klatschte Beifall, die anderen folgten. Danach gab er ein kleines Statement. Er meinte unter anderem: "Die Umsetzung einer neuen Idee, beziehungsweise das Reformieren althergebrachter Normen haben es anfangs immer schwer sich durchzusetzen.

Ein Beispiel möchte ich nennen, welches aber absolut nichts mit unserem Thema gemein hat!

Die Schallplatte! Über Jahrzehnte dominierte sie den Markt und vollgestellte Regale in den eigenen vier Wänden sind oft Zeuge einer ausgeprägten Sammelleidenschaft!

Und Heute? Die Ära der Schallplatte ist vorbei, verdrängt von der 'CD'! Neuerfindungen und Innovationen beschleunigen den Lauf unserer schnelllebigen Welt in allen Bereichen der Wirtschaft, in einem atemberaubendem Tempo!

Warum soll die Aufklärung davon ausgenommen sein? Wenn wir es uns nach dem heutigen Stand der Sittenlehre, unseren ethischen Moralvorstellungen, Religionsansichten oder gesellschaftlich juristischen Normen n i c h t vorstellen können, daß die Aufklärungsform sich ändern könnten, dann wird es die n ä c h s t e Generation vollbringen und proklamieren. Warum? Wie in allen Lebensbereichen wird der Fortschrittsglaube auch in der Sexualaufklärung Veränderungen mit sich bringen!

Ihr seid eurer Zeit voraus! Ich will ja nicht spekulieren, aber vielleicht ist eure Idee in zwanzig Jahren schon längst gängige Praxis!

Es ist anerkennenswert mutig, daß ihr Reformen wagt, die von den etablierten Normen abweichen. Ihr stellt die von euch gewünschte Aufklärungsmethode unter das Motto: Liebe statt Gewalt!

Es ist ein nicht unbekanntes Motto - von euch neu interpretiert!

Das Erscheinungsbild der heute Vierzehnjährigen, deren geistige und körperliche Entwicklung weit über ihrem Alter liegen, läßt es zu, beziehungsweise rechtfertigt eure Reformgedanken, und hierbei wünsche ich euch viel Erfolg!"

Fred bekam einen überzeugenden Beifall. Besser als er hätte niemand dieses heikle Thema vertreten können! Trotzdem sah Lucie sich am Rednerpult der Schulaula den Buhrufen ausgesetzt!

'Aber jetzt gibt es kein zurück mehr', dachte sie und machte dabei ein entschlossenes Gesicht!

Anja und Tom - auch Lucie hatte sich inzwischen an 'TOM' gewöhnt - saßen zwar händchenhaltend, aber beide hatten mit hellwachen Augen und Ohren Freds Ausführungen zugehört.

Als Tom abends im Bett lag und sich den Nachmittag bei Lucie noch einmal durch den Kopf gehen ließ, mußte er lächeln - und lächelnd schlief er ein ...!

HERR EBBE UND HALMI WERDEN EINGELADEN.

Mit Anja, Lucie, Sybille und natürlich auch mit Fred stand die Abordnung der Aufklärungsrevolutionäre bei Familie Ebbe vor der Tür. Anja klingelte. Frau Ebbe öffnete die Tür, und ließ den angekündigten Besuch eintreten. Lucie hatte Frau Ebbe noch nie kennengelernt.

Nun stand sie einer Frau gegenüber, die mit ihrem gütigen Lächeln sofort Vertrauen ausstrahlte. Die ersten grauen Ansätze der halblang, schön frisierten Haare umspielten ihr hübsches Gesicht. Frau Ebbe hatte hellblaue Augen, welche lebensbejahend in die Welt funkelten.

'So sieht eine glückliche Frau aus', dachte Lucie.

Der Besuch wurde ins Arbeitszimmer geführt, denn schließlich war es ein Arbeitsbesuch! Herr Ebbe hatte entsprechend der Anzahl seiner Gäste die Sitzmöbel in einen Halbkreis aufgestellt und bat nun Platz zu nehmen.

Eine gute halbe Stunde hörte Herr Ebbe aufmerksam den Ausführungen der jungen Leute zu. Jeder hatte etwas mitzuteilen, wobei Fred verabredungsgemäß den größten Teil des Parts übernahm!

"Habt ihr etwas dagegen, wenn wir meine Frau in das Gespräch mit einbeziehen? Ihre Meinung, als völlig Außenstehende, wäre für mich und für euch doch sicherlich sehr interessant!"
Sybille war dagegen!
"Herr Ebbe, die Generation von Ihnen und unseren Eltern hat es bestimmt schwer, unsere Ansichten nachzuvollziehen!"
Herr Ebbe lächelte nachsichtig: Ich könnte auch schon ihr Opa sein, Sybille!"
"Bei ihnen ist es ganz etwas anderes. Erstens wirken sie ja nun wirklich nicht wie ein Opa, und zweitens werden sie von allen Jugendlichen für ihr Verständnis bewundert!"
"Das haben sie aber nett gesagt, Sybille! Gut, lassen wir meine Frau Außen vor. Vielleicht haben sie sogar Recht! Denkt aber daran, bei eurem Aula-Meeting habt ihr es nicht nur mit Jugendlichen, sondern auch mit Erwachsenen zu tun! Stellt euch also schon jetzt auf eine massive Kritik ein! Wenn ich den 'Pro'-Lehrer vertrete, wer ist denn der 'Kontra'-Lehrer?"
"Herr von Schattenhalm", sagte Lucie und wartete auf die Reaktion.
 Bio-Ebbe wiegte seinen Kopf hin und her und meinte dann bedächtig: "Naja, da habt ihr ja den Richtigen ausgewählt ..."
Er schaute skeptisch in die Runde: "Der Kollege von Schattenhalm wird seine Äußerungen sehr kritisch vortragen! Seid darauf eingestellt und bleibt zu jeder Zeit diszipliniert! Ich verbiete mir lautstarke Buhrufe oder die Worte 'Aufhören' und so weiter, das untergräbt unserer aller Autorität und wirft ein schlechtes Bild auf unsere Schule.
Stellt euch vor, die Presse berichtet von einer 'chaotischen Versammlung, von undisziplinierten, randalierenden Jugendlichen, die mit ihren Buhrufen eine Podiumsdiskussion zum Platzen brachten! Das schadet dem Ruf der Schule - bin ich da verstanden worden?"
"Wir versprechen es ihnen, Herr Ebbe, und werden in einem besonderem Rundschreiben auf dieses Fairplay hinweisen."
"Das ist eine gute Idee. Selbstverständlich werde ich auf einen disziplinierten Ablauf der Veranstaltung hinwirken. Habt ihr eine schriftliche Erlaubnis der Aulabenutzung vom Direktor eingeholt?"
"Ja, das haben wir!"
"Und ihr wißt, Getränke ganz allgemein, und natürlich Alkoholverkauf sind verboten ...!"
"Ja, Herr Ebbe, das wissen wir. Übrigens, die schriftliche Genehmigung des Schulbüros liegt auch schon vor!"
"Na, das ist fein. Dann laßt uns gegenseitig die Daumen drücken!"
Halmi schien auch im Lehrerkollegenkreis nicht sehr beliebt zu sein!
Herr Ebbe wußte wohl warum er mit energischen Worten vor Ausschreitungen warnte! Halmi würde nichts unversucht lassen zu provozieren. Nachdem alles gesagt war, verabschiedeten sich unsere Freunde. An der Haustür wollte Herr Ebbe noch wissen, wie denn den Herr von Schattenhalm eingeladen werden würde?
"Wir haben ihm einen ausführlichen Brief mit unserem Themeninhalt geschrieben und seine Zusage im nächsten Unterricht bekommen", konnte Lucie berichten.
Mit diesen Worten verabschiedete man sich.
Die Haustür schloß sich. Herrn Ebbes besorgtes Gesicht konnten die Besucher nicht mehr sehen, aber es ließ darauf schließen, daß er sich nicht nur wegen des brisanten Themas Sorgen machen würde ..., er kannte seinen Lehrerkollegen, der für die Jugend nicht allzuviel übrig hatte...!

AN EINEM SONNTAG AUF DER ALSTER

Es war früh am Sonntag Morgen.
Zwei Tage vor dem Aula-Meeting hatte Fred Gäste zum Segeln eingeladen. Während er noch mit seiner Freundin am auftakeln war, trafen kurz hintereinander Lucie und Sybille ein.
Anja und Tom mußten verzichten. Im Hause der Familie Steiner war Anja zum ersten Male eingeladen worden. Frau Steiner hatte Geburtstag!
Beim ablegen kräuselte eine leichte Brise die sonst glatte Wasserfläche der Außenalster. Fred hielt auf die Kräuselungen zu. Er wußte, da war ein wenig Wind.
Die Alster, bei rauhem Wetter als schwieriges Segelrevier bekannt, zeigte sich bei diesem strahlend blauem Himmel von ihrer schönsten Seite. Die gefürchteten wechselhaften Böen aus den Straßenschluchten rund um die Alster schliefen an diesem herrlichen Sonntag Vormittag.
Ein Blick auf die Blätter der am Ufer stehenden Pappeln, zeigten nur sehr spärliche Windbewegungen. So hatten denn unsere Freunde ungestört die Möglichkeit, sich plaudernd auf das Meeting vorzubereiten und eine taktische Marschroute durchzusprechen.
Redenotizen wurden ergänzt, gestrichen, neu formuliert oder korrigiert. Es wurde konzentriert gründlichst vorbereitet.
Freds Freundin kam sich zwar überflüssig vor, trug aber die Situation mit Fassung.
”Denkt daran, erinnerte Fred, ihr dürft nicht fäusteschwingend laut und aggressiv versuchen, die Besucher auf euch einzuschwören, eher führen die leisen Töne zum Erfolg!”
”Ja”, bestärkte Lucie die Anderen, "wir müssen versuchen Halmi mit Diplomatie und ruhigen, überzeugenden Worten den Wind aus den Segeln zu nehmen!”
Ein Alsterdampfer kreuzte die 'Poem'. Einige Leute winkten, und unsere Crew winkte zurück. Eine sich immer wiederholende, nette Geste!
Fred hielt auf das 'Atlantic' zu.
Das Hotel hob sich, in schneeweißer Farbe gestrichen, sehr deutlich von allen anderen Gebäuden ab. Auf der höchsten Spitze des Dachfirstes grüßte eine riesige gläserne Weltkugel als Symbol internationaler Größe ihre Gäste.
Vor dem Hotel, nur durch Hamburgs Prachtstraße 'An der Alster' getrennt, fanden sich auf einem großzügig angelegtem Bootssteg-Restaurant die ersten Gäste zum Segeln, Rudern oder nur zum Verweilen in einen der modernen Liegestühle ein.
Die aufgetakelten, vom leichten Wind bewegten Segel der Charterboote ließen eine Postkartenidylle entstehen, wie der Betrachter sie sich nicht schöner vorstellen konnte.
Fred genoß diesen Anblick von der Wasserseite aus, leitete anschließend eine Wende ein und hielt jetzt auf die 'Schwanewik-Bucht' zu.
Für das Meeting war inzwischen alles Notwendige gesagt.
Irgendwann tauchte bei dem 'Klöntörn' wieder die Krugkoppelbrücke mit dem Bootssteg-Restaurant 'Bobby-Reich' auf. Langsam näherte sich die 'Poem' ihrem Liegeplatz. Alles half beim abtakeln, Segelbergen und einpacken.
Zum Abschied hieß es: Daumen hoch, wir schaffen es!

HERR EBBE ÜBER ENERGIESPARMÖGLICHKEITEN

Lucie mußte am heutigen Morgen viel Konzentration im Unterricht aufbringen! Das Aula-Meeting nahm zur Zeit viel Platz in ihrem Kopf ein.

Herr Ebbe begrüßte seine Klasse wie immer mit einem: "Guten Morgen, meine Damen und Herren!"

Heute begann er ohne große Umschweife mit seinem Unterricht. Lucie mußte aufpassen!

"Wir sprachen zuletzt von den zur Neige gehenden Ressourcen und haben festgestellt, mit welchem fanatischen Eifer die Menschen bemüht sind, auch die letzten Plätze der guten, alten Mutter Erde, nach fossilen Energien zu durchforsten!

Ob in der Antarktis auf der Südhalbkugel, oder im polarem Eis im Norden. Bei dieser kostspieligen Sucherei wird immer weniger daran gedacht, bei etwaigen Funden weitere Jahrhunderte menschlichen Daseins abzusichern, sondern es sollen für geringe Zeiträume Überschüsse geschaffen werden, die die grenzenlose Verschwendung bis auf weiteres kaschieren.

Die Erfolge menschlicher Intelligenz, die absolute Produktion, wird dann auch eines Tages in die Katastrophe führen. Wir haben ausführlich über diesen menschlichen Irrsinn gesprochen und uns Gedanken gemacht, was eigentlich passiert, wenn plötzlich 60% der täglichen Energiemenge wegen Ölmangels fehlt."

Noch einmal wurde das Szenario gruselnd von der Klasse nachempfunden und alle Schüler waren froh, nur einem fiktiven Unglück ausgesetzt gewesen zu sein!

"Wir sprachen vor einiger Zeit über Las Vegas, die Stadt, die von den Verlierern lebt! Ich vergaß zu erwähnen, daß rund Zwölf Milliarden Glühbirnen die Stadt am leuchten halten ...! Zwölf Milliarden!"

Er wiederholte die Zahl noch einmal; durch die Klasse ging ein erstauntes Raunen ...!

"Ja, meine Damen und Herren, an diesen Zahlen mögen sie sich ausrechnen, wie wichtig die regenerative Energie wird! Ansätze sind gemacht, mögen also bald die Innovationen greifen, Solarenergie in einem Umfang zur Verfügung zu stellen, die uns langsam von der fossilen Energie unabhängig macht!

Nun aber zu einem anderem Thema!

Ich hatte letztes Mal um Vorschläge von Energieeinsparungen gebeten. Wo ist der erste Vorschlag?"

Suchend schauten seine Augen in die Klasse und blieben bei Christine hängen: "Was empfiehlt unsere Tierliebhaberin?"

Diesen Spitznamen verdankte sie ihrer großen Liebe zu allen Tieren!

Aus der kleinen Geflügelfarm im Garten der Eltern brachte sie schon einmal einen Hahn zu Unterrichtszwecken mit in die Klasse - und daß sie regelmäßig die Hunde der Nachbarn ausführte, sich in der Ornithologie auskannte, Wellensittiche und Zebrafinken großzog, rechtfertigten den Ruf einer ungekrönten Tierliebhaberin!

"Ich finde, das U-Bahn, S-Bahn und die Eisenbahn, da, wo es möglich ist, parallel zu den Gleisen, beziehungsweise neben ihren Bahndämmen, zumindestens in den Außenbezirken, überdachte Radwege gebaut bekommen müßten! Bequeme Übergänge vom Rad in die öffentlichen Verkehrsmittel in Innenstadtnähe sind dabei gewährleistet!"

Christines Vorschlag war eine sehr gute Überlegung, die ohne allzu großen Kostenaufwand realisiert werden könnte. Dafür wurde sie von Herrn Ebbe, und von der Klasse, mit Beifall belohnt!

"Christine, du wirst es nicht glauben, einen ähnlichen Vorschlag habe ich auch vorzuweisen! Und zwar bin ich der Meinung, daß alle Radfahrer, die morgens sternförmig die Innenstadt erreichen möchten, zum Nachteil des Autoverkehrs, den rechten Fahrstreifen zur Verfügung gestellt bekommen! Eine leicht zu säubernde durchsichtige plastiküberdachte Trennwand, die zur Fußgängerseite hin offen bleibt, würde viele Autofahrer auf das Fahrrad bringen!"

Bio-Ebbe holte einmal tief Luft bevor er weiterfuhr: "Der in Zukunft von allen Radfahrern finanzierte Allgemeine Deutsche Fahrrad Club ADFC, sollte mehr an Einfluß gewinnen, ähnlich wie der ADAC, oder andere Automobilclubs!"

In der nächsten halben Stunde kritisierten die Schüler die öffentlichen Radwege, die wegen ihres schlechten Zustandes an vielen Stellen kaum noch zu befahren, oder aber von Autos zugeparkt wurden!

Am Unterrichtsende gab es von Herrn Ebbe folgende Hausarbeit auf: "Der wirtschaftliche Sinn einer Wiedereinführung der Straßenbahn!

Jeder schreibt über dieses Thema mindestens eine Seite!"

Alles stöhnte!

Wieder ging eine Unterrichtsstunde zu Ende, und wieder bedankte sich Herr Ebbe für die erwiesene Aufmerksamkeit seiner Schüler.

DIE AULADISKUSSION.

Die Schülerredaktion hatte ganze Arbeit geleistet! Ihre Berichterstattung hatte zu den erwartenden Diskussionen geführt und die Neugier entfacht! Die Aula war bis auf den letzten Platz besetzt!

Unsere Mädchen standen am Eingang und verteilten an jeden Besucher bedruckte A4-Bögen!

Es war die statistische Auswertung der Tanten-, Verwandten- und Mütterbefragung mit einem interessantem Ergebnis!

Mit Verwunderung nahmen unsere Auswerter bei der Frage nach dem ersten Pettingerlebnis zur Kenntnis, daß die Eltern und die Großeltern weit entfernt waren von einer den heutigen Maßstäben entsprechenden Sexualaufklärung.

Pettingerlebnisse wurden von den Großeltern zu 81% als nicht angenehm angekreuzt! Bei den Verwandten und Müttern waren es immerhin noch 66%, die ihre ersten Pettingerlebnisse als unangenehm empfanden! Verschiedentlich war den Fragebögen handschriftlich die Bemerkung hinzugefügt, daß die Kriegsereignisse eine normale sexuelle Entwicklung nicht zugelassen habe. Ein Aspekt, den es zu berücksichtigen galt!

Ganz zum Schluß konnten die Besucher noch etwas über die Saalordnung lesen ...! Versprochen war versprochen!

Um 16.05 Uhr schloß Sybille die Aulatür.

Lucie erhob sich aus der ersten Reihe und stellte sich mit klopfenden Herzen hinter das Stehpult. Ganz links von ihr saßen Herr Ebbe und Halmi nebeneinander.

Lucie schaltete die kleine Leselampe ein, überflog noch einmal ihr Manuskript und schaute dann in die erwartungsvollen Gesichter ihrer Zuhörer. Es wurde ruhig im Saal, die Spannung wuchs! Sie drohte Lucie die Kehle zusammen zu Schnüren. Sie riß sich mit aller Gewalt zusammen, konnte aber ein leichtes Zittern in der Stimme bei der Begrüßung der Lehrkräfte, der Eltern und Schüler aus den verschiedenen Schulen, nicht verhindern. Sie begann!

"Wenn ich als erstes über die Jugendkriminalität referiere, werden sie sicher fragen, was das mit der Aufklärung zu tun hat!

Im Laufe des Vortrages aber, schlagen wir eine Brücke zur Aufklärung. Unsere Anregung für eine erweiterte Form der Aufklärung ist ungewöhnlich und gewöhnungsbedürftig! Aus diesem Grund muß ich etwas ausholen!

Im Mittelpunkt der allgemeinen Diskussionen in den Medien wird immer wieder die ständig wachsende Gewalt von Jugendlichen erwähnten. Diese Gewalt ist unter anderem in einer veränderten Kinderentwicklung und Kindererziehung zu suchen. Die weiteren Gründe sind mannigfaltig und wir können letzten Endes nur feststellen: Die Jugendkriminalität und die Gewalt sind auf dem Vormarsch! Sie nimmt ständig zu. Das ist leider Fakt!

Wir haben uns also gefragt: Wo können wir ansetzen, was ist zu tun, damit diese Entwicklung nicht mehr so schnell voranschreitet!

Zunächst müssen wir natürlich an der gesamtgesellschaftlichen Entwicklung Kritik üben, denn es fehlen die finanziellen Mittel für die Investition in unsere Jugend! Alle staatlich geförderten Maßnahmen sind nur ein Tropfen auf den heißen Stein! Für sinnvolle Freizeiteinrichtungen zum Beispiel kann kaum noch investiert werden.

Dafür liest der Bürger täglich in schreiend aufgemachten Schlagzeilen der Boulevardblätter von der Kriminalität im Allgemeinen und der Jugendkriminalität im Besonderem!

Der Klatsch, die Sensationen, die Greueltaten und vieles mehr, das sind die Drogen, die jeder Leser täglich einnehmen muß, um seine voyeuristische Befriedigung zu bekommen!

So gestillt geht er anschließend zur Tagesordnung über, denn, so sagt er sich, ändern kann ich eh' nix ...!

Da können am Sonntag Morgen die Kirchenglocken noch so viel läuten und der Herr Pastor in seiner Kirche noch so viel von Liebe predigen, nur, diese wohlgemeinten Worten hören immer nur die, die mit der Kriminalität so überhaupt nichts am Hut haben! So predigt unser Herr Pastor einfühlsam von der Liebe, jedoch, die es hören sollten, die liegen nach ihren, in der Nacht vielleicht verübten ungesetzlichen Taten, am Sonntag Morgen noch im Bett ...!

Aber das Stichwort Liebe ist gefallen! Und mit der Liebe können wir etwas anfangen, haben wir uns gedacht! Mit der Liebe kann so unendlich viel kompensiert werden! Darauf wollten wir bauen! Liebe geben, Liebe nehmen!

Liebe steht für Gewaltlosigkeit, also setzen wir sie doch ein ...!

Schließlich kann Lieblosigkeit in Gewalt umschlagen, und davon haben wir langsam wirklich genug! Andersherum, also mit der Liebe, würde doch alles viel besser funktionieren, nicht wahr?

Also, wenn unsere Mittel, die zum Einsatz kommen sollen, ein bißchen von der Norm abweichen, muß ein Zitat des eisernen Reichskanzlers Bismarck herhalten der da sagte: 'Der Zweck heiligt die Mittel'!

Doch zunächst einmal: Warum gelingt es vielen Eltern nicht, ihre Kinder zu gewaltfreien Menschen zu erziehen und in unserer Gesellschaft zu integrieren?

Wer überwacht, kontrolliert und erzieht eigentlich verhaltensgestörte Eltern?
Müßten hier nicht auch Vorbeugemaßnahmen greifen?
Muß sich nicht etwas ändern?
Wir werden noch darüber sprechen! Zunächst einmal möchte ich einen 'Beispiel-Hans' aus der Taufe heben!
Dieser hat eine gute Schulbildung und im Arbeitsleben eine erfolgreiche Berufsausbildung durchgestanden! Nun möchte er viel Geld verdienen! Fünf gutgehende Fleischfachgeschäfte sind der beachtliche Erfolg seines Fleißes! Aber er will mehr! Er sagt sich: 'Ich bin ein guter Kaufmann. Durch meine Fähigkeit habe ich schon fünf Geschäfte erworben! Mein Ziel? Viele Konkurrenzgeschäfte aufkaufen - und dann richtig Kohle machen!'
Fragt man ihn, wie das funktionieren soll, wird er antworten: 'Durch Großeinkäufe preiswerter am Markt sein als die Mitbewerber, das ist alles! Je größer die abgenommene Warenmenge, je preiswerter kann ich im Verkauf sein!'
'Gefährdest du nicht die Mitbewerber?', wird man ihn fragen.
Beispiel-Hans würde sich den Bauch halten vor lachen und sagen: 'Das ist doch nicht mein Problem!'
Soviel zum Thema friß' Vogel oder stirb ..."
Es war ganz still im Saal. Lucie machte eine kleine Kunstpause; das Zittern aus der Stimme war verschwunden.
In einer weiteren halben Stunde faßte sie nun alles zusammen, worüber Herr Ebbe so eindringlich unterrichtet hatte. Sie sprach von einer gesunden Kindererziehung genau so eindringlich, wie von der politischen Gefahr, die von rechten und linken radikalen Randgruppen ausgeht.
Das Publikum hörte von den gesellschaftlichen Spielregeln, von der hohen Aggressionsbereitschaft der Vorschulkinder, dem Unrechtsbewußtsein der jugendlichen Kinder ... und so weiter! Sie ließ nichts aus!
Bis zur Pause verlas sie Zahlen, Daten und Fakten, die mit großem Interesse aufgenommen wurden!
Die Pause war angefüllt mit dem Stimmengewirr der kleinen und großen Diskussionsgruppen, die sich in dem gesamten Aulabereich verteilten!
Die drei Mädchen mittendrin!
Auf sie wurde gestikulierend eingeredet, es lag Spannung in der Luft ...!
Verabredungsgemäß dozierte Lucie weiter, Sybille fürchtete sich vor dem Publikum - und vor Herrn von Schattenhalm!
Lucie hatte sich aus einer Gruppe diskutierender Mädchen gelöst, und ging gemächlichen Schrittes zu ihrem Stehpult.
'Jetzt kommt der Aufklärungsberater ins Spiel. Oh, bin ich gespannt wie die Leute ... und, ach Gott, ja, wie Halmi reagieren wird ...!'
Wieder klopfte das Herz bis zum Hals!
Nach und nach wurde Lucie wartend am Stehpult gesehen, und die Zuhörer nahmen wieder ihre Plätze ein.
'Lieber Gott, steh' mir bitte bei ...'
"In der zweiten Hälfte meines Vortrages möchte ich ihnen nicht länger unsere Idee vorenthalten, die eine Brücke von der Jugendkriminalität zur Sexualität schlägt! Unsere Brücke ist der Aufklärungsberater ...!"

Lucie hielt die Luft an, sie spürte ihr Herzklopfen bis an die Halsschlagader ..., sah in ungläubige Gesichter, vernahm ein unruhiges Gemurmel im Publikum!

Und bevor sich so ein richtig dicker Kloß im Hals festsetzen konnte, fuhr sie schnell fort: "Warum wir auf diese außergewöhnliche Idee kamen, möchte ich ihnen im Folgendem erklären.

Wieviel Mut es gebraucht, sich verbal außerhalb aller Normen zu bewegen, sei mit den Worten des irischen Dichters Oskar Wildes skizziert: eine Idee die nicht gefährlich ist, verdient es nicht, überhaupt eine Idee genannt zu werden'!

Wir sind also der Meinung, daß der Aufklärungsberater der Zukunft, in einem Rahmen der noch erarbeitet werden müßte, nicht nur die theoretische, sondern auch die praktische Aufklärung zu seiner Berufung macht!

Wie gesagt, es ist eine Science-Fiction-Idee!

Wir sind aber der Meinung, daß, wenn eine ungewöhnliche Idee nicht zumindestens ausprobiert, umgesetzt und angewendet wird, wir auch nicht wissen, ob die Idee verrückt ist, oder ein weiteres Nachdenken darüber lohnt!

Es sagt sich leicht: 'die Liebespraktiken lernt der Mensch im Laufe seines jungen Erwachsenenlebens intuitiv von selbst, die Hauptsache, er bekommt eine wissenschaftlich fundierte Aufklärung an der Schule, und die entsprechende Ergänzung im Elternhaus.'

Aber reicht diese Aufklärung in allen Fällen?

Reicht es, wenn an den Schulen von ansteckenden Geschlechtskrankheiten, wie zum Beispiel Aids gesprochen wird, Kondome über Bananen gezogen werde, von Hygiene, und 'Wie entsteht neues Leben?' gesprochen wird?

Nützt einem dieses Wissen bei seinem ersten Pettingkontakt?

Ist es nicht so, daß die Lehrkräfte nur ihren offiziellen Aufklärungsschulauftrag nachkommen können, und darüber hinaus darauf bauen müssen, daß die Schüler ihre weitere Entwicklung selbst koordinieren?

Hat der Schulauftrag sich zum Beispiel Gedanken über diejenigen Jugendlichen gemacht, die nach ihren ersten, vielleicht negativen Pettingerlebnissen, die daraus gewonnene 'Negativerfahrung' automatisch als eine Normalität in ihr zukünftiges Sexualleben übernehmen?"

Lucie holte nach diesem langen Satz tief Luft. Es herrschte eine Stille im Saal, die benötigt wird, um die berühmte Stecknadel auf den Boden fallen zu hören.

"Wir haben auf Grund unserer Recherche allen Grund, dies anzunehmen!", fuhr sie fort. "Einmal angenommen sie heiraten ihren 'Pettingpartner', praktizieren sie nicht jetzt ihre 'Negativerfahrung' in all seinen Facetten?

Kann es nicht sein, daß beide Partner trotz jahrelanger Vertrautheit eine gewisse Scham empfinden über sexuelle Wünsche und Neigungen zu sprechen, eben weil sie es in der Aufklärungsphase erziehungsbedingt nicht lernten?

Natürlich gibt es die Menschen die sich ohne Schwierigkeiten in ihrer Partnerschaft sexuell weiterentwickeln, aber gibt es nicht auch die Gehemmten, die Introvertierten, die, und so scheint es uns, in großer Zahl vorhanden sind? Und genau für diese Jugendlichen stehen wir hier.

Gewiß, Sexualität ist nicht alles ..., sie kennen diesen Spruch!

Sind also nicht gerade diejenigen Jugendlichen anzusprechen, die aus den sozialschwachen Bevölkerungskreisen und geschiedenen Elternhäusern stammen? Die keine Lehrstelle finden, keine Zukunftsperspektive haben, und als Jungarbeitslose in die Erwachsenenwelt entlassen werden!

Gerade d i e s e Jugendlichen kompensieren ihr bisher lieblos gelebtes Dasein mit Gewalttätigkeiten!"

Lucie hatte alles um sich herum vergessen, so sehr hatte sie sich in Wallung geredet! Sie hatte ihr Manuskript so gut im Kopf, daß sie kaum noch ablas und ihre Zuhörer beim reden ansehen konnte!

"Aber sind es nicht auch d i e Jugendlichen, die ein übersteigertes Bedürfnis nach Wärme, Liebe, Zuneigung und Anerkennung als Ersatz für ein trostlos gelebtes Dasein suchen ...?"

Ihre Worte hallten in der Aula wider! Klangen sie nicht wie eine Anklage? "Kann durch entsprechende Aufklärungsmaßnahmen, wie zum Beispiel der propagierte Aufklärungsberater, nicht auch von der Jugendkriminalität abgelenkt werden? Kann nicht sogar von der Annahme ausgegangen werden, daß Jugendliche, die ein ausgefülltes Sexualleben führen können, von kriminellen Taten abgelenkt sind?

Natürlich finden die eben zitierten Jugendliche ihre Sexualität, ohne Frage! Nur muß davon ausgegangen werden, daß diese Befriedigung nur sehr oberflächlich erlebt wird und der schnellen emotionalen Lustbefriedigung dient! Die so wichtige Vermittlung tiefer Gefühle bleibt ihnen, bis auf die selbstverständlichen Ausnahmen natürlich, verschlossen!

Wir können also annehmen, daß diese Jungendlichen ihre oberflächlich gelebte Sexualität als Normalität empfinden.

Eine lange verantwortungsvolle Bindungsbereitschaft bleibt ihnen fremd!

Sollten wir nicht mindestens einen Versuch unternehmen, ohne daß wissenschaftliche Untersuchungen notwendig werden?

Im übrigen werden der Aufklärungsberater und unsere 'Petting-Reformgedanken' kaum Gegenstand wissenschaftlicher Untersuchungen werden!

Jedoch, wir leben in einer experimentierfreudigen Welt! Auf allen Wissensgebieten wird innovativ geforscht! Durch unsere Erlebnisse, durch unsere sehr intensiven Gespräche, durch, zugegebener Maßen nicht ganz repräsentativen Umfragen, Fragebogenaktionen, Diskussionsabende mit mehr als vierzig Mädchen, sind wir jedoch zu der festen Überzeugung gekommen, daß sich die Schamschranken öffnen lassen würden, wenn ein ehrliches, offenes Konzept dahinter steht!

Bisher jedenfalls bleibt festzustellen, und ist nicht zu übersehen, daß wir zwar in einer aufgeklärten Welt leben, aber in Puncto Sexualaufklärung eher sexualfeindlich als sexualfreundlich erzogen und herangewachsen sind. Ist dies vom Staat und von der Kirche ideologisch beabsichtigt?

Aus unseren Gesprächen wissen wir auch, daß viele Mädchen mit ihren sexuellen Fragen lieber zur Freundin, als zur Mutter gehen.

Es ist also an der Zeit, daß wir unsere revolutionären Gedanken zur Diskussion stellen mit dem Wunsch, sie bald realisiert zu sehen.

Mit Galileo Galilei möchte ich zum Ende meines Vortrages kommen. Er brachte mit seiner Behauptung, im Gegensatz zur Kirche, daß die Erde sich nicht um die Sonne, sondern umgekehrt, die Sonne sich um die Erde drehe, diese gegen sich auf!

Die übermächtige Kirche hat den Naturforscher, Physiker und Astronom unter Todesdrohungen gezwungen, seine Behauptung zurück zu nehmen!

Vielleicht müssen wir ja unsere Vorstellung, beziehungsweise unsere Behauptung, daß sehr jung erlernte Sexualpraktiken, die zumindestens teilweise von Gewalt und Jugendkriminalität ablenken könnten, revidieren! Zwar geschieht dies dann nicht unter Todesdrohungen, sondern wir müssen die Reformgedanken einfach revidieren, weil sie einfach nicht vorstellbar sind!
Wer sollte auch grünes Licht für diese Aktion geben?
Jedoch erst, wenn der Gedanke einer uneingeschränkten Aufklärung in den Köpfen der Menschen mehr an Verständnis gewinnt, werden die Voraussetzungen für das Existieren eines Aufklärungsberaters vorhanden sein!
Wenn dann auch noch Steuermittel für Vorbeugemaßnahmen in der Jugendkriminalität greifen, werden jugendliche Straftaten deutlich abnehmen! Unsere Vorstellungen dürften nicht unrealistisch sein!
Ich danke für ihre Aufmerksamkeit!"
Lucie packte ihr Manuskript zusammen, und wollte schon zu ihrem Platz zurück gehen, als laute Wuuuii- und Bravorufe, frenetisches Klatschen, sie zum stehen bleiben zwangen! Sie spürte die Röte in ihr Gesicht aufsteigen.
Verlegen lächelnd verneigte sie sich leicht und nahm den Applaus entgegen. Zum Schluß hob sie beide Arme, bedankte sich wieder mit einer artigen Verbeugung, und setzte sich schnell auf ihren Platz.
Als nächster Redner war Herr Ebbe dran!
Auch er hatte ein Manuskript in der Hand, ging ruhigen Schrittes zum Rednerpult, legte sein Manuskript ab und setzte sich sorgfältig die Brille auf. Über den Brillenrand schaute er in viele bekannte Gesichter, die ihn, wie sollte es anders sein, sehr freundlich und erwartungsvoll angrinsten! Trotzdem stellte er sich vor: "Für alle, die mich nicht kennen, meine Name ist Volker Ebbe, ich unterrichte am 'Mainau-Gymnasium' Biologie, Gemeinschaftskunde und Geschichte. Ich begrüße ganz herzlich die interessierten Eltern, die Schülerinnen und Schüler der anderen Schulen, und natürlich meine alt bekannten Gesichter, die mich alle so freundlich angrinsen ...!"
Die Hände rechts und links am Stehpult haltend, beugte er jetzt seinen Oberkörper weit nach vorn. Wie Bert aus der Sesamstraße ruckte er scherzhaft seinen Kopf von rechts nach links und rief in den Saal: "Ich hoffe, euer Grinsen ist freundlich gemeint, oder sehe ich schon irgendwo faule Tomaten?"
Der Saal johlte, lachte und klatschte Beifall! Es stand schon mal Eins zu Null für Herrn Ebbe!
Nachdem wieder Ruhe eingekehrt war, begann er mit der Feststellung: "Ich habe über ein schwieriges Thema zu sprechen! In meinem Alter über Aufklärungspraktiken Stellung beziehen zu müssen, das verdanke ich den drei jungen Damen hier!"
Er wies auf unsere drei Aufklärerinnen.
"Ich werde noch einmal auf sie zurückkommen ...!
Eine sachliche Stellungnahme über Aufklärungspraktiken ...!"
Über seinen Brillenrand schauend wiederholte er seine Manuskriptüberschrift!
"Also, aus der Sicht des Schulauftrages gibt es diese Aufklärung nicht! Wenn ich dennoch vor ihnen stehe, waren es die überzeugenden Argumente jener drei jungen Damen!"
Es gab einen spontanen Applaus.
Herr Ebbe kam auch erst über die Jugendkriminalität zu seinem eigentlichem Thema.

"Das rechtsextremistische Personenpotential umfaßt laut Verfassungsschutz aggressivste Anhänger! Unübersehbar dabei: Immer mehr Jugendliche, ab ca. vierzehn Jahren, erliegen der Anziehungskraft rechtsextremen Gedankenguts!
Von diesen Gruppierungen gehen Gewalt und Kriminalität gleichermaßen aus.
Weiterhin sind uns jugendliche Cliquen bekannt, in denen Gruppendynamische Prozesse ablaufen, die mit krimineller Energie aufgefüllt sind. Diebstahl, Erpressung, Raub, die sogenannten Abziehdelikte und so weiter!
Wenn wir heute feststellen müssen, unser Gesellschaftssystem ist gestört, ist gefährdet, müssen wir dem unwidersprochen zustimmen! Die Jugendkriminalität ist unaufhaltsam im Vormarsch, ich behaupte mal, sie steigt proportional zur Arbeitslosigkeit. Dem gegenüber stehen etwa zehn Personen für Vorbeugemaßnahmen der Polizei als Jugendschutzbeauftragte zur Verfügung. In Hamburg jedenfalls!
Nun schwebt über dieser lächerlich kleinen Anzahl Beamter schon wieder das Damoklesschwert der finanziellen Kürzungen! Eine Stellungnahme hierzu erübrigt sich! Und das in der zwei Millionenstadt Hamburg!
Die Situation sieht also schlecht aus! Der Bürger ist verunsichert! Mit Schrecken und Abscheu nehmen wir zur Kenntnis, daß noch nicht einmal Sechszehnjährige Geschäfte überfallen, und für Pfennigbeträge Morde begehen! Diese Unfassbarkeiten zwingen zu irgendwelchen Reaktionen, die künftig solche abscheulichen Verbrechen verhindern.
Vieles wird getan, und die Stiftung 'Brennpunkt Jugend', sicherlich auch einigen von Ihnen bekannt , bezuschusst aus privaten Spenden Freizeiteinrichtungen für Jugendliche.
Wie gesagt, es ist der private Spendenbereich, der hier aktiv ist.
Dagegen werden staatliche Freizeiteinrichtungen nicht nur wenig bezuschusst, nein, sie werden wegen Geldmangel geschlossen!
Ja, meine Damen und Herren, darum habe ich auch genau hingehört, als die Damen mit ihrem Fürsprecher Herrn Bracken mir ihre Idee 'Liebe statt Gewalt' unterbreiteten!
In einem ausführlichem Gespräch, welches bei mir zu Hause stattfand, wurde mir der Vorschlag unterbreitet, daß Jugendliche im ungefähren Alter zwischen vierzehn und sechzehn Jahren, die Möglichkeit erhalten sollten, eine praktische Einführung in die Sexualpraktiken, vielleicht besser bekannt als Petting, zu bekommen! Zuständig für diese heiße Mission: der Aufklärungsberater! Voraussetzungen sind der eigene Wunsch, und die Erlaubnis eines Erziehungsberechtigten!
So also, meine Damen und Herren, wurde ich kurz und bündig mit einer Tatsache konfrontiert, die mir die Fassung raubte!
Meine erste Reaktion war dann auch, an den Verstand meines abendlichen Besuch es zu zweifeln. Aber dann ging es erst richtig los, und es folgten über eine halbe Stunde lang die ausführlichsten Informationen, über die heute ja schon teilweise gesprochen wurde.
Ich entließ also meine Jungrevolutionäre mit dem Versprechen, mir Gedanken zu machen, wie ich ihre Idee zu bewerten gedenke.
Meine Frau machte – ob des Aufklärungsberaters - nur eine kietzekleine kritische Bemerkung wegen der ihr bekannten Tatsache, daß ja immerhin ein Mädchen meiner Klasse zur Ideengründerin gehörte!
Ja, und da ich auf meine Klasse stolz bin, berücksichtigte meine Frau dies in ihrer Kritik!"
Alles lachte und Herr Ebbe bekam viel Beifall.

"Lange Rede kurzer Sinn, bei dem Durchstöbern meiner Bücher bin ich tatsächlich fündig geworden! Die Hinweise, die ich gefunden habe, sind so erstaunlich, daß ich mir vorstellen könnte, daß sie zumindest teilweise auf die heutige Zeit zu übertragen wären."

Herr Ebbe machte eine Kunstpause. Seine Augen wanderten über seine Zuhörer, die mit Spannung seinem Vortrag lauschten.

Besonders Lucie, Anja und Sybille waren voller innerer Spannung. Sie hatten feuchte Hände.

Schließlich wußten auch sie nicht, was Herr Ebbe noch so alles aus seinem Hut zauberte!

"Um auf den Punkt zu kommen", ließ Herr Ebbe sich wieder vernehmen, muß ich bis ins ausgehende sechszehnte Jahrhundert zurückblenden. Die Sexualität hatte in vielen Ländern einen völlig offeneren Status als uns heute bekannt sein dürfte.

Weit bis ins siebzehnte Jahrhundert, herrschte in der Bevölkerung die Meinung vor, daß die Befriedigung sexueller Bedürfnisse eine wichtige Voraussetzung für ein zufriedenes Leben darstellten.

Die Menschen damals begegneten sich unkomplizierter miteinander. Man lebte in sogenannten Großfamilien.

Eltern, Großeltern, Kinder, unverheiratete Verwandte, Knechte und Mägde, alle lebten unter einem Dach!

Das Wort 'Intimsphäre' oder 'Privatsphäre' war im allgemeinen unbekannt!

Die Kinder erlebten die Zeugung und die Geburt genau so hautnah, wie Krankheit und Tod! Diese Vorgänge gehörten zum Kreislauf des Lebens, wie essen, trinken und arbeiten. Niemand hätte sich einfallen lassen, den Kindern etwas zu verbieten, was sie bei den Erwachsenen sahen.

Interessant in diesem Zusammenhang ist ein kostbares Zeitdokument!

Der Leibarzt des späteren Königs Ludwig des dreizehnten, hat ausführlich in seinem Tagebuch festgehalten, wie unbefangen zur damaligen Zeit, die Beziehung zwischen Kinder- und Erwachsensexualität gehandhabt wurde.

Ein Beispiel möchte ich aus diesem Tagebuch herausgreifen.

Es war nicht nur dem späteren König vorbehalten, den Genitalbereich so lange gestreichelt zu bekommen, bis dieser einschlief!

Es war in der damaligen Zeit allgemeiner Brauch, von den Eltern oder den Kammerzofen, dieses Ritual anzuwenden.

Meine Damen und Herren, liebe Schüler, es hat sie also gegeben, diese sexualfreundliche Zeit! Wer hat da eben von ihnen 'Na, bitte' gesagt?"

Eine Hand ging hoch. "Entschuldigung, ich habe wirklich nur laut gedacht!"

"Wenn der Zwischenrufer mit seinem 'Na bitte' meinte, ich würde in einer Art Euphorie meine bedingungslose Zustimmung zu diesem Thema manifestieren, sieht er sich getäuscht! Diese Idee von den jungen Leuten in allen Ehren, zu der ich bereit bin, Stellung zu beziehen, aber in meinem Vortrag möchte ich meine absolute Neutralität akzeptiert wissen!"

Bio-Ebbe lächelte zwar, der erhobene linke Zeigefinger jedoch war von niemanden zu übersehen!

"Ich bin in der Literatur auf einen weiteren sexualfreundlichen Hinweis gestoßen! Und zwar wurde ich fündig, bei einen großen Volksstamm in Vorderindien. Es sind die 'MURIAS'! Ein mir bis dahin völlig unbekannter Bauernvolksstamm in Indien, die zwar unter schwierigen Bedingungen ihre tägliche Feldarbeit verrichten, dafür aber mit ertragreichen Ernten belohnt werden. Charakteristisch für dieses Bauernvolk, ist ihre Vorliebe für das Feiern. Mit viel Begeisterung wird gefeiert, und viel Zeit für das Vorbereiten der Feste aufgewandt! Die Frauen und Männer schmücken sich unter anderem mit großen Halsketten und Ornamenten.

Die traditionellen Gemeinschaftsspiele sind Höhepunkte jeder Festlichkeit! Das eigentliche Bemerkenswerte aber ist ein Gemeinschaftshaus für Kinder und Jugendliche. Die Kinder werden sehr freundlich und verständnisvoll erzogen.

Sobald die Kinder sechs bis sieben Jahre alt sind, ziehen sie in das 'GHOTUL', so wird das Gemeinschaftshaus genannt.

In diesem Haus wird die 'Eltern-Kind-Beziehung' teilweise abgelöst durch die 'Ghotul-Kind-Beziehung'!

Tagsüber arbeiten die Jungen und Mädchen mit ihren Familienangehörigen auf den Feldern, die Abende und die Nächte verbringen sie jedoch im Ghotul. Von den Erwachsenen wird das Ghotul nicht betreten, der Dorfvorstand bestätigt lediglich den verantwortlichen jugendlichen 'Ghotul-Führer'!

Wichtig ist, daß die im Ghotul untergebrachten Jungen und Mädchen unter anderem die Fähigkeiten lernen, Feste vorzubereiten. Verantwortlich für die verschiedenen Lernfähigkeiten ist bei den Jungen 'Sirda', und bei den Mädchen 'Belosa'. Diese beiden Jugendlichen nehmen im Ghotul auch den Platz der Eltern ein.

Es werden im Ghotul Sitten, Tänze, Lieder und Bräuche gelernt, aber auch Anleitungen für sexuelle Beziehungen gegeben und über Empfängnisverhütung gesprochen. Weiter konnte ich staunend lesen, daß die älteren Mädchen den kleinen Jungen beibringen, welche Zärtlichkeitsspiele die Mädchen mögen. Es ist üblich, daß die kleineren Jungen von den Mädchen zum Geschlechtsakt angeregt werden! Weiterhin wird es als völlig normal angesehen, wenn die kleinen Jungen die Älteren massieren!" Bio-Ebbe erwartete irgendwie eine Reaktion aus dem Publikum, jedoch niemand hatte eine Frage.

So fuhr er fort: "Ich sehe so viele ungläubige Gesichter. Den Literaturhinweis will ich gerne geben.

Die Ghotulzeit ist die schönste Zeit im Leben der Kinder, und deren liebste Spiele sind die Spiele mit der Sexualität!

Irgendwann werden die Kinder als Jungerwachsene ausgegliedert und von den Eltern verheiratet. Dann allerdings leben sie in einer monogamen, absolut treuen Ehegemeinschaft.

Scheidungen sind so gut wie unbekannt.

Ja, meine Damen und Herren, liebe Schüler, wenn sie mich jetzt fragen, warum sich ein sexualfreundliches Verhalten nicht durchgängig bis in unsere Zeit hat durchsetzen können, so hat es mit der langsamen industriellen Entwicklung zu tun, die Verzichtbereitschaft und Askese mit sich brachte.

Im Verlaufe der nächsten Jahrhunderte unterwarfen sich die Menschen durch die industrielle Entwicklung einem strengen Leistungsprinzip. Sie gewöhnten sich an Konsumverzicht, arbeiteten nicht mehr, um zu leben, sondern, wir kennen es alle, sie lebten nur noch, um zu arbeiten!

Die genügsame Einstellung zum Leben wurde zur Philosophie, und den Menschen mehr oder weniger aufoktroyiert, unter anderem auf Kosten der Sexualität!

Eine sexualfeindliche Zeit wurde durch die zunehmende Industrialisierung geboren! Diese sexualfeindliche Zeit hat sich durchgängig bis in die Gegenwart durchgesetzt!

Sein Blick schweifte ab, und ging wie gewohnt durch eins der Aulafenster; nur so fand er die Inspiration für den weiteren Vortrag!

Mein Unterrichtsthema befaßte sich in der letzten Zeit mit dem Thema der übermäßigen Vergeudung von Rohstoffreserven.

Da hatte ich plötzlich eine Idee ...! Ich dachte: bringen wir doch einmal die Ressourcen und die Liebe zusammen! Laßt uns darüber nachdenken, ob es nicht langsam und endlich an der Zeit ist, das Wirtschaftswachstum zu bremsen, die Ressourcen zu schonen, das bisher Erreichte zu genießen, und mit neuen Ideen, wie zum Beispiel der ihren, wieder an Traditionen anknüpfen, die kluge Menschen vor Jahrhunderten lebten!

Sich auf alte Werte besinnen, wird in den kommenden Jahrzehnten unser Gesellschafts-, unser Kultur- und das Sexualleben beeinflussen!

Das absolute, und sich immer schneller verbreiternde 'High-Tech' Zeitalter wird die Menschen schneller als wir es uns vorstellen können zu alten Traditionen zurückführen!

In der Beziehung werdet ihr noch einmal an euren alten Bio-Ebbe denken!

Wenn also ihre Aufklärungskampagne zu einem seriösen Instrument gegen Gewalt und Jugendkriminalität wirksam werden soll, gehen sie an die Öffentlichkeit! Stellen sie sich aber auf die unterschiedlichsten Reaktionen ein!"

Mit einem kaum wahrnehmenden Blick auf Halmi, machte Bio-Ebbe ein sorgenvolles Gesicht.

"Ich habe um aktuell zu sein, meine Frau gebeten, mir verschiedene Jugendzeitschriften zu besorgen. Aus einer bereitgestellten Tasche förderte er einige typische Mädchenzeitschriften heraus und hielt sie in das Publikum.

"Von nackt abgebildeten Jugendlichen beiderlei Geschlechts einmal ganz abgesehen, die teilweise ganzseitig die Aufmerksamkeit auf sich ziehen, waren meine Frau und ich weniger überrascht, als von den Leserbriefen der Pupertierenden, deren Inhalte ein Spiegelbild dessen wiedergeben, was ihre Seele bedrückt!

Da wird von Liebesbedürfnissen, Eifersucht, Liebeskummer und von jugendlichen Partnerschaftsproblemen gesprochen, die betroffen machen! Der Leserbrief einer Fünfzehnjährigen hat meine Frau und mir etwas zu denken gegeben! Ich möchte ihn aber wegen seiner Brisanz hier nicht verlesen. Wer ihn lesen möchte, komme bitte nach der Veranstaltung zu mir!

Insgesamt spiegeln sich in diesen Leserbriefen ganz junger Menschen alle Facetten sexueller und zwischenmenschlicher Probleme wieder, die bei den erwachsenen Menschen bis ins hohe Alter von der gleichen Qualität zu sein scheinen."

Über den Brillenrand fixierte er wieder seine Zuhörer - dadurch entstand eine kleine Pause und im Saal wurde applaudiert.

Er fuhr fort: " Am Schluß meines Manuskriptes steht das Wort Kondom! Es paßt zu unserem heutigem Thema! Angesichts der Aidsgefahr möchte ich ihnen sagen, daß zu einer sorgenfreien Lust die Empfängnisverhütung gehört! Und zu meiner persönlichen Philosophie gehört, und ich möchte es nicht versäumen ihnen deutlich zu machen, daß die Selbstbeherrschung genau so leidenschaftlich gelebt werden kann, wie die Hingabe an eine Leidenschaft!

Sven, bitte wiederhole meinen letzten Satz!"

Dieser sprang auf, als hätte er auf den Zuruf schon gewartet!

Hellwach, laut und deutlich wiederholte er seinen Lehrer, und nicht ganz ohne Stolz nickte Herr Ebbe wohlwollend mit dem Kopf und sagte nur: "Danke, Sven!"

Mehr nicht!

Nur die Eingeweihten wußten was in diesen beiden Worten lag!

”Das einfache Leben kann so mannigfaltig und so reich an Abwechslung und Erfüllung sein,
wie zum Beispiel das Leben derer, die Königreiche besitzen, zum Mond fliegen, oder unbekannte Länder entdecken!

Seid kritisch im Hinblick auf eure Bedürfnisse!”, und damit schaute er mit einem freundlichem
Lächeln in das Publikum und fügte hinzu: ”aber ich bin überzeugt das wißt ihr alle selbst ...!”

Er packte sein Manuskript zusammen, richtete sich auf und sagte: ”Damit bin ich am Ende
meines Vortrages angekommen und danke für ihre Aufmerksamkeit!”

Mit gewohntem Blick über die Brillengläser nahm Herr Ebbe seinen Applaus entgegen. Anschließend winkte er die drei Mädchen zu sich. Ihnen reichte er die Hand.

Jetzt standen sie zu viert vor dem Publikum, nickten lächelnd mit dem Kopf und waren erstaunt
über den Riesenbeifall!

Schließlich bat Herr Ebbe mit einem Handzeichen um Ruhe.

”Vielen Dank für den Beifall! Ich glaube, wir haben uns jetzt alle eine Pause von fünfzehn
Minuten verdient! Vielen Dank!

Die Pause bot den Zuhörern Einblick in den ‘brisanten‘ Leserbrief zu nehmen. Zu Herrn Ebbes
Erstaunen blieben entsetzte Reaktionen aus. ‘Ich bin wohl nicht mehr auf dem Laufenden, registrierte er bei sich, und verlor keinen Kommentar über den Inhalt.

Die viertel Stunde war herum, und noch immer standen diskutierende junge Leute überall in der
Aula. Die schreibende Zunft der Schülerredaktion war immer noch mit ihren Notizen beschäftigt!

Dieses Mal stand Lucie hinter dem Pult, ohne Herrn Ebbes Hilfe in Anspruch zu nehmen. Mutig klatschte sie in die Hände und bat höflich Platz zu nehmen. Als alles saß kündigte sie Halmi
an!

”Als zweiter Redner des heutigen Nachmittags hat sich unser Herr Studienrat von Schattenhalm
bereit erklärt, zu unserem Thema Stellung zu beziehen.”

Mit einem komischen Gefühl in der Magengegend setzte sie sich wieder auf ihren Platz.

Halmi bezog Stellung hinter dem Stehpult! Steile Falten zeigten sich auf seiner Stirn, und kün-
digten Unheil an! Eingeweihte kannten diesen Gesichtsausdruck zur Genüge!

Und dann begann Halmi: ”Vorgestellt hat mich meine Schülerin schon, nur hat sie vergessen zu
sagen, daß ich in ihrer Klasse die französische Sprache lehre! Vergessen hat sie vielleicht auch,
und mit ihr die anderen beiden Damen, daß ein Aufklärungsauftrag der Hamburger Schulbehörde vorliegt, der als Richtlinie für alle Lehrer, die in den sozialpädagogischen Fächern unter-
richten, an allen Hamburger Schulen seine Gültigkeit hat! So ist eine wissenschaftlich fundierte
Aufklärung gewährleistet.

Vielleicht könnten die Damen auch wissen, daß die neu gewonnenen Erkenntnisse auf diesem
Gebiet nahtlos in die bestehende Aufklärungsarbeit einfließen.

Neue Aufklärungserkenntnisse werden in Zusammenarbeit mit den Eltern- Vertretern, den El-
ternräten und mit den Lehrkräften erarbeitet und diskutiert, bis ein Konsens entsteht, der anschließend an den Schulen gelehrt wird!”

‘Mensch, redet der geschwollen‘, dachte Lucie!

”Wenn ich dann auch mit einem Vergleich aufwarten darf: Kaufen sie sich jedes Jahr ein neues
Auto, dann bedienen sie sich immer der neuesten Technik! Mit der Sexualaufklärung an unseren Schulen ist es ähnlich, sie ist immer auf den letzten Stand!”

Halmi schaute von seinem Manuskript auf. Einige Leute klatschten Beifall, aber es schien ihn nicht weiter zu interessieren. Er besaß kein Fingerspitzengefühl.

Seine Stimme klang wieder wie ein nicht geöltes Scharnier, als er fortfuhr: "Wenn ich ihre Reden mal etwas kritisch unter die Lupe nehme, komme ich einfach nicht um die Frage herum: Sagen sie mal, meine drei Damen, haben sie eigentlich überhaupt kein Schamgefühl?

Sie interpretieren hier eine Aufklärungsmethode, die schlichtweg an die Grenzen des unseriösen schlechten Geschmacks stößt!

Haben sie eigentlich nie eine Schamhaftigkeit anerzogen bekommen? Wollen sie, wie soll ich sagen, am lebenden Objekt ihre unsinnigen Kondomspielchen vornehmen?

Ja, ist denn so eine Ungeheuerlichkeit überhaupt vorstellbar?

Müssen sie nicht sogar die Befürchtung haben, mit dem Gesetz in Konflikt zu kommen? Gibt es in ihren Familien keine Intimsphäre?

Eine ausreichende Schamerziehung basiert für jeden Menschen auf der Grundlage unserer Sittenlehre!"

Einige Zuschauer klatschten, aber auch leise 'Buhrufe' drangen an Halmis Ohr!

Unsere drei Mädchen schauten nicht glücklich drein!

Mit seinem typischen Armrudern brachte er Freund und Feind zum schweigen.

"Es ist wohl ein Akt der Fairneß, daß ich meinen kurzen Vortrag zum Ende bringen kann, ohne gestört zu werden", rief er wütend in den Saal! "Ich betone noch einmal: Erst durch eine schamhafte Erziehung, entstehen Schamgefühle! In diesem Sinne verbietet sich jede Zurschaustellung eines Körpers in unbekleideten Zustand auch gegenüber seinen Familienangehörigen. Ihre abenteuerlichen Ideen sind daher kategorisch abzulehnen!

Aus der Literatur kann ich ihnen umfangreiche Titel anbieten und empfehlen, die sich mit der seriösen Aufklärung befassen, wenn ihnen die Schulaufklärung nicht ausreichend erscheint! Sie können sich einen Sachverstand anlesen, der ihre albernden Ideen überflüssig macht!

Als ich in ihrem Alter war, hat mir mein Vater eine wissenschaftliche Abhandlung über die Fortpflanzung der Menschen aus der Bücherei mitgebracht! Damit hat er nicht nur seiner Aufklärungspflicht genüge getan, sondern mich auch ausreichend und umfassend in Kenntnis gesetzt, informiert und mich so auf eine Zweierbeziehung beziehungsweise glückliche Ehe vorbereitet.

Leider ist es heute so, daß eine entsprechende Freizeitindustrie Sexualität in nur allen möglichen Varianten vermarktet. Eine unübersehbare Subkultur hat sich in den Jahrzehnten nach dem letzten Weltkrieg aufgetan und mit allen nur erdenklichen Sexartikeln unser Land zu einem geistigen 'Sodom und Gomorrah' gemacht. Medien, Werbung und Reklame haben die Menschen verführt. Wie eine ansteckende Krankheit fegt die ungezügelte Sexualität über das Land, jede Schamhaftigkeit, jedes Intimempfinden mit sich reißend, und die Säulen unserer ethischen Kulturlandschaft unter sich begrabend! Ohne Maß-, Scham- und Fingerspitzengefühl kleidet sich in den warmen Sommermonaten die weibliche Jugend. Sie stellen ihre Reize wie die Tiere im Zoo zur Schau...!"

Halmi hatte sich in Zorn geredet, und mußte sich den Zwischenruf: "Bitte sachlich bleiben!", gefallen lassen.

Ein Mädchen rief: "Wir gehen doch nur mit der Mode!"

Die Stimme eines Vaters war zu hören. Er rief Halmi zu: "Denken sie mal an die zwanziger Jahre, als die gesamte Nation sang: Was machst du mit dem Knie, lieber Hans!"

Es wurde laut gelacht, und Beifall geklatscht.

Ein Vater hatte Minuten später die Möglichkeit zu rufen: ”Kann denn Liebe Sünde sein?”

Halmi krallte seine Finger in die überstehenden Wände des Stehpultes, daß die weißen Knöchel hervortraten, aber er behielt die Fassung! Wieder verschaffte er sich Ruhe und schimpfte in den Saal: ”Jede Zeitung, jede Illustrierte steigert ihren Umsatz mit unbekleideten weiblichen Bildern auf ihren Titelseiten. Gierig wird alles konsumiert was Lustgewinn verspricht! Diese Sexstimulanz in allen Medienbereichen, lassen keinen Spielraum mehr für die eigenen Phantasien der Menschen ...!”

Plötzlich wandte er sich an Herrn Ebbe: "Verehrter Herr Kollege Ebbe, es wundert mich außerordentlich, mit welchem Engagement, mit welchen positiven Verständnis, angelesenem Sachverstand und Einfühlungs- vermögen sie die Thesen der jungen Mädchen für gut heißen!

Wenn ich mich nicht irre, sind sie doch Biologe, und kein Soziologe!” Dabei lächelte er Herrn Ebbe zynisch an.

Dieser erhob sich ganz ruhig von seinem Platz.

Im Saal wurde es mucksmäuschenstill.

Er setzte sein nettestes Lächeln auf, als er antwortete: ”Verehrter Herr Kollege von Schattenhalm, wie ich ihren Ausführungen vorhin entnehmen konnte, sind Sie nach einem wissenschaftlich orientierten Aufklärungsbuch über die menschliche Fortpflanzung so ausreichend informiert und in Kenntnis gesetzt worden, daß sie, wenn ich mir die diskrete Bemerkung erlauben darf, zweimal geschieden sind, und heute allein mit Ihren achtzig Schlangen in einer Drei-Zimmerwohnung leben ...!”

Bio-Ebbe wollte noch sagen: ”Oder irre ich mich Herr Kollege ...?”, aber dazu kam er nicht mehr!

Der Saal johlte, und Herr von Schattenhalm stand, kreideweiß im Gesicht, und für einen Moment unfähig sich zu bewegen. Seine Lippen waren zu einem schmalen Strich zusammengezogen, für jeden Besucher war das Mahlen seiner Backenknochen zu sehen. Aber auch jetzt bewahrte er eisern seine Selbstbeherrschung.

Auf Grund dieses Vorfalls jedoch, verzichtete er auf den letzten Teil seines Vortrages, packte sorgfältig sein Manuskript zusammen, und ging ostentativ in Richtung Ausgang ...!

Mit einem immer noch freundlichen Lächeln schaute Herr Ebbe seinen Kollegen nach ...!

”Wie du mir, so ich dir, sagte er halblaut”, und so, daß nur die Umstehenden es hören konnten.

Halmis Abgang wurde mit vereinzelten Buh-Rufen, Lachen und Klatschen begleitet, das wollte Bio-Ebbe verhindern! Mit einem eleganten Satz, den die Mädchen ihrem Lehrer gar nicht zugetraut hätten, sprang er auf die Bühne.

Er klatschte in die Hände und rief in den Saal: ”Bitte, meine Herrschaften...!” Er wurde sofort gehört und die Schmährufe verstummten.

Das war dann auch der Schluß des Aula-Meetings, jedoch die Besucher gingen nicht nach Hause ...! Überall standen Gruppen und diskutierten!

Erst nach einer halben Stunde löste sich alles langsam auf und verabschiedete sich. Jetzt konnten unsere Veranstalter den Saal wieder in seinen ursprünglichen Zustand zurückversetzen.

Schon im Saal stand das Fazit des Meeting-Nachmittages fest: Das Thema war positiv angekommen und die Mädchen lagen sich plötzlich in den Armen. Die Anspannung war gewichen!

Fred und Tom schmunzelten, auch sie waren glücklich ...!

Die Schülerpresse hatte ihre Fotos geschossen! Sie versprachen einen ‘Bombenbericht‘!

Na, das hörte sich ja gut an!

Bio-Ebbe verabschiedete sich mit allen guten Wünschen. Eine Einladung von Fred zum Essen bei einem 'Spanier , mußte er wegen einer Verabredung mit seiner Frau ablehnen. Die Aula war wieder aufgeräumt - und die Ruhe wieder eingekehrt. Niemand konnte mehr ahnen, welch' eine temperamentvolle Stimmung hier noch vor einer Stunde die Gemüter erregte ...!

IN EINEM SPANISCHEN RESTAURANT.

An einem großen runden Tisch, auf eine riesige 'Paella' wartend, saßen Anjas Oma, Frau Giesekind, Lucie, Anja, Heike, Fred und Tom. Das Thema war natürlich das Aula-Meeting!

"Hoffentlich haben sich Bio-Ebbe und Halmi nicht verkracht", befürchtete Lucie.

Heike konnte sie beruhigen: "Ich habe euren Lehrer genau beobachtet, der hat immer nur gelächelt!"

"Schönen Dank für deinen Trost, Heike. Mit Bio-Ebbe kann man sich auch kaum erzürnen."

Zu den anderen gewandt meinte sie: "Irgendwie freue ich mich, daß er den Halmi so richtig blamiert hat - Mensch, ist das ein Miesmacher."

Lucie war stinksauer auf ihren Französischlehrer!

Während Tom die Damen unterhielt, kam Fred mit 'Oma Anja', so nannte er sie, ins Gespräch.

Von Fred gefragt, wie ihr denn die Auladiskussion gefallen hätte, entgegnete sie: "Wissen sie, junger Mann, als ich in Anjas Alter war, hatten wir für 'so was' überhaupt keine Zeit!

"Und warum nicht?", wollte Fred nun gerne wissen.

"Mein Vater war im Krieg, meine Mutter arbeitete bei der Eisenbahn als Rangiererin, und ich mußte auf meine beiden Brüder aufpassen. Da blieb wenig Zeit nach jungen Männern zu gucken ...!"

Fred lächelte.

"Aber kennengelernt haben sie ihren Mann!"

"Ach, was heißt kennengelernt, den kannte ich ja schon als kleines Mädchen. Er war direkt unser Nachbarsjunge!"

"IIhhm ...", machte Fred. Er überlegte seine nächste Frage, aber da fing Oma Anja schon wieder an zu erzählen.

"Nachdem der Krieg aus war, haben Robert und ich, so hieß mein erster Mann, uns über das 'ROTE-KREUZ' wiedergefunden und bald danach geheiratet. Wir brauchten da nicht ihr ... Dingsda, diesen ganzen Kram .., das haben wir uns alles selber beigebracht, ja, das haben wir ...!"

"Sind sie noch mit ihm verheiratet?", Fred wollte nun alles wissen.

"Ach, junger Mann, nein, wir waren nur sechs Jahre verheiratet, dann hatte er eine andere! Wir hatten geheiratet, weil wir dachten wir liebten uns. Erst später spürten wir, daß wir nicht zusammen harmonierten, na, sie wissen schon, was ich meine, nicht wahr?"

Oma Anja lachte über ihr gutmütiges, faltige Gesicht.

"Ich kann es mir denken ...," auch Fred mußte lachen, "dann hätte ihnen das Aula-Meeting zur damaligen Zeit sicher genützt, stimmt's?"

"Wenn sie es so sehen - ja, vielleicht ..., wissen sie, wir hatten doch damals von nichts eine Ahnung ...!"

"Dann kannten sie auch keine Schulaufklärung?"

"Ach, i wo denn, junger Mann, wer sollte uns wohl aufgeklärt haben? Gott bewahre. Die Lehrer ließen uns nur wissen, daß aus einer Ehegemeinschaft Kinder hervorgehen, das war's!"

Fred schaute Oma Anja verständnisvoll an, kam aber nicht zu einer Antwort.

Oma Anja untermauerte und ergänzte ihren letzten Satz mit den Worten: "Sie können mir ruhig glauben, junger Mann! Hier – da - ihr Petting, da habe ich erst in der zweiten Ehe etwas von erfahren.

Ja, ja, junger Mann, wir waren damals naiver, als die Jugend heute ...!" Oma Anja nickte selbstbestätigend mit ihrem Kopf.

"Hier", sagte sie, "die Heike ist noch nicht einmal vierzehn Jahre alt und weiß schon alles vom Kinderkriegen! Ich wollte sie ja gar nicht mit in diese Veranstaltung nehmen. Nur, wissen sie, meine Enkelin hat darauf bestanden! Ja, was kann ich alte Frau schon dagegen tun ... nix!"

Fred mußte über die sympathische Oma schmunzeln.

Heike hatte die letzten Sätze mitgehört.

"Oma, über was die heute geredet haben, das kannte ich wirklich schon. Es ist heute mit der Aufklärung alles viel moderner als zu deiner Zeit!"

Das konnte Oma Anja natürlich bestätigen: "Aber das mit dem, wie heißt der noch, na ... dieser komische Aufklärungsberater, den find'ste wohl auch gut, was?"

Obwohl Oma Anja mit erhobenen Zeigefinger sprach, lächelte sie, und Heike antwortete diplomatisch: "Wenn Anja das gut findet, finde ich das auch gut ..."

Fred fand die alte Dame ausgesprochen nett. Er hörte sehr gern zu, wenn ältere Leute sich mitteilten. Von ihren Lebenserfahrungen zu hören war immer sehr interessant!

Die Paella wurde serviert.

Oh lala! Zwei große Pfannen mit den leckersten Meeresfrüchten wurden auf den Tisch gestellt.

Alles rief: "Oh, das sieht ja toll aus!"

Nur Oma Anja hatte da ihre Zweifel! Sie konnte sich der allgemeinen Begeisterung nicht so ganz anschließen.

Flüsternd wandte sie sich an ihren Tischnachbarn Fred: "Ich würde ja viel lieber ein schönes Labskaus essen ...!"

Mit seinem Lachen zog Fred alle Blicke auf sich!

Oma Anja stieß ihn die Ellenbogen in die Rippen: "Pssst, nichts verraten", zischte sie leise und lächelte dabei ihr sympathisches Oma-Lächeln!

"Was flüstert ihr denn da?", wollte Anja wissen.

"Och nix, mein Deern! Sei' mal nicht so neugierig", schmunzelte sie ihre Enkelin an.

Wieder zu Fred gewandt, bat sie diesen: "Junger Mann, würden sie mir bitte etwas auf den Teller füllen?"

Natürlich erwies sich Fred als Kavalier. Er befreite sogar die Scampi von ihrer Schale. Dafür war Oma Anja sehr dankbar. Paella hatte sie in ihrem Leben schließlich noch nie gegessen. Und die kleinen Fähnchen der Nationalflagge ins Essen gesteckt ..., nein, das alles war Oma Anja fremd! Die Paella mundete allen vorzüglich.

Ungeniert wurden bei diesem Gericht erlaubter Weise die Finger zur Hilfe genommen.

In entspannter Atmosphäre wurde gegessen, geplaudert und dem Rotwein zugesprochen, und alle waren über den Verlauf des Aula-Meetings sehr erleichtert.

Nach dem Essen räumten flinke Hände den Tisch ab.

Oma Anja neigte ihren Oberkörper leicht nach links, legte ihrem Tischnachbarn die Hand vertrauensvoll auf dessen rechten Unterarm und gestand: "Ich muß schon sagen, das hat mir sehr, sehr gut geschmeckt!" Und mit lustigen Augenzwinkern ergänzte sie noch: "Beinahe wie Labskaus!"

Freds Lachen übertönte einen Moment die allgemeine Unterhaltung: "Sie heißen bei mir jetzt 'Oma Lustig' ...!"

Eis und Kaffee bildeten den Abschluß eines vorzüglichen Dinners, und Oma Lustig genoß nicht nur das Eis zum Nachtisch, sondern auch den Rotwein, dessen dunkelrote Farbe sich irgendwann auf ihren Wangen widerspiegelte ...!

Tom betonte in einer kleinen Ansprache, daß zwei echt engagierte junge Mädchen dazu beigetragen hätten, ihn wieder mit seiner Anja zusammen kommen zu lassen.

Weiterhin verriet er, wie sehr er seine Anja liebte, und um sein Glück wüßte, lieben zu dürfen ...!

"Liebe geben, Liebe nehmen, auch wenn ich noch jung bin, Anja ist meine große Liebe, mein Schicksal. Das verdanke ich euch ..."

Er sagte es ganz leise, aber sehr überzeugend.

Oma Lustig hatte sofort ein paar Tränchen im Auge ... Fred half schnell mit einer Serviette aus!

Sybille unterbrach den rührseligen Moment der mit Toms Worten aufgekommen war: "Ich habe noch etwas!" Sie kramte einen Briefumschlag aus ihrem Rucksack.

"Den hat mir eine ältere, leicht vollschlanke weißhaarige Dame in die Hand gedrückt mit den Worten: 'Ich mochte nicht so laut in den Saal sprechen!'

Sie entnahm dem Briefumschlag einen Zettel und las die wenigen Zeilen laut vor: 'Man sollte den heranwachsenden Jugendlichen, solange es geht, ihre Naivität lassen, und sie später an entsprechende Aufklärungsliteratur heranführen.' Peng! Mehr steht hier nicht!"

"Was ich schon befürchtet habe", meinte Fred, "die ältere Generation wird es schwer haben, unsere Reformgedanken zu verstehen! Aber, das ist nun mal so!"

Beim Verlassen des Restaurants bedankte sich alles bei dem Gastgeber Fred. Alles war sich einig: Es war ein wirklich schöner Abend!

Lucie lag um dreiundzwanzig Uhr in ihrem Bett. 'Was aus einem neugierigen Gedanken alles entstanden ist,' dachte sie und kuschelte sich in ihr Kissen.

Sie fühlte sich plötzlich wieder als das Kind, welches immer so gern einer Puppe den Kopf aufmachen möchte, um hinein zu sehen. Immer wieder mußte dann ihre Mutschka sagen: 'Nein, Lucie, das darfst du nicht, dabei geht doch alles kaputt! Nimm deine Puppe, so wie sie ist, und freue dich an ihr!'

Das fiel Lucie sooo schwer, sie wollte doch immer alles wissen ...! Die Gedanken entschwanden langsam im Nebel und bald öffnete sich ihr das weite Land der Träume.

HALMI FÄLLT AUS!

Die ersten zwei Stunden Französisch! Die Klasse war vollzählig.

Dass einzige Thema heute Morgen war das Aula-Meeting!

Die Minuten, bis Halmi aufkreuzte, wurden mit Klönen genutzt. Marco kam zu Lucies Platz und überreichte ihr ein Exemplar einer Hamburger Abendzeitung.

"Lies mal, was da so alles an einem ganz normalen Montag Morgen in einem Wilhelmsburger
Kindergarten mit den Vier- bis Sechsjährigen los ist, da fällt dir nichts mehr ein!"
Lucie bedankte sich für die Zeitung!
Zum wievielten Mal las sie jetzt von aggressiven und gewaltbereiten Kleinkindern, von den
nervenaufreibenden Jobs der Kindergärtnerinnen und Erzieherinnen!
Nebenbei schaute sie auf die Uhr und rief: "Halmi ist schon zehn Minuten überfällig! Ob er uns
boykottieren will?"
In Lucie stieg die Angst hoch.
"Die Ausgeburt der Pünktlichkeit fast eine viertel Stunde zu spät", rief Marco.
"Der ist mit seinem Daimler stehen geblieben", tröstete Jens.
Nach weiteren zehn Minuten ging der Klassensprecher ins Schulbüro und meldete Halmis Feh-
len.
Der Direktor wollte es zunächst nicht glauben, sagte dann aber: "Warte bitte, ich rufe sofort bei
Herrn von Schattenhalm an."
Er wählte Halmis Telefonnummer und ließ geduldig lange das Telefon klingeln. Nach dem
zwanzigsten Mal legte er den Hörer wieder auf.
"Also, zu Hause ist er nicht mehr. Sollte er mit einer Panne irgendwo liegen geblieben sein,
wird er sich bestimmt gleich bei uns melden!"
Der Direktor schaute auf seinen Stundenplan.
"Ihr habt heute Morgen zwei Stunden französisch, nicht wahr?"
"Ja!"
"Gehe bitte in deine Klasse zurück. Überarbeitet eure Hausaufgaben, und verhaltet euch leise,
damit ihr die anderen Klassen nicht stört!"
Mit dieser Nachricht traf der Klassensprecher in der Klasse ein. Wer jetzt geglaubt hatte, in der
Klasse würde ein großer Jubel ausbrechen, der sah sich getäuscht. Einige Schüler saßen auf
ihren Tischen, ließen die Beine baumeln und klönten fast ausschließlich vom Aula-Meeting.
Andere nutzten die Zeit, um versäumte Schularbeiten nachzuholen.
Lucie hatte ein Referat über Ungarn zu halten, und mit dem Aufstand der Ungarn Menschen
gegen Panzer 1956 in Budapest, hatte sie schon zwei Seiten geschrieben.

WO IST DER SCHLANGENFANATIKER?

Halmi mußte sich, immer noch wütend über den gestrigen Abend, eingestehen, daß er Herrn
Ebbes Äußerung selbst provoziert hatte.
Heute Morgen war er wegen einiger Vorbereitungen früher aufgestanden als sonst.
Seit fünf Uhr rumorte er in seiner Küche herum, kochte Kaffee, schmierte Brote für die Schule
und füllte sich die Thermosflasche mit heißem Tee. Im Flur standen zwei runde, ca. sechzig cm
hohe, und fast eben so breite geflochtene Bastkörbe, die mit einem Deckel versehen waren. An
jeder Deckelseite befand sich ein Holzknauf, der in eine Schlaufe paßte, die am Korb befestigt
war.
In diesen Bastkörben transportierte Halmi seine Schlangen.
Gleich nach Schulschluß führte ihn heute sein Weg nach Quickborn zum Verkauf zweier 'Jara-
racas'. Der Biß dieser Schlange, die Halmi jetzt wegen ihrer Größe verkaufen mußte, ist extrem

giftig, und kann zum Tode führen. Für die Gefahr wirklich einmal gebissen zu werden, hatte unser Schlangenfreund immer ein jeweiliges Gegengift im kleinen, genau beschrifteten Apothekerkühlschrank.

In diesem speziellen Kühlschrank lagen auch steril und vakuumverpackt mehrere Spritzen für den absoluten Ernstfall, den Halmi jedoch noch nicht erlebt hatte und eine Unterweisung für das intravenöse Spritzen! Das alles hatte er im Tropeninstitut erhalten.

Nun lagen das Spritzbesteck und die Ampullen mit dem Gegengift neben den beiden Körben zum Abtransport, zusammen mit seinen persönlichen Papieren bereit. Halmis Vorbereitungen waren sehr sorgfältig an diesem Morgen!

Bekleidet mit einem grauen Übergangsmantel, der von der Sonne gebleicht, wohl schon bessere Zeiten gesehen hatte, prüfte Halmi im großen Flurspiegel sein Äußeres. Dann packte sein Spritzenbesteck, die persönlichen- und die Schlangendokumente in eine dunkelbraune abgewetzte Aktentasche, und stand kurze Zeit später, mit je einem Schlangenkorb im Arm, vor seiner Garage. Sorgfältig und vorsichtig stellte er erst die Aktentasche, und dann die beiden schweren Körbe mit den Schlangen ab.

Er schloß die Garagentür auf, öffnete den Kofferraum, und legte den Schlüssel auf das Reserverad. Die Aktentasche positionierte er tief im Kofferraum ...!

Jetzt bückte er sich, legte jeweils einen Arm um die runden Bastkörbe, drückte sie leicht gegen die Brust und hob die beiden Körbe hoch, um sie nebeneinander in den Kofferraum zu stellen. Der Kofferraum war mit Wolldecken ausgefüllt, die ein Verrutschen der Körbe verhindern sollten!

Als er, jetzt beide Körbe im Arm, diese nebeneinander im Kofferraum abstellen wollte, stellte er fest, daß der Werkzeugkasten, der an der linken Seite stand, zuviel von der zur Verfügung stehenden Breite einnahm. Anstatt nun beide Körbe abzustellen, um den Werkzeugkasten wegzuräumen, hob er ihn mit der linken Hand an und versuchte ihn nach hinten zu schieben!

Dabei drückte er mit seinem Arm den Korb gegen seinen Körper. Das Bastmaterial gab leicht nach. Es kam zu einer Deformation des Korbes. Aus unerklärlichen Gründen sprang dabei der Deckel ab! Ehe Halmi eine Reaktion zeigen konnte, zuckte die 'Jararaca' aus ihrem Korb, und biß den völlig verdutzten Halmi in den Hals!

Die Gefahr erkennend, schloß er sofort die Schlange wieder ein, schob den herausgesprungenen Holzknauf durch die Schlaufe, sah im Geiste sein Spritzbesteck und die Ampullen in seinem Kühlschrank.

Welch ein tragischer Irrtum!

Blitzschnell schloß er die Kofferraumhaube, um im schnellsten Laufschritt in seine Wohnung an die rettenden Ampullen und Spritzen zu kommen.

Er hatte die Hintertür des Hauses, die nur zu den Garagen führt, fast erreicht, da fiel ihm mit tödlichem Schrecken ein: Meine Schlüssel! Herrgott, ich habe ja alles in den Kofferraum gepackt ...!

In Panik geratend lief er zurück zum Auto. Auf dem Wege dorthin suchten seine Augen den großen Garagenplatz nach einem großen Stein ab! Vergeblich! Nirgendwo ein Gegenstand, mit dem die Autoscheiben eingeschlagen werden könnten!

Mit der Spitze des Ellenbogens schlug er mit aller Kraft gegen die Seitenscheiben, aber das Sicherheitsglas trotzte den schmerzenden Schlägen eines Ellenbogens!

Ehe Halmi begriffen hatte, daß er nicht mehr in das Auto kam, vergingen wertvolle Minuten! Seine Augen flackerten in Panik! Er schaute auf die Uhr: "Um Gotteswillen, wenn ich in zehn Minuten kein Gegengift gespritzt bekomme, ist es aus mit mir!"

Die 'Jararaca' oder 'Lanzenotter', besitzt ein wirksames Gift. Es zerstört die Blutgefäße und das Blut, verhindert so die weitere Zirkulation und führt schließlich zum Tod. Wie schnell, hängt häufig von der Giftmenge in Relation zur Blutmenge des Opfers ab.

Wer vor Schlangen besonders große Angst hat, belastet sein Herz zusätzlich. Damit erhöht sich die Gefahr des Schocks, und häufig sterben die Gebissenen eher daran, als an das Schlangengift.

So schnell er konnte, lief Halmi nun an den Garagen vorbei, dann um den Häuserblock herum zu seiner Haustür. Er wußte, die Reserveschlüssel hingen im Flur am Schlüsselbrett. Die Haustür aufzubrechen schien ihm kein grosses Hindernis zu sein!

Mit beiden Händen drückte er alle Klingelknöpfe!

"Verdammt, öffnet mir die Tür ..., ich bin in Gefahr," schrie er so laut er konnte.

Plötzlich fühlte er ein Schwindelgefühl! Er schaute wieder auf die Uhr! Sieben Minuten waren seit dem Biß vergangen! Er schrie gegen das Haus, aber niemand öffnete um diese Uhrzeit die Haustür; die Bewohner waren ängstlich!

Da stellte sich Herr von Schattenhalm auf den Fußweg und brüllte so laut er konnte: "H i l f e , öffnet mir die Tür, ich bin in Lebensgefahr ...!"

Wieder verrannen wertvolle Sekunden ..., da, endlich sah er sich von einer Hausbewohnerin erkannt, die auf den Summer drückte. Er wollte auf die Tür losstürzen, aber die Beine fingen an, ihm den Dienst zu versagen.

Wie ein Betrunkener torkelte Halmi auf die summende Tür zu. Mit aller Kraft konnte er sie aufdrücken und die ersten Stufen erklimmen, dann verließen ihn die Kräfte. Er setzte sich auf eine Treppenstufe und atmete schwer.

Überall wurden jetzt die Türen geöffnet.

"Bitte rufen sie schnell einen Unfallwagen! Sagen sie ich bin von einer sehr giftigen Schlange gebissen worden!"

Sofort stürzte sich jemand an das Telefon. Mit schreckensgeweiteten Augen starrte er die Nachbarn an, unfähig noch ein Wort über die Lippen zu bringen. Ein Nachbar holte schnell eine Decke und der in sich zusammengesunkene wurde vorsichtig darauf gelegt.

In der Ferne hörte man endlich den Rettungswagen. Jemand stürzte auf die Straße und riß die Arme hoch, signalgebend für die Rettungsmannschaft!

Mit einem Überlebenskoffer stürmte der Arzt in das Haus. Die Sanitäter lösten inzwischen mit geübten Griffen ihre Trage aus der Halterung und standen wenige Sekunden später neben Halmi.

Nachdem der Arzt eine herzstärkende Infusion gespritzt hatte, schnallten sie den Verunglückten auf die Trage und brachten ihn anschließend fast im Laufschritt zum Rettungswagen. Der Arzt selbst hielt die Flasche mit der Infusionsflüssigkeit, die er dem Patienten gespritzt hatte.

Ein paar Sekunden später ertönte ein lautes tatü-tata, und schon verschwand der Unfallwagen den Bewohnern aus den Augen ...!

Seiner Gründlichkeit verdankte Herr von Schattenhalm seinem Leben!

In seiner Gesäßtasche befand sich sein Blutgruppenausweis vom Zentralinstitut für Transfusionsmedizin. Eine weitere Auflistung verschiedener Gegengift-Präparate, und Injektionsmengen-Angaben bei Schlangengift-Bissen waren handschriftlich dem Ausweis beigefügt - und von den Ärzten gefunden worden ...!

"Ohne ihren Blutgruppenausweis und den so wichtigen Daten der Schlangenpräparate, wären sie jetzt ein toter Mann", versicherte ihm der Chefarzt nach seinem dreitägigem Koma im Krankenhaus.

Dem Tod so nahe gewesen zu sein veränderten unseren Schlangenfanatiker. Nach seiner Genesung löste er seine Schlangenzucht gänzlich auf, trug plötzlich modernere, aufeinander abgestimmte Kleidung, und im Umgang mit seinen Schülern schien der größte Wandel in ihm vorgegangen zu sein.

Sein Wesen wurde täglich freundlicher; er zeigte mit einem Mal für alles Verständnis und Interesse. Seine Verständnisfähigkeit war den Schülern manchmal fast peinlich!

Im Angesicht des Todes wurde aus dem zynischen, kaltherzigen und immer negativ denkenden Menschen, ein warmherziger und an allem interessierter, freundlicher Lehrer!

Manche Menschen müssen erst dem Tod in die Augen gesehen haben, um ihre Menschlichkeit zu entdecken.

Es hat eben doch alles sein Gutes! So ist das Leben ...!

ES WAR EINMAL ...

Es war einmal ein Hamburger Senat, der begriffen hatte, wie wertvoll ihm seine eigene Jugend war! Darum wurde mehrheitlich ein Entschluß gefaßt.

Nach dem Vorbild der Wohndörfer, die unseren ausländischen Gästen zur Verfügung standen, konnten unseren sozialbedürftigen Jugendlichen ähnliche Wohnanlagen aus Steuermitteln beziehen!

Zunächst standen den Verantwortlichen für diese neu gegründete Abteilung der Jugendarbeit mit den Namen 'HILFE FÜR JUGEND' monatlich ein Betrag von einer halben Million DM zur Verfügung.

Woher kam dieses Geld?

Eine interessante Frage, mit einer verblüffenden Antwort: Das Hamburger Ortsamt Eimsbüttel wurde aus einem Mietvertrag entlassen! Genau eine halbe Million DM kostete dem Ortsamt der Mietzins eines Gebäudekomplexes auf der Hamburger Reeperbahn für ausländische Bewohner! Nun wurde diese Summe plötzlich frei!

(Der Gebäudekomplex ist sicherlich bekannter unter den Namen Eros-Center ...!)

Für den Steuerzahler war es sehr interessant zu erfahren, daß das Haushaltsbudget dieses Gebäudes jährlich mit zwölf Millionen DM zu Buche schlug! Dieses Geld floß nun den Jugendeinrichtungen zu!

Das lag aber schon viele Jahre zurück!

Längst hatten sich die Wohndörfer bei den Jugendlichen bewährt. Berufsvorbereitende Werkstätten wurden auf dem ehemaligen Truppenübungsplatz verwirklicht. Inzwischen dienten die riesigen Panzerhallen als Werk- und Produktionsstätten den unterschiedlichsten Berufsgruppen. Es gab vorbildliche Kultur- und Freizeiteinrichtungen.

Die ersten frei gewordenen Wohndörfer standen denjenigen Jugendlichen zur Verfügung, die den Sozialämtern als große Kostenfaktoren bekannt waren. Es waren die Schüler der letzten Klassen der Hauptschule die keine Lehrstelle bekamen, Jungen und Mädchen aus zerrütteten Familien, Schulabgänger ohne einen Hauptschulabschluß, Jungarbeitslose und jugendliche Straftäter ohne irgendeine Qualifikation. Sie alle bekamen bevorzugt eine Wohnung im Wohndorf!

Die Jugendlichen akzeptierten eine persönliche Einschränkung ihrer sonstigen Freizeitgewohnheiten! Unter anderem die: Um Punkt vierundzwanzig Uhr hatte jeder Jugendliche in seiner Wohnung zu sein! Wer später kam riskierte nach drei Verwarnungen seine Wohnung! Der Ausgang konnte nach schriftlichen Wunsch verlängert werden! Zum Wochenende gab es kein Zeitlimit!

Unter den verschiedenen Hausordnungspunkten wurden zum Beispiel Gemeinschaftsarbeiten geregelt, was unter anderem die Haus- und Gartenarbeit, die Waschmaschinenbenutzung, die Besuchsregelung, die Haus- und Flurreinigung und so weiter betraf.

Der Jugendliche unterwarf sich einem geordnetem, aber nicht militärisch strengem Reglement! In einer Gemeinschaft sollen Ordnung, Pünktlichkeit und nicht zuletzt die Sauberkeit als Richtlinien zu einer Selbstverständlichkeit gehören! Sie schaffen unter anderem die Voraussetzungen für sein künftiges Leben!

Sein schlimmstes Vergehen aber war der Vertrauensmißbrauch, der eine Kündigung aus dem Wohndorf nach sich zog!

Warum nahmen die Jugendlichen diese Einschränkung der "persönlichen Freiheit" widerspruchslos hin? Ganz davon abgesehen, daß ihnen das Gemeinschaftsleben unter den gegeben Bedingungen sehr viel Spaß bereitete, spielte ein fälschungssicherer und nicht übertragbarer "Wohnpaß" eine besondere Rolle! Er wird wie ein Studentenausweis gehandhabt, und gestattet dem Besitzer die kostenlose Benutzung des Bahnnetzes im gesamten Großraum Hamburg. Gleichzeitig dient der Wohnpaß als Chipkarte an einem Geldautomaten seiner Bank oder Sparkasse.

Jeder Jugendlicher verfügt, als sogenanntes "BAFÖG", über einen Taschengeldbetrag von 200,-- Mark im Monat, solange er in den berufsfördernden Werkstätten ohne Einkommen leben muß! Durch den Verkauf seiner Produkte, die in den Werkstätten entstehen, kann der Taschengeldbetrag aufgestockt werden.

Eine weitere positive Regelung ist, daß ein Jugendlicher nach seiner Ausbildung weiterhin in der Wohnanlage wohnen darf! Nur die Voraussetzungen werden geändert!

Er akzeptiert und unterschreibt einen Mietvertrag und ist anschließend auch nicht mehr an die Hauszeiten gebunden. Jugendliche aus den Wohnanlagen bekommen dank ihrer vorbildlichen und intensiven Ausbildung in den berufsfördernden Werkstätten bevorzugt eine Anstellung in der freien Wirtschaft und hier ganz besonders im Dienstleistungsbereich.

Einen maßgeblichen Anteil an Erhalt der bevorzugten Arbeitsplätze verdanken die jungen Arbeitnehmer den Berichterstattungen der Fernseh- und Zeitungsmedien! Diese berichten in regelmäßigen Abständen über die Weiterentwicklungen der Initiative HILFE FÜR JUGEND und lösen damit immer wieder eine Spendenbereitschaft bei der Bevölkerung aus. Richterliche Ausnahmegenehmigungen für das Zusammenwohnen von Liebespaaren unter sechzehn Jahren können genehmigt werden!

In diesem Zusammenhang wird auch die Arbeit des Aufklärungsberaters in Anspruch genommen, der sich bei seiner Arbeit ausschließlich auf die theoretische Vermittlung aller sexuellen Frageb beschränkt und dessen Berufung sich in den Wohnanlagen bewährt hat, und der auch sonst Ansprechpartner in allen Lebensfragen ist.

Zu den wichtigsten Einrichtungen aber zählen die Drogentherapiehäuser! Ausgeklügelte Entzugsprogramme finden jetzt ihre 'Entzugswilligen'.

Unter ständiger Aufsicht des Drogentherapeuten wurden positive Ergebnisse erzielt, wie sie bisher unbekannt waren!

So hatte sich mit den Jahren in Hamburg eine Drogenentzugsabteilung etabliert, die für andere Städte Vorbildcharakter bekam.

Die Beschaffungskriminalität nahm deutlich ab, die bekannten Drogendealerplätze gab es nur noch vereinzelten. Wurden ausländische Gäste, Gastarbeiter oder politisch Verfolgte, wegen Drogenhandels festgenommen und rechtskräftig verurteilt, mußten sie Deutschland verlassen!

Delikte wie Diebstahl, Erpressung, Raub, Einbruch und die sogenannten Abziehdelikte, waren rückläufig. Eine Fernsehreportage brachte es einmal auf den Punkt: DER KRIMINALITÄT FEHLT ES AN NACHWUCHS!

Dafür gab es eine simple Erklärung: Die Straftäter konnten schon am Ende ihrer Schulzeit, oder noch früher, von den Sozialeinrichtungen abgefangen werden, bevor ihre kriminelle 'Karriere' überhaupt beginnen konnte!

Sogar den rechts- und linksextremen Randgruppen fehlte es an Nachwuchsideologen! Sie bildeten keine gesellschaftliche Gefahr.

Die Gefängnisse registrierten abnehmende Insassenzahlen, so daß mancher Justizbeamter, nach einer Umschulung, soziale Aufgaben in den Wohnanlagen übernehmen konnte.

So veränderte sich mit der Einrichtung der Jugend-Wohnanlagen der Kostenaufwand für den Steuerzahler insofern, als das sich durch weniger Straftaten, Einsparungen ergaben, die wiederum den Wohnanlagen zugeschrieben werden konnten.

Die Vorteile der sich immer größerer Beliebtheit erfreuenden Jugendeinrichtungen erforderten viel Geld!

Unter der Schirmherrschaft des Bürgermeisters der Hansestadt Hamburg war die Stiftung "HILFE FÜR JUGEND" gegründet, die inzwischen zu einer festen und erfolgreichen Einrichtung den Hamburgern bekannt wurde!

Namhafte Bürger, prominente Schauspieler und Politiker werben und sammeln für die Stiftung!

Die Medien berichten weiterhin von der vorbildlichen Arbeit in den Jugendwerkstätten, und die Bevölkerung spendet immer gern für eine Generation, die durch ein völlig neues Wertbewußtsein zu verantwortungsvollen Bürgern erzogen werden kann.

Und weil dies alles so einfach, so simpel, so logisch und viel zu schön klingt, wissen wir ab dieser Zeile: leider ist es nur ein Märchen!

Zur Chronistenpflicht gehört aber noch: Und wenn sie nicht gestorben sind, dann leben sie noch heute!

Schließlich enden alle Märchen so ... !

Es war ein schöner Abend in der Hamburger Staatsoper! Wie geplant verlebten Lucie und Sybille, jede voller Stolz ein wunderschönes Abendkleid tragend, einen unvergeßlichen Abend! Gegeben wurde "ZAR UND ZIMMERMANN".

In der großen Pause standen die Mädchen mit glänzenden Augen unter dem großen Kronenleuchter, in der einen Hand ein Gläschen Sekt, in der anderen Hand das Programm!

Den Abend hatte Sybilles Vater spendiert ...!

An diesen schönen Abend mußte Lucie denken, als sie im Bett lag.

Die tolle Bühnenausstattung, die bunten Kostüme, die perfekt inszenierten Tänze, allen voran der 'Holzschuhtanz' und die mitreißenden Melodien, das alles zog noch einmal an ihrem geistigen Auge vorbei! Mit am schönsten fand sie das Lied: 'Lebe wohl, mein flandrisch Mädchen ...'!

Sie spürte die Sehnsucht des Marquis von Chateauneuf nach seiner Liebsten so, als wäre es ihre eigene ...!

'Liebe, Sehnsucht, Erfüllung', dachte Lucie, 'überall gehört sie zu den großen Sehnsüchten der Menschen ...!

Langsam fielen ihr die Augen zu! Die Müdigkeit forderte seinen Tribut!

Der Holzschuhtanz, die bunten Kostüme und die Sehnsüchte lösten sich in Nebel auf. Langsam verschwanden die Tagbilder und machten den Träumen Platz.

Ein schöner Tag ging zu ...

E N D E.

ANHANG

DIVERSE ZEITUNGSAUSSCHNITTE

Hansestadt Hamburg

HA, 8. Febr. 1992

Jahrgang 50 –

Jugendgewalt explodiert – was nun?

Erpressung, Raub: Die Opfer schweigen,
die Täter gehen meist straffrei aus

„Dann wird noch mal zugetreten"

Lehrer berichten: Gewalt unter Schülern eskaliert

Von ELKE OBERSTELLER

Ahrensburg – Prügeleien an Schulen sind seltener, dafür aber brutaler geworden. Außerdem beklagen Lehrer eine Verrohung des Umgangstons, eine Verächtlichmachung und Herabsetzung der Schüler untereinander. Das ist die Bilanz eines Gewaltpräventionsprojekts, an dem sich insgesamt 45 Schulen in Schleswig-Holstein beteiligt haben – darunter auch das Trittauer Gymnasium und das Heimgarten-Schulzentrum in Ahrensburg.

„Wer behauptet, daß es keine Gewalt an Schulen gibt, der lügt", stellt Jochen Schütte, Rektor der Hauptschule im Heimgarten-Schulzentrum, kurz und bündig fest. Gewalt habe es schon immer gegeben, und daran habe sich auch nichts geändert. Falsch sei es aber auch, von einem Gewaltanstieg zu sprechen. Erschreckend sei dagegen, daß Schüler keine Hemmungen mehr kennen würden. Schütte: „Früher wurde aufgehört, wenn einer am Boden lag. Heute wird noch mal mit den Füßen zugetreten. Auch Mädchen sind viel aggressiver geworden."

Nach Ansicht von Schütte ist der Grund darin zu suchen, daß die Schüler weniger Platz zum Spielen haben. Auch seien die Schulhöfe trostlos und langweilig. Es gebe keine Nischen, in die sich Schüler in kleinen Gruppen zurückziehen könnten. Die Sportplätze würden nachmittags nicht zum Spielen freigegeben, weil Anlieger dann gleich wegen der Lärmbelästigung vor Gericht zögen.

Schütte: „Da muß sich in unserer Gesellschaft etwas ändern. Wir müssen den Schülern neue Bewegungsräume geben. Und wir müssen Grenzen setzen. Kindern muß gezeigt werden, wo Schluß mit ihrer Freiheit ist."

Verrohung des Umgangstons

Eine deutliche Verrohung des Umgangstons hat auch Karl-Heinz Bock, Rektor der Realschule im Heimgarten-Schulzentrum, festgestellt. Aber dies sei ja auch außerhalb der Schule deutlich zu spüren. „Prügeleien sind dagegen bei uns nicht an der Tagesordnung. Das haben wir mit konsequenter Aufsicht ziemlich gut in den Griff bekommen", sagt er.

Frauke Reich vom Heimgarten-Gymnasium, die mit der Auswertung von Fragebögen zum Thema Gewalt in der Schule beauftragt war, hat festgestellt: Physische Gewalt ist vor allem ein Problem der jüngeren Schüler bis zum 17. Lebensjahr, aber psychische Gewalt wie Verächtlichmachen und Herabsetzen von Mitschülern ist auch in der Oberstufe des Gymnasiums noch zu beobachten.

Schweigen aus Angst

Ein weiteres großes Problem ist, daß sich viele Schüler, die Gewalt in der Schule oder auf dem Weg dorthin erfahren haben, nicht den Lehrern und oft auch nicht den Eltern anvertrauen. Sie haben Angst, dann nur noch mehr von ihren Peinigern verfolgt zu werden. „Aber wir können natürlich nur helfen, wenn die Schüler sich uns offenbaren", sagt Jochen Schütte. Er ermuntert alle Betroffenen dazu, Hilfe bei den Lehrern zu suchen. Er hat festgestellt, daß Gespräche mit aggressiven Schülern durchaus Erfolg haben können.

Auch am Trittauer Gymnasium hat eine Umfrage gezeigt, daß die Hälfte aller Opfer mit ihren Gewalterfahrungen allein bleibt. Wie im Ahrensburger Schulzentrum sind dort ebenfalls die unteren Klassenstufen besonders stark betroffen.

Die Schulleitung hat auf diese Erkenntnis mit der Einführung einer „Klassenstunde" in den Klassenstufen fünf und sechs reagiert. Schulleiter Hartmut Jokisch: „In dieser Stunde haben die Schüler einmal in der Woche Gelegenheit, ihre Probleme in der Schule und in der Familie mit ihrem Klassenlehrer zu besprechen. Wir wollen alte Verhaltensmuster zu gewaltbereiten Auseinandersetzungen aufbrechen und statt dessen Möglichkeiten einer sachgemäßen Konfliktbewältigung nahebringen." Die Erfahrungen mit diesen Klassenstunden seien gut.

Der Gymnasiast Moritz Sander (16, Name geändert) spürt auf dem Heimweg von der S-Bahn plötzlich eine Hand auf seiner Schulter. Als er sich umdreht, blitzt ein Messer. „Geld her, sonst steche ich dich ab", zischt der etwa gleichaltrige Jugendliche. Während Moritz zitternd sein Portemonnaie aus der Hose zieht, durchsucht der Räuber alle Taschen seines Opfers. Dabei hält er das Messer vor den Bauch des Schülers.

Alltag in Hamburg. Nicht nur in sogenannten Problem-Stadtteilen wie Neuwiedenthal oder Steilshoop. Sondern mitten in Othmarschen, direkt vor dem Elternhaus des 16jährigen. „Mein kleiner Bruder ist auch schon ausgeraubt worden", sagt Moritz. Dennoch traute sich der Schüler, seiner Mutter von dem Überfall zu berichten und den Raub anzuzeigen. Viele seiner Freunde haben aus Angst vor Rache geschwiegen.

Der 13 Jahre alte Fabián (Name geändert) aus Kirchdorf-Süd fürchtet um sein Leben. Fünf Jugendliche hatten ihn erpreßt. Seine Mutter alarmierte die Polizei, die Beamten nahmen bei einer mit dem Opfer vereinbarten Geldübergabe die Bande fest. Bei einem der Tatverdächtigen – er ist erst 13 – fanden sie eine scharfe Schußwaffe (Kaliber 7,65), bei einem 14jährigen 22 Schuß Munition. Bei der Festnahme randalierten die Jugendlichen, einer leistete massiven Widerstand. Die Jugend-Bande wurde zur Wache gebracht, von dort aber wieder nach Hause entlassen.

Daß jugendliche Kriminelle in Hamburg nach einer Gewalttat oder einem Straßenraub eingesperrt werden, ist die Ausnahme. Selten wird – wie bei der Jugendbande aus Neuwiedenthal – ein Haftbefehl erlassen und aufrecht erhalten. Kinder, die jünger sind als 14 und damit nicht strafmündig, werden nach einer Straftat entweder den Eltern übergeben oder der Jugendbehörde. Die Behörde bringt die jungen Kriminellen meist in Wohngruppen unter, in denen ein Betreuer seine Schützlinge regelmäßig besucht. Eine wirkliche „Strafe" – wie die Einweisung in ein Heim – gibt es nicht. Ähnlich werden von der Jugendbehörde 14- bis 18jährige behandelt, für die sie das Sorgerecht hat.

Der jugendpolitische Sprecher der CDU, Rolf Harlinghausen, hatte vor einem Jahr in einer Kleinen Anfrage den Senat zur immer stärkeren Bildung von Jugendbanden befragt. Die Einschätzung des Senats lautete: „Für einen generellen Trend zur vermehrten Bildung von Gruppen, die mit Straftaten auffallen, gibt es keine Erkenntnisse." Zur Lösung der Probleme der Jugendkriminalität hieß es: „Die genannten Probleme haben vielfältige Ursachen und müssen durch vielfältige Maßnahmen entschärft werden."

Die Stellungnahme der Jugendsenatorin Rosemarie Raab (SPD) zur dramatischen Entwicklung der Jugendkriminalität lesen Sie unten.   kj

„Schuld sind die Erwachsenen"

Um keinen Preis der Welt möchte Barbara Uduwerella heute eine Jugendliche sein. „In keiner Generation wurde die Jugend so alleine gelassen wie heute", sagt die 55 Jahre alte Sozialpädagogin vom Verein „HipHop Hamburg". Dort betreut sie vor allem Graffiti-Sprayer.

Die Tante des Neuwiedenthaler Jungen Mirco Sch., der sich vor acht Tagen aus Verzweiflung über Schutzgelderpressungen das Leben nahm, kennt die Sorgen und Ängste vieler „kids". Mirco hatte sie lange Zeit nicht mehr gesehen. Daß niemandem seine Verzweiflung auffiel, kann sie sich nur so erklären: „Jugendliche können in ihrer Angst sehr gut schauspielern."

Einer der Gründe für die Entwicklung in Neuwiedenthal sei, daß keiner den Jugendlichen heute noch zeige, „daß sie auch Pflichten haben". Nirgendwo könnten sie ihre Grenzen erproben. Neuwiedenthal sei überall, sagt sie und zählt Hamburger Problemstadtteile auf: Osdorfer Born, Steilshoop, Mümmelmannsberg ... Barbara Uduwerella weiß aus Erfahrung: „Auch in diesen Stadtteilen können Jugendliche aber ganz wunderbar diszipliniert sein, wenn sie sich zu Hause angenommen fühlen."

Auf der Basis von Ehrlichkeit und Vertrauen sei mit Jugendlichen ganz einfach zurechtzukommen, sagt sie. „Wenn ich jemanden beim illegalen Sprühen erwische, dann muß der schrubben", sagt sie energisch.

Nicht verstehen kann sie, daß mit viel polizeilichem Aufwand Sprayer verfolgt werden. „Schuld sind doch die Erwachsenen, die die Beton-Gettos gebaut haben. Die Jugendlichen malen sie sich nur bunt", sagt sie.

Verfehlt ist ihrer Meinung nach auch die Jugendpolitik. „Jugendliche mit Ausbildungsplatz, die eine Lehrlingsvergütung von nur 700 Mark kriegen, bekommen von der Stadt keine ergänzende Hilfe zum Lebensunterhalt. Die müssen doch ihre Lehre schmeißen."   syp [redacted] · Hamburg, 27. Oktober 1995

Müssen 12jährige schon alles über Sex wissen?

Streit um Indizierung von „Bravo" und „Bravo Girl"

[redacted]

In Deutschland gibt es zwei große Jugendzeitschriften: „Bravo" und „Bravo Girl". Sie werden jede Woche von über zwei Millionen Kindern gekauft. Und von noch mehr gelesen.

In ihnen lesen wir Fragen wie diese: *„Soll ich ihm einen blasen? Muß ich dann den Samen runterschlucken?"* **Bettina (15).**

„Bei Intimküssen bin ich immer total verkrampft." **Natascha (16).**

Schon zweimal in diesem Jahr sind die beliebtesten Teenager-Zeitschriften von der Bundesprüfstelle als „jugendgefährdend" indiziert worden.

Zwischen Berichten über Pop-Idole und den Star-Postern fürs Kinderzimmer: Bilder von nackten Jungen und Mädchen (zielgruppengerecht alle im Alter zwischen 13 und 17 Jahren). Und jede Menge Intim-Geständnisse. Vom „erstenmal" bis bisexuellen Erlebnissen.

Sexuelle Aufklärung bis in die letzten Winkel der Intimbereiche.

Viele Kinder finden es „toll". Viele Eltern sind „entsetzt". Was sagen Experten?

Thema des Tages

Jugendforscher Prof. Dr. Klaus Hurrelmann, Uni Bielefeld: „In den letzten 20 Jahren hat sich der Beginn der Pubertät um ein Jahr verfrüht. Mädchen sind heute mit 11½, Jungen mit 12½ geschlechtsreif.

Ob Fernsehen, Video oder auch Schule – der sexuelle Wissenstand unserer Kinder ist heute oft wie bei Erwachsenen. Deshalb ist es richtig, auch über sexuelle Anormalitäten offen zu reden."

Dagegen die Psychologin Dr. Heidrun Brauer: „Liebe und Sex werden in diesen Heften wie Kochrezepte abgehandelt. Die Mädchen und Jungen werden mit Sex-Techniken konfrontiert, die viele ihrer Eltern noch nicht kennen. Was bleibt ihnen, wenn sie 30 sind?"

Prof. Dr. Hurrelmann: „Es ist verrückt. Die Eltern von heute akzeptieren zwar die frühe Sexualität ihrer Kinder, geben ihren Töchtern sogar die Pille – aber geredet wird über Sex nach wie vor nicht richtig."

Diskussionen über Oral-Sex, Sado-Maso, Onanie – müssen das unser Kinder schon alles wissen? Werde hier schon 12jährige für ihr späteres Le ben versaut?

Prof. Dr. Hurrelmann: „Diese Ding gehören leider nun einmal zu unseren normalen Alltagsleben. Auch unser Kinder stoßen an jeder Ecke darau Ausweichen hilft nicht.

Aber erstaunlich ist folgendes: Trot aller **Reizüberflutung** beobachten wi seit Jahren einen neuen Trend bei de Jugendlichen: Eine neue Sehnsuch nach **Romantik, Treue und wahren,** ech ten Gefühlen."

Kitzler knacken, was heißt das?

SVEN, 13: *Kürzlich habe ich mich mit meinem Freund über ein Mädchen unterhalten, das wir beide gut kennen und das uns super gefällt. Mein Freund meinte, daß er gerne mal ihren Kitzler knacken würde. Ich tat so, als würde ich das auch wollen. Dabei weiß ich bis heute nicht, was er damit meinte. Könnt Ihr mir sagen, was ein Kitzler ist und wie man ihn knacken kann?*

Der Kitzler ist das weibliche Lustzentrum

Du brauchst Dich Deinem Freund gegenüber wirklich nicht zu schämen, lieber Sven. Wenn er den Kitzler dieses Mädchens knacken will, scheint ihm auch einiges nicht so ganz klar zu sein. Der Kitzler (oder auch die Klitoris) ist für das weibliche Sexualleben sehr wichtig, sozusagen das Lustzentrum der Frau. Diese Region, die mit unzähligen, extrem empfindlichen Nervenenden ausgestattet ist, sitzt unter einer Hautkappe am oberen Winkel der Scheide. Dort, wo die inneren Schamlippen zusammentreffen. Der sichtbare Teil ist etwa kirschkerngroß. Bei sexueller Erregung verdoppelt sich der Umfang des Kitzlers fast, und er tritt unter seiner Hautkapuze hervor. Weil er dabei prall und steif wird, ist er in seinen Reaktionen mit denen des Penis, genauer gesagt der Eichel, vergleichbar. Und genauso wie der Penis ist auch die Klitoris mit sanften bis festen Berührungen stimulierbar. Sie sollte aber keinesfalls zu grob angefaßt werden. Wenn Dein Freund von knacken spricht, meint er wohl eher, daß er das Herz des Mädchens erobern will, das er mit einer harten Nuß vergleicht. Welche Zärtlichkeiten im Bereich der Klitoris lustvoll sind, wie Mädchen dort berührt werden möchten, kann sehr unterschiedlich sein. Wird sie jedoch überreizt, kann das für das Mädchen unangenehm sein. Kurz vor dem Orgasmus zieht sich der Kitzler unter seine Hautfalte zurück, um während des Höhepunkts wieder hervorzutreten. Viele Mädchen kommen ausschließlich durch die Stimulation der Klitoris zum Höhepunkt. Beim Sex wird dieser Bereich durch den Penis nur indirekt und damit oft nicht ausreichend gereizt. Deshalb streicheln sich manche Mädchen dann noch zusätzlich, um zum Orgasmus zu kommen.

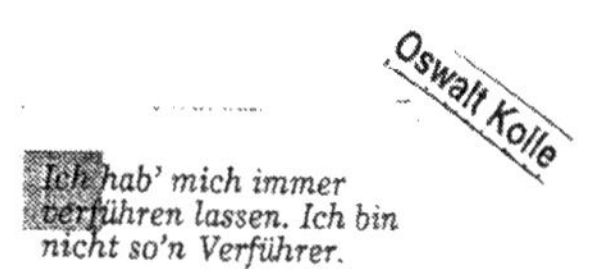

Und was sagt der holländische Sexualforscher Oswald Kolle?

"Die Holländer sind sehr pragmatrisch, nüchterner. Das sehen sie auch in der Drogenpolitik. Es gab hier die niederländische Sexualreformbewegung mit 250 000 Mitgliedern, die haben mich hier jubelnd empfangen.
Die Holländer sagen: Es kann nicht alles sein, was uns die Kirche da mit Sünde und Schuldgefühl vermittelt haben. In Deutschland ist das anders, auch wegen der christlichen Regierung. Viele Deutsche denken immer noch, Sexualität hat etwas mit Sünde zu tun, muß ungeheuer geadelt werden durch Liebe, Treue, Ehe oder wenigstens Verlobung.
Das Sexualität einen Wert an sich hat für die sich niemand schämen braucht.
Das tragische ist, wenn Leute sich verlieben, darüber nicht zu sprechen.
Sie glauben: wenn man sich verliebt, dann wird schon alles gehen.
Aber das stimmt überhaupt nicht. Menschen machen sich etwas vor! Es ist uns wirklich noch nicht gelungen, daß Paare wirklich offen über ihre sexuellen Wünsche reden. Seit 30 Jahren kämpfe ich dafür, daß es unendlich viele Sexualitäten gibt.
Der Eine findet dies schön, der Andere das. Wir müssen den Mensch von der Angst befreien, daß ihre Art Sexualität zu erleben, pervers ist oder unmoralisch. Das bleibt unsere große Aufgabe!
Und auf meinen Fragebogen für die Serie "Deine Frau, das unbekannte Wesen" habe ich ungefähr zehntausend Briefe gekriegt, in denen Frauen beschrieben wie "ekelhaft" sie die ersten sexuellen Erlebnisse empfanden. Hauptsächlich mit gleichaltrigen Jungs! Die Gesellschaft fordert das ja Heute noch: Die sollen das mit gleichaltrigen machen, die den Charme einer Mohrrübe haben. Dagegen beschreiben Briefschreiberinnnen, die erste Erlebnisse mit etwas älteren Männern hatten, über gute Erfahrungen. Das vergisst man nicht. Das schafft ein Dauerengagement."

Wer verliebt ist, denkt nicht an Aids

„Bei uns in der Clique hat keiner Aids", sagt die 16jährige Anna überzeugt, „dazu sind wir noch viel zu jung." Anna gehört zur Gruppe der 16- bis 17jährigen, in der etwa drei Fünftel das „erste Mal" bereits erlebt haben. Doch der Wunsch, das andere Geschlecht zu erforschen, ist überschattet von der Angst vor einer HIV-Infektion. Junge Leute benutzen deshalb immer häufiger Kondome, belegt eine Untersuchung des Franfurter Instituts für Sexualwissenschaft. Volkmar Sigusch, Leiter des Instituts, beobachtet die Veränderungen der Jugendsexualität in den letzten dreißig Jahren: „Das Verhütungsverhalten der Jugendlichen ist recht vernünftig – beim ersten Mal wenden rund 80 Prozent ein sicheres Mittel an. Das sind etwa doppelt so viele wie noch vor einer Generation." Die Zeiten der sexuellen „Revolution" sind längst vorbei. Aus der Studie des Instituts geht hervor, daß sich die Vorstellungen von Liebe, Ehe und Familie gewandelt haben. Statt einer festen Beziehung vor der Ehe befürworten die jungen Leute mehrere Beziehungen mit gegenseitiger Treue. Auch junge Männer binden die Sexualität stärker an eine feste Beziehung als noch vor einer Generation. Der Wunsch der Jugendlichen nach gegenseitigem Verstehen und Vertrauen ist wichtiger geworden. Die Angst vor dem Verlassenwerden hat zugenommen, was von den Sexualwissenschaftlern auf die zerrütteten Ehen der Elterngeneration zurückgeführt wird.

Jugendliche, die sich nicht schützen, leben gefährlich. „Bei den ersten Malen waren wir beide viel zu nervös und zu schüchtern, um ein Kondom zu benutzen. Irgendwie hat das nicht geklappt", sagt Julia, eine 18jährige Schülerin. Sie ist kein Einzelfall – 20 Prozent aller Jugendlichen schützen sich nicht. Viele Jungverliebte meinen, die erste große Liebe halte für immer. Im Glauben, daß sie sich nie wieder trennen werden, denken sie nicht an die Gefahr der HIV-Infektion.

Jugendliche brauchen gerade in der Pubertät Vertraute, mit denen sie über alles reden können, was sie verunsichert oder interessiert. Eine Untersuchung der Bundeszentrale für gesundheitliche Aufklärung (BZgA) von 1996 zeigt, daß hauptsächlich die Mütter für die Aufklärung zuständig sind. 69 Prozent der Töchter und 43 Prozent der Söhne klären ihre „heiklen Fragen" mit der Mutter. Nur 18 Prozent der Jugendlichen ziehen ihre Väter ins Vertrauen. Die Rolle der besten Freundin oder des besten Freundes wird immer wichtiger.

Um einem weiteren Anstieg vorzubeugen, ist zu prüfen, ob ausreichend Aufklärungsarbeit geleistet wird. Hier sind nicht nur die Eltern, sondern auch die Schulen gefragt. Im zeitlich stark eingeschränkten Lehrplan ist regelmäßige Aufklärung über HIV-Infektionen nicht vorgesehen. In den Klassen fünf bis sieben findet Sexualkunde im Biologieunterricht statt, der vorrangig die biologischen Aspekte der Sexualität behandelt. Erst in der zehnten Klasse wird das Thema Aids im Zusammenhang mit allgemeinen Geschlechtskrankheiten behandelt. Für viele kann es dann bereits zu spät sein.

Es werden immer mehr

dpa **Berlin** – Die Kinderkriminalität in Deutschland hat 1998 einen neuen Höchststand erreicht. Die Zahl der tatverdächtigen, aber noch strafunmündigen Kinder bis 14 Jahre stieg im Vergleich zum Vorjahr um drei Prozent auf 148 242. Mit 56 Prozent liegt der Ladendiebstahl an der Spitze aller Delikte, vor Sachbeschädigung, Vandalismus und Körperverletzung. Im Osten werden weit mehr Kinder kriminell als in Westdeutschland. 1998 registrierte die Polizei in den neuen Ländern und Berlin 47 535 kindliche Täter, drei Prozent mehr als im Vorjahr.

Nur ein Elternteil

ap **Wiesbaden** – Die Zahl der alleinerziehenden Väter in Deutschland hat stark zugenommen. Im April 1998 waren es 308 000, rund 51 Prozent mehr als im April 1991. Die Zahl der Mütter, die sich allein um die Erziehung ihrer Sprößlinge kümmern, nahm um 23 Prozent auf 1,6 Millionen zu.

Nach Horrorfilm: Kinder griffen zum Messer

dpa **Göttingen** – Nachdem sie den Horrorfilm „Psycho IV" gesehen hatten, sind zwei Zwölfjährige in Göttingen mit Messern übereinander hergefallen. Beide verletzten sich, einer schwer. Der Film war in der Nacht zum Dienstag um 2.30 Uhr zu Ende.

Wenn Kinder Diebe werden

Wie sollen Eltern die Erziehung ihrer Kinder meistern? Der Hamburger Erziehungswissenschaftler Professor Peter Struck antwortet darauf in dem Buch „Die Kunst der Erziehung – Ein Plädoyer für ein zeitgemäßes Zusammenleben mit Kindern und Jugendlichen". Es erscheint am 8. Januar 1996 und wird 29,90 Mark kosten. Das Hamburger Abendblatt bringt in einer 16teiligen Serie Auszüge. Heute Folge 14.

Wenn Kinder zu Diebstählen neigen, sind die Ursachen sehr unterschiedlich.

Nur selten wird aus wirklicher Not etwas entwendet (Mundraub). Durch die Medien und über die Werbung geraten Kinder in den Sog des Strebens nach einem sehr hohen materiellen Lebensstandard, der ihnen verheißt, daß sie durch Statussymbole begehrenswerter und angesehener werden. Schwache und wenig anerkannte Kinder versuchen sich gern mit Äußerlichkeiten, mit Besitz aufzuwerten, sie sind abhängig von ihrer Wirkung auf andere, und sie wollen ihre Lage mit Kleidung, Spielzeug, Walkman, Süßigkeiten oder CDs verbessern.

Mißerfolge in der Schule, Ablehnung durch Gleichaltrige, Familienzerfall, permanente massive Kritik durch die Eltern und Unzufriedenheit mit dem eigenen Körper und seinen Leistungen können auf Dauer zu einem so geringen Selbstwertgefühl führen, daß Diebstahl, Kaufsucht und Besitz von sonst Unerreichbarem zu Ersatzbefriedigungen werden, die Defizite an Zuwendung und Wertschätzung sekundär ausgleichen sollen. „Wenn ich nichts kann und nichts wert bin, will ich wenigstens etwas haben" ist dann das Motto der kompensatorischen Bemühungen. Mit Gestohlenem will sich der junge Mensch selbst etwas Gutes zufügen.

Der prickelnde Reiz des Verbotenen

In Cliquen Gleichaltriger gewinnt Diebstahl oft einen sportlichen Charakter; er wird als Mutprobe, als ein Stück Abenteuer mit dem prickelnden Reiz des Verbotenen angesehen, aber nur, wenn wenigstens ein anderer, der den gewagten Grenzübertritt bezeugen kann, zugegen ist.

Klauen von Sprühdosen als Rangordnungs-Aufstieg ermöglichendes Jugendkult-Phänomen, auch als Aufnahme-Ritual einer Gruppe, spielt beispielsweise in der Graffiti-Nische eine große Rolle.

Stehlen kann ebenso wie Zerstören ein Ausdruck von Protest gegen das Leiden unter gesellschaftlichen Mißständen sein, die man für das eigene Verliererschicksal verantwortlich macht. Das Respektieren fremden Eigentums wird dann weniger bedeutsam als das Bedürfnis nach Aufbegehren gegen das eigene Milieu und die eigene Biographie, insbesondere wenn die Bestohlenen anonym bleiben, so daß man sich nicht veranlaßt sieht, mit ihnen mitzufühlen, oder wenn sie nicht Einzelpersonen, sondern Konzerne wie die Supermarkt- und Kaufhausketten sind.

Kein Schuld- oder Unrechtsbewußtsein

Die Bewertung von Diebstahl hat sich heute so sehr in Richtung Bagatellisieren verändert (Kavaliersdelikt), daß bei vielen Tätern keinerlei Schuld- oder Unrechtsbewußtsein mehr aufkommt, allenfalls noch dann, wenn man der Mutter etwas aus dem Portemonnaie entwendet hat.

Gleichzeitig haben die Gelegenheiten zum Klauen verführerisch zugenommen, man denke nur an die unbeobachteten Regale in Warenhäusern. Und wenn junge Menschen dann noch wissen, daß in jedem Preis eines Supermarkt-Artikels bereits eine Diebstahl-Quote eingerechnet ist, dann überschreitet ihr Mut erst recht ihre Hemmschwelle.

Das Motiv Stehlen aus Not kann dadurch beeinträchtigt werden, daß man Kindern und Jugendlichen ausreichend Taschengeld gibt, und zwar nach Altersstufen gestaffelt (Fünf- bis Sechsjährige zwei Mark wöchentlich, Sieben- bis Neunjährige vier Mark, Zehn- bis Elfjährige fünf Mark, Zwölf- bis Dreizehnjährige 7,50 Mark, Vierzehn- bis Fünfzehnjährige zehn Mark und Sechzehnjährige 15 bis 20 Mark), und daß man sich allen Sonderwünschen gegenüber (Kleidung, Schulsachen, CDs, Computerspiele, Spielzeug, Bücher) flexibel verhält. Vor allem muß aber von klein auf die Bedeutung von Materialismus und Konsum im Kontrast zu bildenden und sozialen Verhaltensweisen deutlich heruntergespielt werden, auch über das Vorleben der Eltern.

Dazu gehört der Wert, mit Wenigem möglichst lange auszukommen. In der familiären Haushaltsführung kann das vorgemacht werden: Reserven einteilen, Reste verwerten, Ausgaben planen, eine Phase der Askese einlegen, wenn das Konto überzogen ist, sich selbst etwas bauen und anbauen usw.

Neben dem Hinweis auf die Folgen von Diebstahl (Vorstrafen, Rufschädigung des Täters und seiner Familie, schlechteres Funktionieren des Gemeinwesens und seiner Spielregeln) muß die wichtigste Reaktion auf Stehlen jedoch sein, das Selbstwertgefühl des Ertappten zu steigern, denn seine geringe Selbstachtung ist sowohl Ursache als auch Folge von Diebstahl.

Kompensatorische Selbstbefriedigung

Andernfalls wird Rückfall durch Gewöhnung an diese Art des Grenzübertritts, aber auch an das nur anfangs schlechte Gewissen sowie an die mit Klauen beabsichtigte kompensatorische Selbstbefriedigung bis hin zur Verfestigung im Sinne von „krimineller Energie" begünstigt.

Wenn junge Menschen immer wieder beim Stehlen erwischt werden, hilft dagegen, daß sie gesellschaftliche Rückwirkung spüren, indem sie den Schaden stets wiedergutzumachen haben und indem sie erleben, was sie angerichtet haben, zum Beispiel in der Form des sorgenvollen oder ängstlichen Leidens ihrer Opfer (Täter-Opfer-Ausgleich). Denn nur personifiziert entwickeln sich Einfühlungsvermögen und Schuldbewußtsein.

Strafen bewirken jedenfalls nur dann eine Verhaltensverbesserung, wenn sie Probleme lösen und nicht neue schaffen.

Die Epoche der Vereinsamung

Im Abendblatt wagen renommierte Ökonomen Thesen zur Zukunft.

Hamburger Abendblatt: *Herr Luttwak, Wirtschaft und Arbeit scheinen sich gegenwärtig so schnell zu verändern, daß viele Menschen besorgt fragen: Was geschieht da eigentlich?*

Edward Luttwak: Es ist der Siegeszug eines neuen Kapitalismus. Der Turbo-Kapitalismus ist vor dem weltweiten Durchbruch. Unternehmertum ohne große staatliche Regulierung, ohne schlagkräftige Gewerkschaften. Es ist der wirklich freie Markt mit größerer Effizienz, größerer Ungleichheit und einem beschleunigten strukturellen Wandel: Einzelne Firmen und ganze Branchen entstehen und vergehen in noch nie dagewesenem Tempo.

Wie kommen Sie darauf?

Führungsmacht des Turbo-Kapitalismus ist die USA. Dort wurde er von der Leine gelassen, indem man Anti-Wettbewerbsgesetze und andere staatliche Regulierungen der Wirtschaft abschaffte, dadurch eine Vielzahl technologischer Innovationen einführte und nach und nach alles privatisierte, was sich privatisieren ließ. Zusätzlich wurden Importbeschränkungen aufgehoben. Nun breitet sich der Turbo-Kapitalismus durch die Globalisierung der Wirtschaft und die neuen schnellen Informationstechnologien auch in Europa, Asien und dem Rest der Welt aus – getragen von seiner Effizienz und der berechtigten Furcht, daß die Weigerung ihn anzunehmen, den langfristigen Niedergang einer Volkswirtschaft garantiert. Wer nicht mitzieht, verliert Investitionen und Arbeitsplätze an die, die den Turbo-Kapitalismus praktizieren.

Wer profitiert, wer verliert?

Wer sich nicht verändert, seinen Beruf, den Sektor, in dem er arbeitet, der wird wahrscheinlich zu den Verlierern gehören. Die Gewinner sind die Akrobaten, Leute die sich an die Veränderungen anpassen, die sich bewegen, Berufe wechseln. Und natürlich die Architekten des Wandels. Ein Beispiel: Durch die Fusion mit Chrysler nähert sich das Management von Daimler den viel höheren US-Gehältern – der Hauptgrund für die Fusion.

Wenn der Turbo-Kapitalismus die Wirtschaft stärkt, was tut er mit der Gesellschaft?

Der Einzelne kann nicht sicher sein, daß er seine Position lange hält. Die fehlende wirtschaftliche Stabilität produziert Angst und diese trägt Spannungen in die Familien und bringt die Gesellschaft durcheinander. Inzwischen enden über 50 Prozent aller Ehen in den USA in Scheidung – landesweit. Wo der Turbo-Kapitalismus voll funktioniert, an der Wall Street oder in Silicon Valley, beträgt die Scheidungsrate fast 100 Prozent. Dort verlangt das System soviel Energie und Zeit von den Leistungsträgern, daß sie sich nicht mehr um Beziehungen kümmern. So atomisiert der Turbo-Kapitalismus die Gesellschaft mehr und mehr.

Was heißt das konkret?

Der Durchschnittsamerikaner hat noch nicht einmal die Telefonnummer seiner Cousins. Beziehungen gedeihen nicht auf Treibsand, sie brauchen Stabilität, ansonsten vereinsamen die Menschen. Ein Beispiel: Letztes Jahr haben Umfragen zur Weihnachtszeit gezeigt, daß die Leute mehr als die Hälfte der Geschenke für sich selbst einkauften. Das ist eine Technik, um die Moral hochzuhalten. Der Trend ist eindeutig: Früher hatte man eine Wirtschaft, um eine Gesellschaft zu versorgen, heute hat man eine Gesellschaft, um eine Wirtschaft zu versorgen.

In den USA gibt es relativ wenige Super-Gewinner, aber viele Netto-Verlierer. Was wird aus den Verlierern?

In den USA herrscht ein säkularisierter Calvinismus, im übertragenen Sinne also der Glaube, daß der Wert des Menschen von seinem wirtschaftlichen Erfolg abhängt. Das führt dazu, daß die Verlierer sich selbst die Schuld geben. Damit zusammen hängt ein anderes Phänomen: Heute sieht man in den USA viele fette Menschen. Das liegt auch daran, daß Essen die einzige nicht geächtete Sucht ist. Dahinter steht geringe Selbstachtung und Demoralisierung.

Edward Luttwak: „Gewinner und Verlierer"

Edward Luttwak, 1942 in Transylvanien geboren, aufgewachsen in Italien und England, ist heute Senior Fellow am Center for Strategic and International Studies in Washington, D.C. Das Institut zählt zu den renommiertesten Denkfabriken der Welt. Luttwaks Forschungsschwerpunkte sind Geo-Ökonomie und Strategie. Er ist Mitglied der National Security Study Group des US-Verteidigungsministeriums und des Instituts für Finanz- und Währungspolitik des japanischen Finanzministeriums. Zusätzlich ist er als Gastprofessor an Universitäten und Militärhochschulen in den USA, aber auch in Rußland, Italien, Frankreich, Japan, Argentinien und Großbritannien tätig. Sein neues Buch trägt den Titel „Turbo-Kapitalismus – Gewinner und Verlierer der Globalisierung" und erscheint am 24. August in Deutschland (Europa Verlag, 49,80 Mark).

Was ist Glück?

Ein Oxford-Professor fand es heraus

SAD London – Familienserien wie die „Lindenstraße" leisten einen wichtigen Beitrag zum persönlichen Wohlbefinden. Wer viel fernsieht, aber auf „Seifenopern" verzichtet, fühlt sich weniger glücklich.

Das ist die überraschendste Erkenntnis für Oxford-Professor Michael Argyle, der elf Jahre lang das Geheimnis des Glücks erforschte. Tausende von Fragebögen hat er jetzt ausgewertet. Der Wissenschaftler: „Wer viel Seifenopern sieht, gewinnt imaginäre Freunde. Die TV-Darsteller werden zu Vertrauten." Was außerdem noch glücklich macht: Sport, ein fester Glaube und auch die Arbeit. Die meisten gaben an: „Je größer die Herausforderung, desto glücklicher ist man."

Größter Glücksgarant jedoch ist eine funktionierende Ehe oder andere Zweierbeziehungen sowie ein guter Freundeskreis. Den niedrigsten Glücksspegel registrierten die Forscher bei Geschiedenen oder Getrenntlebenden. Außerdem bestätigt: Glück hat nichts mit Geld zu tun. Argyle: „Leute mit mittlerem Einkommen sind oft genauso happy wie viele Reiche. Dinge, an denen uns am meisten liegt, haben oft kaum einen materiellen Wert."

Tödliche Luft

Studie: Lebensstil vernichtet uns

SAD New York – Weltweit sind rund 40 Prozent aller Todesfälle auf Umwelteinflüsse zurückzuführen. „Der Lebensstil des Menschen vernichtet die Menschheit", ist das Fazit einer Studie der Cornell Universität in Ithaca (Staat New York). Unter Leitung des Ökologie-Professors David Pimentel haben Forscher den Tod analysiert. „Immer mehr Menschen leben in übervölkerten Gebieten, schaffen so ein ideales Umfeld für Krankheiten. Außerdem entsteht eine immer stärkere Belastung durch eine noch nie dagewesene Verschmutzung von Luft, Wasser und Erde", so Pimentel. An erster Stelle nennt die Studie die Luftverschmutzung, unter der die gesamte Menschheit zu leiden hat. Den Tod von jährlich vier Millionen Kindern in den Entwicklungsländern lastet sie der Verbrennung minderwertiger Stoffe an. Zum Alltag gehören auch 80 000 Chemikalien, von denen zehn Prozent Krebs auslösen. Die in der Landwirtschaft eingesetzten Pestizide stiegen von 50 000 (1945) auf derzeit 2,5 Millionen Tonnen an. Die weltweite Klimaerwärmung gibt Tropenkrankheiten ebenso neuen Raum wie Schädlingen.

Milliarden Dollar verschwunden

Russischer Rechnungshof: Zentralbank veruntreute IWF-Kredite

HA/SAD Moskau – Der russische Rechnungshof hat schwere Vorwürfe gegen die politische Führungselite des Landes erhoben: Danach soll die Zentralbank bedeutende Summen von Hilfskrediten des Internationalen Währungsfonds (IWF) veruntreut haben. Das russische Fernsehen berichtete unter Berufung auf den obersten Rechnungsprüfer Wenjamin Sokolow, mehrere Milliarden Dollar seien in dunklen Kanälen verschwunden.

Sokolow rief den Westen auf, Rußland nicht länger finanziell zu unterstützen, solange eine wirksame Kontrolle über die Verwendung der Gelder nicht gewährleistet sei.

Der vor zwei Wochen zurückgetretene Zentralbankchef Sergej Dubinin wies Beschuldigungen über Unregelmäßigkeiten ▬▬▬▬. Nach seinen Worten wurden von der im Juli ausgezahlten ersten Tranche des IWF-Hilfskredits in Höhe von 4,8 Milliarden Dollar 3,8 Milliarden Dollar in einem Investmentfonds in Dollar und D-Mark plaziert.

Der EU-Ratsvorsitzende und österreichische Außenminister Wolfgang Schüssel sagte, bereits erteilte Kreditzusagen an Rußland würden ausgezahlt. Er bekräftigte zugleich, daß Geld müsse zielgerichtet eingesetzt werden.

Dritter Fehlschlag
Satellit taumelt durchs All

ap Cape Canaveral – Die US-Luftwaffe hat bei ihrem Titan-Trägerraketenprogramm den dritten Rückschlag in Folge hinnehmen müssen. Die stärkste Trägerrakete brachte am Freitag zwar einen militärischen Kommunikationssatelliten nach dem Start im Weltraumbahnhof Cape Canaveral ins All, setzte ihn aber in die falsche Umlaufbahn aus. Seit drei Wochen kreist bereits ein anderer Satellit, der vor feindlichen Raketen warnen sollte, nutzlos um die Erde, weil auch er seine Umlaufbahn verfehlte. Im August 1998 explodierte eine Titan-Rakete kurz nach dem Start. Kosten der Fehlschläge: 5,4 Milliarden Mark.

Große Kinos verdrängen die kleinen

Studie für Hamburg

See Hamburg – Die Kinolandschaft Hamburgs hat sich seit dem Bau der Multiplexe Cinemaxx, Grindel und Ufa Palast total verändert. Das zeigt eine Studie, die gestern in Hamburg veröffentlicht wurde. Um 700 000 Zuschauer oder 16 Prozent ist die Zahl der Kinobesucher zwischen 1996 und 1997 gestiegen. Im gleichen Zeitraum haben die traditionellen Umfeldkinos 50 Prozent ihres Publikums verloren. Neue Zuschauer sind nur drei Prozent hinzugekommen. Insofern sind die steigenden Zuschauerzahlen Produkt eines gnadenlosen Wettbewerbs.

Bald sechs Milliarden Menschen

dpa New York – Mitte 1999 werden mehr als sechs Milliarden Menschen auf der Erde leben. Das geht aus dem Weltbevölkerungsbericht 1998 der UNO hervor.

Zur Zeit leben etwa 5,9 Milliarden Menschen auf der Welt. Wegen der hohen Geburtenraten wird die Bevölkerung allein in diesem Jahr um weitere 80 Millionen Menschen wachsen, überproportional vor allem in den armen Ländern.

Noch nie lebten so viele Heranwachsende und junge Erwachsene und so viele ältere Menschen über 65 Jahren. Mehr als eine Milliarde 15- bis 24jähriger versucht derzeit, im Arbeitsleben Fuß zu fassen.

Gefahr im Wasser

Immer mehr krankmachende Bakterien überstehen die Kläranlagen

dpa **Bonn** – Im deutschen Trink- und Badewasser lauern für den Menschen möglicherweise neue Gefahren, weil immer mehr Krankheitskeime nicht mehr wirkungsvoll mit Antibiotika bekämpft werden können.

Antibiotika-resistente Keime könnten über das Abwasser aus Kläranlagen in Badegewässer oder ins Grund- und Trinkwasser gelangen, wo sie dann von Menschen aufgenommen würden, warnte der Präsident des Umweltbundesamtes (UBA), Andreas Troge.

Der vermehrte Einsatz von Antibiotika in Medizin und Tierhaltung habe zu einer starken Zunahme der Resistenz gegen Antibiotika geführt, erklärte Troge.

Dabei sei bisher die Übertragung Antibiotika-resistenter Keime über die Umwelt kaum beachtet worden.

Nach UBA-Untersuchungen wurden im Ablauf von Kläranlagen Bakterien gefunden, die teilweise gegen bis zu acht Antibiotika resistent waren. Mit der herkömmlichen mechanisch-biologischen Abwasserbehandlung könne dieses Problem nicht gelöst werden, erläuterte Troge bei der Vorlage des UBA-Jahresberichts 1997. Derzeit werde an einer neuen Wasseraufbereitungs-Technik geforscht, der Mikrofiltration. Dabei werden an extrem feinen Membranfiltern praktisch auch alle Krankheitskeime zurückgehalten.

Troge mahnte zugleich die Verbraucher, nicht zu sorglos mit Strom umzugehen. Allein die Leerlaufverluste von Elektro-Geräten durch Standby-Schaltungen machten elf Prozent des Stromverbrauchs in den privaten Haushalten aus. Der Verbraucher solle außerdem zu den technisch besten, weil stromsparenden Geräten greifen, die es auf dem Markt gebe.

Troge und Bundesumweltministerin Angela Merkel (CDU) sprachen sich für die weitere Förderung erneuerbarer Energien – vor allem von Sonne und Biomasse – aus. Merkel verwies darauf, daß die CDU eine Verdopplung des Anteils dieser Energien bis 2010 anstrebe.

---

30 Milliarden Mark pro Jahr geben die deutschen Krankenkassen für die Behandlung von Raucher-Krankheiten aus. 100 000 Menschen sterben jedes Jahr in Deutschland an den Folgen des Rauchens, so die Bundeszentrale für gesundheitliche Aufklärung.

Aber für den Staat ist es ein gutes Geschäft: Durch die Tabaksteuer fließen jedes Jahr etwa 21 Milliarden Mark in den Bundeshaushalt.

HAMBURG-ZAHL

530

Millionen Mark kostete der Bau des 1974 eingeweihten Elbtunnels.

Flugzeuge heizen dem Klima ein

Die Umwelt-Frage

Unsere Umwelt-Beraterin Angela Grosse beantwortet Fragen zum Umweltschutz im Alltag. Herr G. Weinreich fragt per E-Mail: Stimmt es, daß Flugzeuge beim Start in den ersten Minuten 6500 Liter Treibstoff verbrauchen?

Dieser Wert ist zu hoch, so die Pressestelle des Deutschen Zentrums für Luft- und Raumfahrt (DLR). Es hat den Brennstoffverbrauch eines Jumbos 747-400 in unterschiedlichen Flugphasen untersucht.

Auf den ersten zwei Kilometern der Startphase ist der Kerosin-Verbrauch extrem hoch: Das Flugzeug verbrennt auf dieser Strecke 470 Liter, berechnet nach Daten der Deutschen Lufthansa. Der anschließende Steigflug verschlingt etwa 3400 Liter auf 100 Kilometer. Beim Reiseflug in 10 000 bis 11 000

Meter Höhe sind es etwa 1300 Liter auf 100 Kilometer; das entspricht einem stündlichen Verbrauch von 12 500 Liter Treibstoff.

Im Vergleich zu anderen Verkehrsträgern verschlingt die Fortbewegung im Fluge sehr viel Energie. Umgerechnet auf den einzelnen Passagier werden etwa fünf Liter Kerosin auf 100 Kilometer benötigt – nur Pkw haben ähnlich schlechte Werte.

In einer wissenschaftlichen Bestandsaufnahme des Intergovernmental Panel of Climate Change (IPCC) kamen mehr als 100 Klimaforscher aus 15 Nationen zu dem Ergebnis, daß gegenwärtig vier Prozent des vom Menschen verursachten Treibhauseffekts auf das Konto des Luftverkehrs gehen. Damit zählt der Flugverkehr zu den mittelgroßen Verursachern. Bis 2050, so die Wissenschaftler, kann dieser Anteil auf fünf Prozent anwachsen.

Der Anteil am Treibhauseffekt wäre noch größer, gäbe es über den Wolken nicht eine ungewöhnliche Reaktion: Die Stickoxide aus den Abgasen bewirken zwar, daß mehr Ozon, ein Treibhausgas, entsteht, aber zugleich verringern sie den Anteil des Treibhausgases Methan. Dadurch wird ein Teil des Treibhauseffektes global ausgeglichen.

Ob die Kondensstreifen der Flugzeuge die Wolkenbildung beeinflussen, ist noch unklar. Neue Beobachtungen weisen darauf hin, daß in Regionen mit starkem Flugverkehr die Wolkenbildung zunimmt.

Befürchtungen, der Flugverkehr könnte größere Löcher in die ohnehin ausgedünnte Ozonschicht reißen, sind unbegründet. Es sei denn, es würden vermehrt Überschallflugzeuge eingesetzt. Diese zerstören die Ozonschicht, die die Erdbewohner vor der UV-Strahlung der Sonne schützt.

Haben Sie eine Umweltfrage? Dann schreiben Sie an: Hamburger Abendblatt, Mensch und Umwelt, Brieffach 2110, 20350 Hamburg oder per E-Mail an: umweltfrage@abendblatt.de.

Kein Skilaufen mehr in Deutschland?

Wissenschaftler warnen vor Erderwärmung

dpa / AP **Hamburg** – Während in den USA, in China und Japan gestern verheerende Wirbelstürme wüteten, warnten anlässlich der internationalen Klimakonferenz in Hamburg führende Wissenschaftler vor einer weiteren Erderwärmung. Der von seinen Ausmaßen her größte Wirbelsturm des Jahrhunderts, Hurrikan Floyd, hat am Donnerstag die Ostküste der USA überrollt. 40 000 Menschen verbrachten in North Carolina die Nacht in Notunterkünften. In Hongkong starb ein Mensch, als der Taifun York über die Stadt fegte; in Japan kamen neun Menschen in einem Wirbelsturm ums Leben.

Nach Ansicht der in Hamburg bis heute tagenden Klima-Experten werden sich die Jahresdurchschnitts-Temperaturen in den kommenden 100 Jahren um zwei Grad Celsius erhöhen. In Deutschland werde man bereits in 50 Jahren kaum mehr Ski laufen können, weil die Durchschnittstemperatur im Januar auf 0,7 Grad steigt.

Klaus Hasselmann, Leiter des Max-Planck-Instituts für Meteorologie, sagte auf der Klimakonferenz in Hamburg, dass als Folge der Erderwärmung der Schnee auf den deutschen Gebirgen schmelzen werde. In Zukunft würden heiße Sommer wie in diesem Jahr immer wahrscheinlicher werden.

Hasselmann beklagte, dass Politiker nicht den Rat der Forscher erfragen würden. „Gerade bei der Stromerzeugung müssen neue Wege gewählt werden." Das Verbrennen fossiler Stoffe müsse beendet werden, um den Anstieg der Erdtemperatur zu bremsen. In den kommenden hundert Jahren ist nach Worten des US-Forschers Maurice Blackmon eine Erderwärmung von 2,5 Grad Celsius über dem Wert der vorindustriellen Zeit (0,7 Grad niedriger als heute) zu befürchten. Dies werde massive Folgen für die Natur haben.

Ähnlich dramatisch klingt es in dem Millennium-Bericht der Vereinten Nationen. In der Studie, die der Direktor der UNO-Umweltbehörde, Klaus Töpfer, vorstellte, wird eingeräumt, dass die globale Erwärmung nicht mehr aufgehalten werden kann. Die CO_2-Konzentration in der Luft habe einen Rekordstand erreicht. Als Folge nähmen Naturkatastrophen an Häufigkeit und Ausmaß zu. **Bericht Seite 30**

Globaler Preiskrieg

Von HANNO WIEDENHAUS

Ob Telefon oder Strom, Flugverkehr oder demnächst Fährverbindungen: Wo Monopole geknackt werden, da fallen die Preise. Das ist gut so. Die Verbraucher profitieren davon, und den ehemaligen Monopolisten bekommt der Wettbewerb oft ausgezeichnet. Der Service wird oft besser und der Mitarbeiter freundlicher. Keine Frage also, Monopole gehören abgeschafft.

Zum König freilich wird der Kunde dadurch allein noch lange nicht. Denn Ungemach droht auch auf liberalisierten Märkten. Hier allerdings geht die Gefahr vom Preiskampf selbst aus. Um international mithalten zu können, werden weltweit die Kosten gesenkt. Unternehmen schließen sich zusammen, um über die Erhöhung ihrer Einkaufsmacht noch größere Preisnachlässe bei Lieferanten herauszuschlagen. Daraufhin fusionieren die Lieferanten, um billiger an Rohstoffe zu kommen.

Am Ende entstehen immer größere Firmenkonglomerate, die immer mehr Macht auf sich vereinen. Die Tante-Emma-Läden haben das leidvoll zu spüren bekommen. Beim Preiskrieg der großen Ketten konnten die meisten von ihnen nicht mithalten und wurden ausradiert.

So richtig es also ist, lokale Monopole aufzulösen, um so wichtiger wird es, die Entstehung globaler Riesen in den Griff zu bekommen. Sonst geht der Mittelstand und mit ihm die kulturelle Vielfalt den Bach hinunter. Ein internationales Kartellamt aber gibt es leider immer noch nicht.